# Qualitätsmanagement im Einkauf

Matthias Schmieder · Bernd von Regius
Bert Leyendecker

# Qualitätsmanagement im Einkauf

Vermeidung von Produktfehlern
in der Lieferkette

Matthias Schmieder
Fachhochschule Köln
Köln, Deutschland

Bert Leyendecker
Hochschule Koblenz
Koblenz, Deutschland

Bernd von Regius
Ford Werke GmbH
Köln, Deutschland

ISBN 978-3-658-04754-2     ISBN 978-3-658-04755-9   (eBook)
https://doi.org/10.1007/978-3-658-04755-9

Die Deutsche Nationalbibliothek verzeichnet diese Publikation in der Deutschen Nationalbibliografie; detaillierte bibliografische Daten sind im Internet über http://dnb.d-nb.de abrufbar.

Springer Gabler

Gedruckt auf säurefreiem und chlorfrei gebleichtem Papier

Springer Gabler ist ein Imprint der eingetragenen Gesellschaft Springer Fachmedien Wiesbaden GmbH und ist ein Teil von Springer Nature
Die Anschrift der Gesellschaft ist: Abraham-Lincoln-Str. 46, 65189 Wiesbaden, Germany

# Vorwort

Der Anstieg des Welthandelsvolumens war in den beiden letzten Dekaden nahezu doppelt so hoch wie die Weltproduktion von Gütern. Dieses Phänomen wird auch als Globalisierung bezeichnet. Der Anteil der Zukäufe von Material und Dienstleistungen hat sich in den meisten Branchen in Deutschland seit 1990 von knapp über 50 % auf 75 % erhöht.

Folglich müssen drei Viertel der Teile der Produkte durch den Einkauf beschafft werden.

Die wachsende Bedeutung des Einkaufs ist vielen Unternehmen nicht bewusst. Zahlreiche Unternehmensleitungen wenden der Beschaffung zu wenig Aufmerksamkeit und zu geringe Ressourcen zu.

Aufgrund des hohen Anteils der Zukaufteile hängt die Qualität des Produktes maßgeblich von der Qualität der zugekauften Teile und Dienstleistungen ab. Die in den letzten Jahren erfolgten Rückrufaktionen der großen Automobilhersteller und die damit verbundenen Kosten und der Imageverlust machen dies deutlich.

Das Qualitätsmanagement in der Beschaffung wird maßgeblich durch die Lieferantenauswahl und die Entwicklung und Pflege der Lieferantenbeziehung bestimmt. Dabei kommt der Zusammenarbeit bei der Qualitätsvorausplanung zwischen dem sogenannten Original Equipment Manufacturer (OEM) und dem Lieferanten eine große Bedeutung zu.

Hier liegt es in der Verantwortung des Einkaufs des OEMs, sowohl die Erwartungen an den Lieferanten aus der Qualitätsvorausplanung als auch die Güte der Umsetzung zu definieren, damit es später nicht zu bösen Überraschungen kommt. An dieser Stelle ist sicher noch Abstimmungsbedarf in der organisierten Zusammenarbeit zwischen dem Hersteller und seinen Lieferanten nötig.

Zu diesem Thema haben wir erstmals Anfang 2014 eine repräsentative Befragung von Einkaufsleitern durchgeführt, an der 167 Einkaufsleiter teilgenommen haben. Die Ergebnisse werden in diesem Werk dargestellt. Wir danken den Teilnehmern der Befragung für ihre Mitarbeit.

Ein weiterer Dank gilt Frau Kramer vom Springer-Gabler-Verlag und Herrn Dejan Mikic für die Überarbeitung der Texte und Grafiken.

Matthias Schmieder
Bernd von Regius
Bert Leyendecker

# Inhaltsverzeichnis

# Einführung in das Qualitätsmanagement im Einkauf

## 1.1 Bedeutung des Einkaufs für den Erfolg des Unternehmens

Das Volumen des Welthandels ist in den beiden letzten Dekaden nahezu doppelt so stark gestiegen wie die Weltproduktion von Gütern. Dieses Phänomen wird auch als Globalisierung bezeichnet. Dieses wird vor allem durch folgende Faktoren getrieben:

- Die Schwellenländer haben sich und ihre Märkte marktwirtschaftlichen Prinzipien geöffnet.
- Es besteht eine große Differenz in den Faktorkosten zwischen den Industriestaaten und den Schwellenländern.
- Durch das Internet ist der Informationsaustausch vereinfacht und beschleunigt worden und durch die Container in der Transportwirtschaft haben sich die Transportkosten erheblich reduziert. Die Transferkosten sind dadurch erheblich gesunken.

Die Aufgabe des modernen Einkaufs besteht darin, das Unternehmen mit allen benötigten Waren und Dienstleistungen termingerecht zu versorgen, in der notwendigen Qualität wie auch zu wirtschaftlichen Bedingungen.

Der Anteil der Zukäufe von Material und Dienstleistungen hat sich nach Angaben der Bundesbank (Bundesbank 2017) in den meisten Branchen in Deutschland von 1990 von 60 % auf 73 % der Gesamtleistung erhöht. Obwohl die Entwicklung in allen Branchen in die gleiche Richtung geht, ist der Anteil unterschiedlich hoch:

- Produzierendes Gewerbe          66,7 %
- Verarbeitendes Gewerbe          66,3 %
- Maschinenbau                    57,7 %
- Fahrzeugbau                     72,1 %

© Springer Fachmedien Wiesbaden GmbH, ein Teil von Springer Nature 2018
M. Schmieder et al., *Qualitätsmanagement im Einkauf*,
https://doi.org/10.1007/978-3-658-04755-9_1

• Energie- und Wasserversorgung; Entsorgung      92 %
• Baugewerbe                                      71,2 %.

Die Beschaffung macht also über zwei Drittel des Anteils an den Produkten und Dienstleistungen eines Unternehmens aus. Die wachsende Bedeutung des Einkaufs ist vielen
Unternehmen nicht bewusst. Viele Unternehmensleitungen wenden der Beschaffung zu
wenig Aufmerksamkeit und zu geringe Ressourcen zu.

## 1.2   Bedeutung des Qualitätsmanagements im Einkauf für den Erfolg des Unternehmens

Wenn zwei Drittel der Teile oder Leistung des Produktes durch die Beschaffung zugekauft werden, hängt die Qualität des Produktes maßgeblich von der Qualität der dazugekauften Teile und Dienstleistungen ab. Qualität ist nach DIN EN ISO 9000:2005 der
„Grad, in dem ein Satz inhärenter Merkmale Anforderungen erfüllt" und einen „Fehler"
begeht jemand danach bei „Nichterfüllung der Anforderungen". Qualität ist folglich die
Erfüllung der Anforderungen und Erwartungen der Kunden.

Qualitätsmanagement (QM) bezeichnet nach obiger DIN-Norm „aufeinander abgestimmte Tätigkeiten zum Lenken und Leiten der Organisation bezüglich Qualität". Dies
„umfasst üblicherweise das Festlegen der Qualitätspolitik und der Qualitätsziele, die Qualitätsplanung, die Qualitätslenkung, die Qualitätssicherung und die Qualitätsverbesserung".

Die in den letzten Jahren erfolgten Rückrufaktionen der großen Automobilhersteller und die damit verbundenen Kosten und der Imageverlust machen dies deutlich. Wir
haben in einer repräsentativen Befragung im Jahr 2014 (Einkaufsleiterstudie, Schmieder
2014) 167 Einkaufsleiter zur Beschaffungspolitik und zur Qualitätspolitik im Einkauf
befragt. Dabei gab ca. ein Viertel an, das Qualitätsmanagement wäre sehr gut im Einkauf
implementiert, knapp 40 % beurteilten die Integration als gut (vgl. Abb. 1.1). Nur fünf %
sahen das Qualitätsmanagement als schlecht oder sehr schlecht einbezogen.

Vor allem in der Elektrotechnik und in der Automobilindustrie ist der Anteil der positiven Antworten sehr hoch, während im Maschinenbau über ein Zehntel der befragten
Unternehmen die Berücksichtigung „eher schlecht" oder „schlecht" sahen.

## 1.3   Strategie

Die strategische Planung ist der systematische Prozess der Entwicklung einer strategischen Vision. Die Strategie skizziert einen Fahrplan, mit dem die Unternehmen einen
gewünschten Zustand in der Zukunft zu erreichen versuchen. Die Strategie ist folglich
ein Plan, der einen groben Weg beschreibt, wie die durch die Unternehmensführung festgelegten zukünftigen Ziele zu erreichen sind. Im Kern der Strategie wird festgelegt, wie
die Ressourcen der Unternehmen zur Erreichung der festgelegten Zwecke einzusetzen

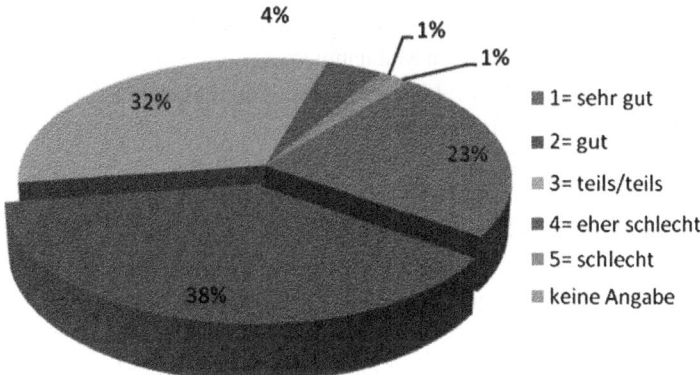

**Abb. 1.1** Bewertung des eigenen Qualitätsmanagements. (Quelle: Schmieder 2014)

sind. Dabei werden selektive Schwerpunkte formuliert, die das unternehmerische Handeln in den verschiedenen Funktionsbereichen festlegen. Das Ziel, dauerhafte Wettbewerbsvorteile zu gewinnen, leitet den gesamten Prozess.

Nach Porter[1] gibt es im Wesentlichen drei Kernstrategien der Unternehmen, die zum Erfolg führen:

- Differenzierungsstrategie
- Kostenführerschaft
- Nischenstrategie

Die Unternehmensstrategie bestimmt maßgeblich die Qualitätsstrategie. Entscheidet sich ein Unternehmen für die Differenzierungsstrategie, also dafür, sich durch bestimmte wichtige Faktoren von der Konkurrenz abzuheben, dann muss dies auch durch die Qualitätsstrategie entsprechend abgebildet werden. Steht die Kostenführerschaft im Vordergrund, so liegt der Schwerpunkt darauf, möglichst hohe Stückzahlen zu niedrigen Kosten zu produzieren.

Gemäß diesem Verständnis gibt die Qualitätsstrategie die grundsätzliche Richtung unternehmerischen Handelns im Rahmen des Qualitätsmanagements vor, die sich eignet, die Qualitätspolitik zu realisieren. Zudem werden innerhalb der Strategie die grundsätzlichen Mittel festgelegt, die auf dem Weg zur Zielerreichung eingesetzt werden.

Im Rahmen der Entwicklung der Qualitätsstrategie sind festzulegen:

- Grundsatzentscheidungen über die Qualitätsposition im Vergleich zu den Wettbewerbern in den einzelnen Marktsegmenten (z. B. Qualitätsführerschaft),

---

[1]Vgl. Porter (1980).

- Gewichtung und Niveau einzelner Teilaspekte der Qualität,
- Verhältnis präventiver zu reaktiven Maßnahmen,
- Einsatz von Qualitätsplanungs-, -lenkungs- und -prüfmethoden,
- Technologieeinsatz zur Qualitätssicherung,
- Einbeziehung der Mitarbeiter in das Qualitätsmanagement,
- Grad der Standardisierung der angebotenen Produkte und Leistungen
- Zusammenarbeit mit Kunden und Lieferanten

In der Unternehmensstrategie wird die Kernfrage entschieden, welche Teile, Komponenten, Systeme und Leistungen die Unternehmen selbst herstellen und welche es von Lieferanten bezieht. Diese Entscheidung hat eine gravierende Auswirkung auf den Einkauf und das Qualitätsmanagement im Einkauf.

## 1.4    Vernetzung Qualitätsmanagement im Einkauf

Um die Kundenanforderungen zu erfüllen, sind die Qualität des Inputs, also der Zukäufe, und die Qualität der eigenen Wertschöpfung maßgebend. Das Qualitätsmanagement des Einkaufs sollte deshalb weitgehend in die Qualitätspolitik und das Qualitätsmanagement des Gesamtunternehmens integriert sein. Nur wenn über die gesamte interne und externe Wertschöpfungskette die Qualitätsanforderungen befolgt werden, stimmt auch die Qualität des Endproduktes oder der Dienstleistung.

Hier geben die Unternehmen noch erhebliche Defizite zu. Nur ein Viertel der Unternehmen sieht das Qualitätsmanagement im Einkauf voll in das Qualitätsmanagement des Unternehmens integriert, der Rest nur zum Teil oder eher nicht (Abb. 1.2).

Dabei gibt es nur geringe Unterschiede in den verschiedenen Branchen. Vor allem die Abstimmung zwischen den Bereichen Einkauf und Produktion ist besonders wichtig, um einerseits die Qualität sicherzustellen und andererseits Doppelarbeiten und damit verbundene

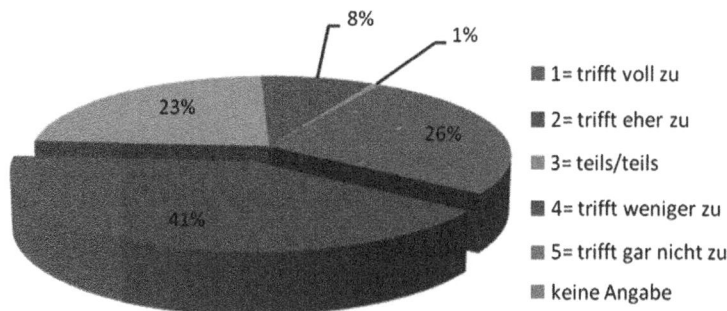

**Abb. 1.2** Integration des Qualitätsmanagements des Einkaufs in das gesamte Qualitätsmanagement. (Quelle: Schmieder 2014)

Kosten zu vermeiden. Dies betrifft beispielsweise die Frage nach der Verantwortlichkeit der Kontrolle für die eingekauften Teile. Führt das beschaffende Unternehmen eine Eingangskontrolle der Ware durch oder überträgt sie diese Aufgabe dem Lieferanten?

Mehr als die Hälfte der Unternehmen führen selbst eine Eingangskontrolle durch. Nur 41 % der Unternehmen haben die Qualitätskontrolle auf den Lieferanten übertragen.

In der Verbesserung der Integration des Qualitätsmanagements im Einkauf sehen die Unternehmen überwiegend mittleres bis großes Einsparpotenzial (vgl. Abb. 1.3). Vor allem in der Automobilindustrie geht man von einem großen bzw. mittleren Einsparpotenzial aus (siehe Tab. 1.1).

Gerade bei komplexeren Produkten, wie Maschinen und Anlagen, ist die Integration des Qualitätsmanagements in das Qualitätsmanagement des Gesamtunternehmens und der anderen Bereiche, wie Entwicklung, Produktion und Logistik, also des kompletten Supply Chain Management, von besonderer Bedeutung.

**Berücksichtigung des Qualitätsmanagements im Einkauf**
Inwieweit Qualitätsmanagement im Einkauf berücksichtigt wird, konnte anhand einer Skala (1 = sehr gut, 3 = teils/teils, 5 = schlecht) bewertet werden (vgl. Abb. 1.4). 61 %

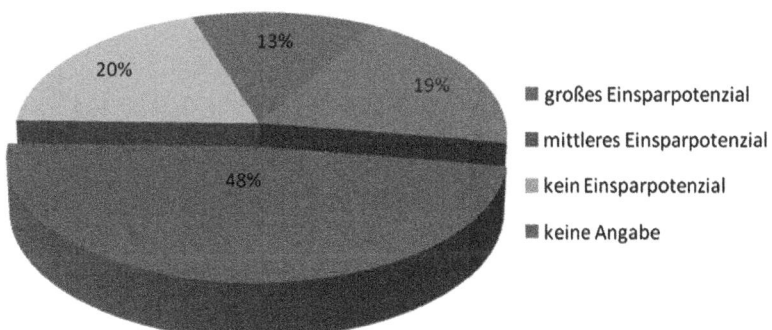

**Abb. 1.3** Einsparpotenzial durch bessere Integration des Qualitätsmanagements. (Quelle: Schmieder 2014)

**Tab. 1.1** Einsparpotenzial nach Branchen. (Quelle: Schmieder 2014)

| Branche | Großes Einsparpotenzial (%) | Mittleres Einsparpotenzial (%) | Kein Einsparpotenzial (%) |
|---|---|---|---|
| Anlagen- und Maschinenbau | 21 | 42 | **36** |
| Automobilhersteller/ Automobilzulieferer | 21 | **64** | 14 |
| Elektrotechnik/ Feinmechanik | 24 | 52 | 24 |

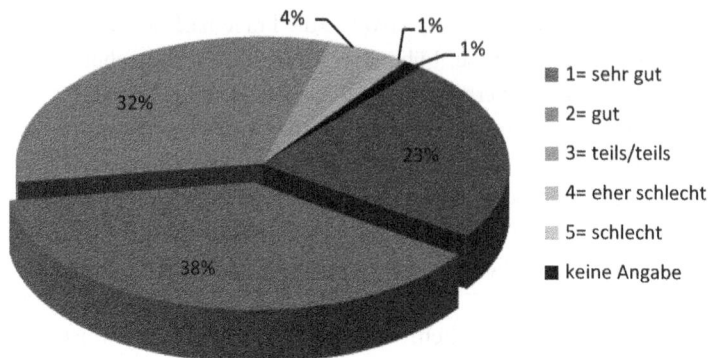

**Abb. 1.4** Berücksichtigung von Qualitätsmanagement im Einkauf. (Quelle: Schmieder 2014)

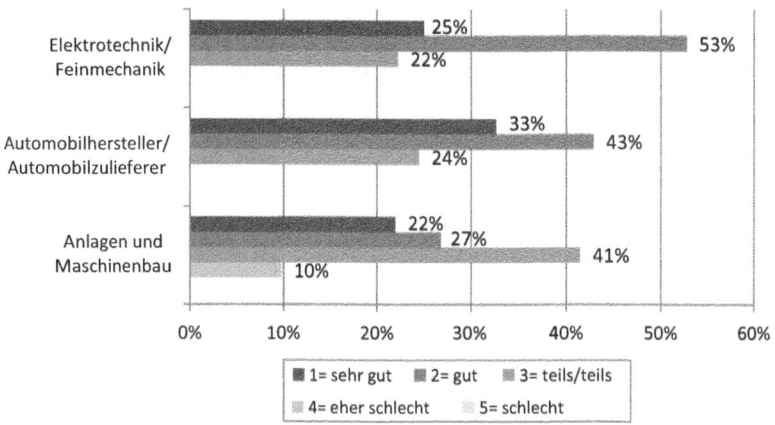

**Abb. 1.5** Branchenbezogene Darstellung der Berücksichtigung von Qualitätsmanagement im Einkauf. (Quelle: Schmieder 2014)

(103 Nennungen) der Unternehmen sehen die Einbeziehung von Qualitätsmanagement in den Einkauf als sehr gut bis gut an, 32 % (53 Nennungen) sind unschlüssig und 5 % (9 Nennungen) sehen es als eher schlecht bis schlecht an. Der Mittelwert liegt bei 2,21, was als gut bezeichnet werden kann.

78 % der Unternehmen aus dem Bereich Elektrotechnik/Feinmechanik sehen die Einbeziehung von Qualitätsmanagement in den Einkauf als sehr gut bis gut an, bei den Automobilherstellern/Automobilzulieferern sind es 76 % (vgl. Abb. 1.5). Im Bereich Anlagen- und Maschinenbau sind es lediglich 49 %. Zudem geben 10 % der befragten Unternehmen eine eher schlechte Integration des Qualitätsmanagements in den Einkauf an. Der Mittelwert im Bereich Elektrotechnik/Feinmechanik liegt bei 1,97, bei den

**Tab. 1.2** Wertschöpfungsstufenbezogene Darstellung der Berücksichtigung von Qualitätsmanagement im Einkauf. (Quelle: Schmieder 2014)

| Wertschöpfungsstufe | Mittelwert | 1 = sehr gut (%) | 2 = gut (%) | 3 = teil/ teils (%) | 4 = eher schlecht (%) | 5 = schlecht (%) |
|---|---|---|---|---|---|---|
| Rohstoffe | 3,00 | 22 | 22 | 11 | 22 | 22 |
| Einzelteile | 1,74 | 37 | **53** | 11 | 0 | 0 |
| Baugruppen | 1,98 | 37 | 28 | 35 | 0 | 0 |
| Enderzeugnisse | 2,28 | 17 | **41** | 35 | 5 | 0 |

Automobilherstellern/Automobilzulieferern bei 1,92, was als gut bewertet werden kann. In der Branche Anlagen- und Maschinenbau liegt er nur noch bei 2,39.

Unterschiede bezüglich der Unternehmensgröße sowie des Einkaufsvolumens waren nicht zu erkennen. Der Großteil der Unternehmen bewertet die Integration des Qualitätsmanagements in den Einkauf als gut.

Eine Betrachtung der Wertschöpfungsstufe zeigt, dass mehr als die Hälfte (53 %) der Hersteller von Einzelteilen eine gute Einbeziehung des Qualitätsmanagements in den Einkauf in ihrem Unternehmen sehen, bei den Produzenten von Enderzeugnissen sind es 41 % (vgl. Tab. 1.2).

## 1.5 Beschaffungsprozess

Das Ergebnis des Beschaffungsprozesses ist, wie bei allen anderen Prozessen, im Wesentlichen abhängig von der Gestaltung. Gut zwei Drittel der Prozesse in Unternehmen sind Commodities, das heißt, sie können von anderen Best-Practice-Unternehmen übernommen werden. APQC hat zu diesem Zweck ein Process Classification Framework entwickelt.[2] Das Prozessklassifikations-Framework ist gegliedert in:

- Kategorien: Die höchste Ebene innerhalb des PCF wird durch ganze Zahlen (z. B. 8.0 und 9.0) angezeigt.
- Prozessgruppen: Elemente mit einer Nachkommastelle (z. B. 8.1 und 9.1) werden als Prozessgruppe angesehen.
- Prozesse: Elemente mit zwei Nachkommastellen (z. B. 8.1.1 und 9.1.2) werden als Prozesse angesehen.
- Aktivitäten: Elemente mit drei Nachkommastellen (z. B. 8.3.1.1 und 9.1.1.1) werden als Aktivitäten bezeichnet.

---

[2]APQC (2017b).

**Die Prozesskategorien sind untergliedert in**

1.0 Vision und Strategie entwickeln
2.0 Produkte und Dienstleistungen entwickeln und verwalten
3.0 Produkte und Dienstleistungen vermarkten und verkaufen
4.0 Produkte und Dienstleistungen liefern
5.0 Kundenbetreuung verwalten
6.0 Personal entwickeln und verwalten
7.0 Informationstechnologie verwalten
8.0 Finanzmittel verwalten
9.0 Eigentum erwerben, konstruieren und verwalten
10.0 Umweltgesundheit und -sicherheit verwalten
11.0 Außenbeziehungen verwalten
12.0 Wissen, Optimierung und Veränderungen verwalten

**Für den Bereich Beschaffung gibt es folgende Prozessgruppen, Prozesse und Teilprozesse**

4.2 Materialien und Dienstleistungen beschaffen
4.2.1 Einkaufsstrategien entwickeln
4.2.1.1 Beschaffungsplan entwickeln
4.2.1.2 Einkaufsanforderungen klären
4.2.1.3 Inventar-Strategie entwickeln
4.2.1.4 Bedürfnisse anpassen, um Ressourcen zu unterstützen
4.2.1.5 Ausgabenprofil des Unternehmens analysieren
4.2.1.6 Nach Möglichkeiten suchen, um Effizienz und Wert zu verbessern
4.2.1.7 Mit den Zulieferern zusammenarbeiten, um Beschaffungsmöglichkeiten zu identifizieren
4.2.2 Zulieferer aussuchen und Verträge entwickeln/pflegen
4.2.2.1 Lieferanten aussuchen
4.2.2.2 Lieferanten zertifizieren und validieren
4.2.2.3 Vertragsverhandlung
4.2.2.4 Vertragsverwaltung
4.2.3 Materialien und Dienstleistungen bestellen
4.2.3.1 Bestellanforderungen bearbeiten/durchschauen
4.2.3.2 Bestellanforderungen annehmen
4.2.3.3 Herstellerquoten werben/verfolgen
4.2.3.4 Bestellungen erstellen/verteilen
4.2.3.5 Bestellungen vorantreiben und Anfragen befriedigen
4.2.3.6 Erhalt der Ware aufzeichnen
4.2.3.7 Ausnahmen recherchieren/lösen
4.2.4 Zulieferer beurteilen und entwickeln

4.2.4.1 Zuliefererinformationen überwachen/verwalten

4.2.4.2 Beschaffung und Lieferantenleistung vorbereiten/analysieren

4.2.4.3 Inventar- und Produktionsprozesse unterstützen

4.2.4.4 Die Qualität der gelieferten Ware überwachen

Um die Spezifika für die einzelnen Branchen ausreichend zu berücksichtigen, wurden für knapp zwanzig Branchen branchenspezifische Prozessklassifikations-Frameworks entwickelt.

## 1.6   Integration des Qualitätsmanagements im Einkauf in das Unternehmen

Die Frage, ob Qualitätsmanagement im Einkauf im gleichen Maß wie im Rest des Unternehmens integriert ist, konnte mittels einer Bewertungsskala (1 = trifft voll zu, 3 = teils/teils, 5 = trifft gar nicht zu) beantwortet werden (vgl. Abb. 1.6). Bei gut zwei Dritteln (67 %) der Unternehmen ist Qualitätsmanagement im Einkauf genauso wie im Rest des Unternehmens integriert. Bei 23 % (39 Nennungen) der befragten Unternehmen nur teilweise und bei 8 % (14 Nennungen) eher weniger.

Beim Branchenvergleich zeigt sich, dass im Bereich Elektrotechnik/Feinmechanik (76 %) und bei den Automobilherstellern/Automobilzulieferern (78 %) das Qualitätsmanagement im Einkauf gleichermaßen wie im Rest des Unternehmens integriert ist. Beim Anlagen- und Maschinenbau sind es nur 61 %. Zudem geben 32 % der Unternehmen an, dass eine Integration nur teilweise vorhanden ist (vgl. Abb. 1.7).

Bezogen auf die unterschiedliche Unternehmensgröße liegen die Angaben zwischen 63 und 73 %. Auch hinsichtlich des Einkaufsvolumens konnten keine eindeutigen Unterschiede festgestellt werden. Jedoch werden Unterschiede hinsichtlich der Wertschöpfungsstufe deutlich. Bei 79 % der Hersteller von Einzelteilen ist Qualitätsmanagement im Einkauf in demselben Maße wie im Rest des Unternehmens integriert. Dies gilt auch für 68 % der Hersteller von Enderzeugnissen, für 67 % der Baugruppenhersteller und für 60 % der Rohstoffhersteller.

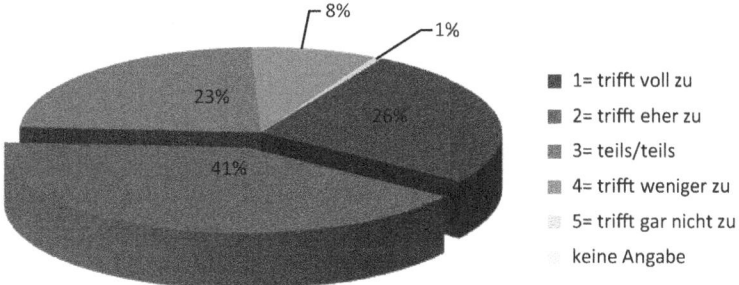

**Abb. 1.6**   Integration von Qualitätsmanagement im Einkauf. (Quelle: Schmieder 2014)

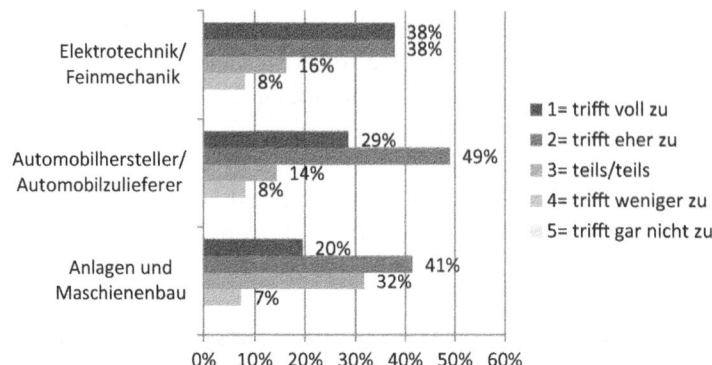

**Abb. 1.7**  Branchenbezogene Darstellung der Integration von Qualitätsmanagement im Einkauf. (Quelle: Schmieder 2014)

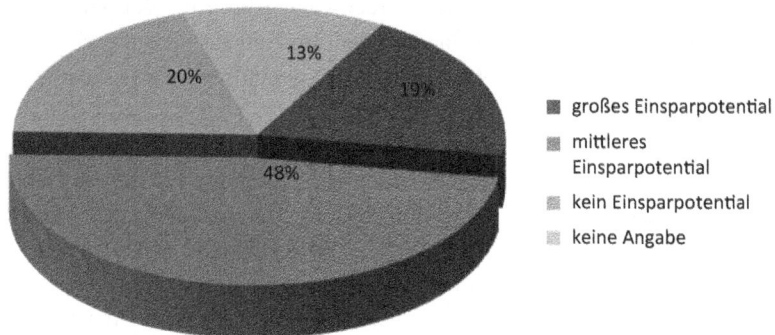

**Abb. 1.8**  Einsparpotenzial von Qualitätsmanagement und Einkauf. (Quelle: Schmieder 2014)

Durch eine bessere Integration können Doppelarbeiten vermieden und eine bessere Abstimmung durchgeführt sowie Kosten reduziert werden. Auf die Frage, ob eine stärkere Integration des Qualitätsmanagements des Einkaufs in das Qualitätsmanagement des Unternehmens Potenzial für Einsparungen bietet, antworteten 19 % (32 Nennungen) der befragten Unternehmen, dass sie großes Einsparpotenzial durch eine stärkere Integration von Qualitätsmanagement und Einkauf im Unternehmen sehen, 48 % (80 Nennungen) der Unternehmen gehen von einem mittleren Einsparpotenzial aus und 20 % (33 Nennungen) erwarten kein Einsparpotenzial (vgl. Abb. 1.8).

Im Branchenvergleich wird größtenteils ein mittleres Einsparpotenzial genannt, wobei es 64 % bei den Automobilherstellern/Automobilzulieferern sind, 52 % im Bereich Elektrotechnik/Feinmechanik und nur 42 % im Anlagen- und Maschinenbau (vgl. Tab. 1.3).

Zudem sieht gut ein Drittel (36 %) aus dem Bereich Anlagen- und Maschinenbau kein Einsparpotenzial durch eine stärkere Integration von Qualitätsmanagement und Einkauf im Unternehmen.

Ein Vergleich der Unternehmensgrößen zeigt, dass bei einer Unternehmensgröße von 200 bis 499 Mitarbeitern 18 % der Unternehmen ein großes Einsparpotenzial durch eine stärkere Integration von Qualitätsmanagement und Einkauf sehen, bei einer Unternehmensgröße von 500 bis 999 Mitarbeiter sind es schon 44 und 16 % bei einer Unternehmensgröße von mehr als 1000 Mitarbeitern (vgl. Abb. 1.9).

Auch bei einer Betrachtung des Einkaufsvolumens stellt man Unterschiede fest, wie Tab. 1.4 zeigt.

Ein Vergleich der Wertschöpfungsstufen ergibt, dass überwiegend mittleres Einsparpotenzial gesehen wird: von 78 % der Hersteller von Rohstoffen, von 61 % der

**Tab. 1.3** Branchenbezogene Darstellung zum Einsparpotenzial von Qualitätsmanagement und Einkauf. (Quelle: Schmieder 2014)

| Branche | Großes Einsparpotenzial (%) | Mittleres Einsparpotenzial (%) | Kein Einsparpotenzial (%) |
|---|---|---|---|
| Anlagen und Maschinenbau | 21 | 42 | **36** |
| Automobilhersteller/ Automobilzulieferer | 21 | **64** | 14 |
| Elektrotechnik/ Feinmechanik | 24 | 52 | 24 |

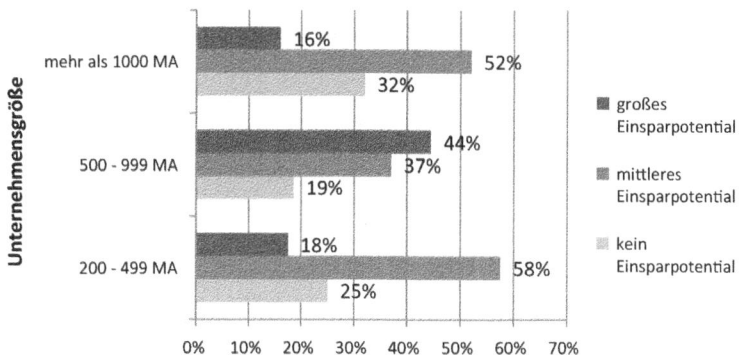

**Abb. 1.9** Unternehmensgrößenbezogene Darstellung des Einsparpotenzials bei Qualitätsmanagement und Einkauf. (Quelle: Schmieder 2014)

**Tab. 1.4** Einkaufsvolumenbezogene Darstellung zum Einsparpotenzial von Qualitätsmanagement und Einkauf. (Quelle: Schmieder 2014)

| Einkaufsvolumen (%) | Großes Einsparpotenzial (%) | Mittleres Einsparpotenzial (%) | Kein Einsparpotenzial (%) |
|---|---|---|---|
| 10–24 | 10 | 50 | 40 |
| 25–39 | 11 | 63 | 26 |
| 40–49 | 43 | 43 | 13 |
| 50–59 | 20 | 49 | 32 |
| 60–69 | 44 | 22 | 33 |
| 70–80 | 17 | 83 | 0 |
| Über 80 | 0 | 100 | 0 |

**Tab. 1.5** Wertschöpfungsstufenbezogene Darstellung zum Einsparpotenzial von Qualitätsmanagement und Einkauf. (Quelle: Schmieder 2014)

| Wertschöpfungsstufe | Großes Einsparpotenzial (%) | Mittleres Einsparpotenzial (%) | Kein Einsparpotenzial (%) |
|---|---|---|---|
| Rohstoffe | 0 | **78** | 22 |
| Einzelteile | 33 | 40 | 27 |
| Baugruppen | 17 | **61** | 22 |
| Enderzeugnisse | 20 | **57** | 23 |

Baugruppenhersteller, 57 % der Hersteller von Enderzeugnissen und nur von 40 % der Einzelteilehersteller (vgl. Tab. 1.5).

## 1.7   Organisation des Qualitätsmanagements im Einkauf

Die Qualitätsmanagementeinheit eines Unternehmens ist im Wesentlichen für Qualitäts-politik, -werkzeuge und -verfahren sowie für die Qualitätsmanagement-Mitarbeiter der verschiedenen, voneinander getrennten Geschäftsbereiche zuständig. Die Organisation des Qualitätsmanagements kann einen großen Einfluss auf den Erfolg des Unternehmens haben.

Strukturen können sein:

- zentralisiert, dabei werden die Verantwortung und das Personal in einer einzigen Gruppe, die die Disziplin als Service für das gesamte Unternehmen betreibt, konsolidiert
- dezentral, wobei jede Geschäftseinheit oder Abteilung das Qualitätsmanagement selbst entwickelt und verwaltet
- Hybrid, bei dem ein Kernteam die unternehmensweite Richtung und Unterstützung bietet, aber die Verantwortung auf die gesamte Organisation verteilt ist (Kombination aus zentralen und dezentralen Ansätzen)

In seinem Kern ist eine Disziplin ein System von Regeln und Verfahren, die Verhalten und Aktivitäten regeln. Wie eine Organisation das Qualitätsmanagement konfiguriert ist eine Entscheidung, die die individuellen Bedürfnisse des Unternehmens berücksichtigt. Es ist entscheidend für die Führung zu überlegen, welche Anordnung des Qualitätsmanagements am effektivsten ist.

Was spricht für hybride, was für zentralisierte Strukturen? Die hybride Organisation des Qualitätsmanagements besteht oft aus einer kleinen Gruppe von QM-Mitarbeitern, die zentral dafür sorgt, dass die Qualität auf einem hohen Niveau in den einzelnen Geschäftseinheiten bleibt. Diese zentrale Gruppe wirkt mehr als Expertenteam, das bei wichtigen Projekten in den Geschäftsbereichen unterstützt. Es gibt in der Regel eine Qualitätspolitik für das ganze Unternehmen, welche die Zusammenarbeit zwischen den Qualitätsmanagementbereichen in den Geschäftsbereichen regelt. Sie dient allerdings mehr als Orientierungshilfe denn als Unternehmensrichtlinie. Bei dieser Organisationsform bleiben die Entscheidungsträger in den Bereichen verantwortlich für die Qualität. Im Vergleich dazu sind bei einer zentralen Qualitätsmanagementorganisation die Leitung und die Mitarbeiter der zentralen Einheit ausschließlich auf das Qualitätsmanagement des Unternehmens ausgerichtet. Diese Gruppe trägt die Verantwortung für die Erstellung der Qualitätsstrategie, standardisierte Verfahren und Tools in den einzelnen Geschäftseinheiten. Einige Unternehmen verwenden eine starke zentralisierte Struktur in Kombination mit einem Council, der die Führung und Überwachung wahrnimmt.

In den meisten Unternehmen wird die hybride Organisation im Qualitätsmanagement präferiert. Knapp die Hälfte der Unternehmen (42 %) nutzt eine hybride Qualitätsmanagementorganisation, ein Drittel hat eine zentrale Organisation und nur ein Viertel ist dezentral organisiert (siehe Abb. 1.10). Insgesamt kann, bezogen auf alle Unternehmen, die an der Studie teilgenommen haben, festgestellt werden, dass mit zentralen oder Hybrid-Strukturen

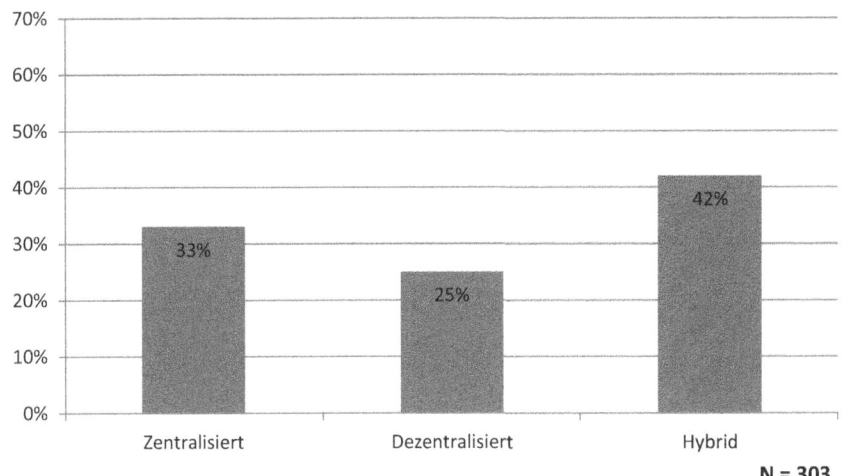

**Abb. 1.10** Struktur der Qualitätsmanagementorganisation. (Quelle: APQC 2013)

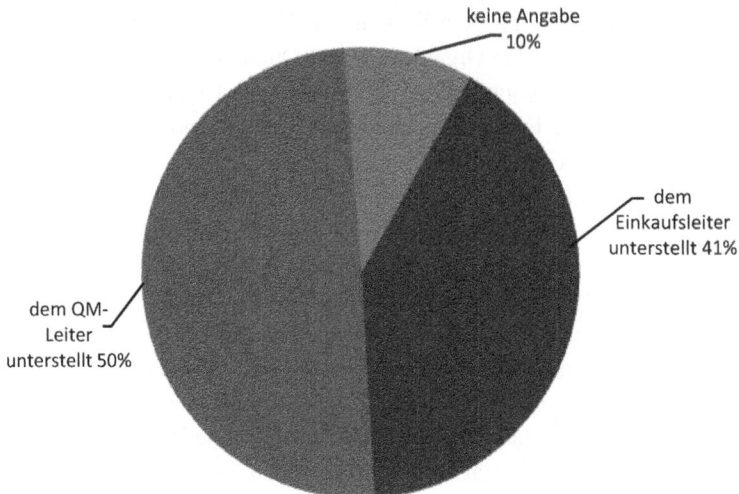

keine Angabe
10%

dem
Einkaufsleiter
unterstellt 41%

dem QM-
Leiter
unterstellt 50%

**Abb. 1.11**   Eingliederung des Qualitätsmanagements in den Einkauf. (Quelle: Schmieder 2014)

eine effektive Implementierung von Qualitätsprozessen möglich ist. Der Großteil der Unternehmen plant keine Änderung der Organisationsstruktur im Qualitätsmanagement.

Die Frage ist nun beim Qualitätsmanagement im Einkauf, in welchen Bereich dieses Qualitätsmanagement eingegliedert ist.

Wie Abb. 1.11 zeigt, ist bei der Hälfte der befragten Unternehmen das Qualitätsmanagement im Einkauf dem QM-Leiter unterstellt, nur in 41 % der Unternehmen ist es dem Einkaufsleiter zugeordnet.

## 1.8   Schwächen des Qualitätsmanagements im Einkauf

Die größten Schwächen sieht ein Drittel der Teilnehmer der Befragung vor allem in den begrenzten Personalressourcen, die für das Qualitätsmanagement zur Verfügung stehen. Ein weiteres, von jedem sechsten Unternehmen genanntes Problem ist die begrenzte Zeit zur Umsetzung eines Qualitätsmanagementsystems (QMS), die mit dem Ressourcenproblem zusammenhängt. Weitere genannte Schwächen:

- Preis als ein Hauptkriterium bei der Lieferantenauswahl (Interessenkonflikt Preis/ Qualität),
- Kein Lieferantenbewertungssystem
- Reaktionszeit bei Qualitätsproblemen in den Produktionswerken (räumliche Entfernung)
- Der Einkauf erhält keine konkreten Qualitätsziele, Qualität und Einkauf stehen im preislichen Wettbewerb

- Fehlende Erfolgsmessung (Verhandlungsergebnisdokumentation), Lieferantenbewertung: Kombination aus Excel und SAP und keine automatische Zusendung an den Lieferanten
- Abhängigkeit von Zahlen aus anderen Abteilungen (Wareneingangsbuchungen für Termintreue), Medienbrüche beim Übertragen von Informationen (Eingabefehler/ Mensch)
- Fokus des Qualitätsmanagementsystems liegt auf dem Produkt, nicht auf den Prozessen; Verknüpfung Qualitätsmanagement und Einkauf/Lieferantenreklamationen und -bewertung zu schwach
- Ungenaue Spezifikationen/Vorgaben an die Lieferanten, bedingt durch hohen Anteil an Kunden-Sonderprojekten; es ist schwierig, die Spezifikationen immer sauber zu definieren
- Umsetzung, Einheitlichkeit, Überzeugung der Lieferanten

Es zeigt sich, dass die Zielsetzung des Einkaufs in der Realisierung von Einsparungen besteht und die Qualität der Einkäufe in der Regel erst an zweiter Stelle folgt. Häufig hat der Lieferant eine so starke Stellung (Monopolstellung), dass die Durchsetzung von Qualitätsansprüchen im Hinblick auf dessen QM-System nicht immer möglich ist.

# Beschaffungsmanagement

2

## 2.1 Lieferantenmanagement als Teil des Beschaffungsprozesses

Für die Beschaffung des Unternehmens sind die Lieferanten wichtige Potenzialträger. Ohne leistungsfähige Lieferanten ist die Erreichung der Beschaffungsziele nicht möglich. Sie sind eine notwendige Voraussetzung für gute Produkte und Leistungen. Die zentrale Aufgabe des strategischen Lieferantenmanagements ist die Sicherstellung von leistungsfähigen Lieferanten. Nur durch eine adäquate Auswahl und Steuerung der Lieferanten kann dies erreicht werden.

Nach einer Untersuchung von APQC[1], der größten Benchmarking-Datenbank der Welt, mit 1355 Teilnehmern ist in den Beschaffungsabteilungen der Unternehmen jeder fünfte Mitarbeiter (21,7 %) mit der Bewertung und Entwicklung der Lieferanten beschäftigt. Jeder vierte Mitarbeiter in der Beschaffungsabteilung (23,8 %) befasst sich mit der Auswahl der Lieferanten und der Entwicklung und Pflege der Vertragswerke.

Im operativen Einkauf setzt eine effiziente Zusammenarbeit voraus, dass die Prozesse und Verantwortlichkeiten zwischen allen Beteiligten klar geregelt sind und von ihnen akzeptiert werden.

Eine geeignete Auswahl und Steuerung der Lieferanten erfordert die Implementierung von geeigneten Instrumenten zu deren Steuerung, sie müssen die vollständige Bewertung der Entwicklung der Lieferanten-Performance garantieren. Dies betrifft vor allem auch die Qualität der gelieferten Systeme und Teile.

---

[1]Partida (2016).

© Springer Fachmedien Wiesbaden GmbH, ein Teil von Springer Nature 2018
M. Schmieder et al., *Qualitätsmanagement im Einkauf*,
https://doi.org/10.1007/978-3-658-04755-9_2

Unter Lieferantenmanagement wird die Planung, Auswahl, Steuerung und Kontrolle der Beziehungen zum jeweiligen Lieferanten wie zur Gesamtheit der Lieferanten über den gesamten Beziehungszyklus verstanden.[2]

## 2.2    Lieferantenmanagement

### 2.2.1    Gestaltung der Lieferantenbeziehung

Das Lieferantenmanagement ist in Form einer Lieferantenstrategie festzulegen. Die Lieferantenstrategie hängt von der Kategorisierung der zu beschaffenden Güter und Dienstleistungen ab (siehe Abb. 2.1). Diese wiederum bestimmt die Beschaffungsstrategie. Von der Beschaffungsstrategie hängt also die Lieferantenstrategie ab.

Produktionsmaterial, das Gutenberg als Werkstoffe bezeichnet hat, geht in das Produkt ein. Dazu gehören Rohstoffe, Halb- und Fertigerzeugnisse. Betriebsstoffe gehen nicht in das Endprodukt ein, sondern sind nur zur Durchführung des Produktionsprozesses notwendig, z. B. Schmierstoffe, Energie, Reparatur- und Instandhaltungsmaterial. Investitionsgüter sind Betriebsstoffe und umfassen Einrichtungen und Anlagen. Sie sind Voraussetzung für die betriebliche Leistungserstellung. Dabei handelt es sich z. B. um Grundstücke und Gebäude, Produktionsmaschinen und -anlagen, IT-Geräte, Büroausstattung, Behälter, Werkzeuge und Vorrichtungen.

Die dritte Gruppe „Dienstleistungen" wird immer bedeutsamer. Hierunter fallen z. B. Logistik, Lohnfertigung, Beratungsleistungen, IT-Dienstleistungen, Reinigung, Sicherheitsdienste etc.

Produktionsmaterialien können sowohl vom Unternehmen selbst erstellt oder fremdbezogen werden. Das fremdbezogene Produktionsmaterial kann nach seiner Spezifität unterschieden werden:

1. Abnehmerspezifisches Produktionsmaterial, das nur von einem bestimmten Abnehmer eingesetzt und speziell für dessen Produkt entwickelt wird
2. Anbieterspezifisches Produktionsmaterial, das nur von einem Lieferanten bezogen werden kann
3. Beziehungsspezifisches Produktionsmaterial

Die beschafften Materialien können auch nach ihrer Bedeutung für das zu Beschaffende geordnet werden (vgl. Abb. 2.2).

Dabei wird zwischen strategischen Materialien, Hebel- und Engpassmaterialien sowie unkritischen Materialien differenziert. Auf Grundlage dieser Differenzierung werden dann Einkaufsstrategien abgeleitet.

---

[2]Vgl. Arnold et al. (2008, S. 1001).

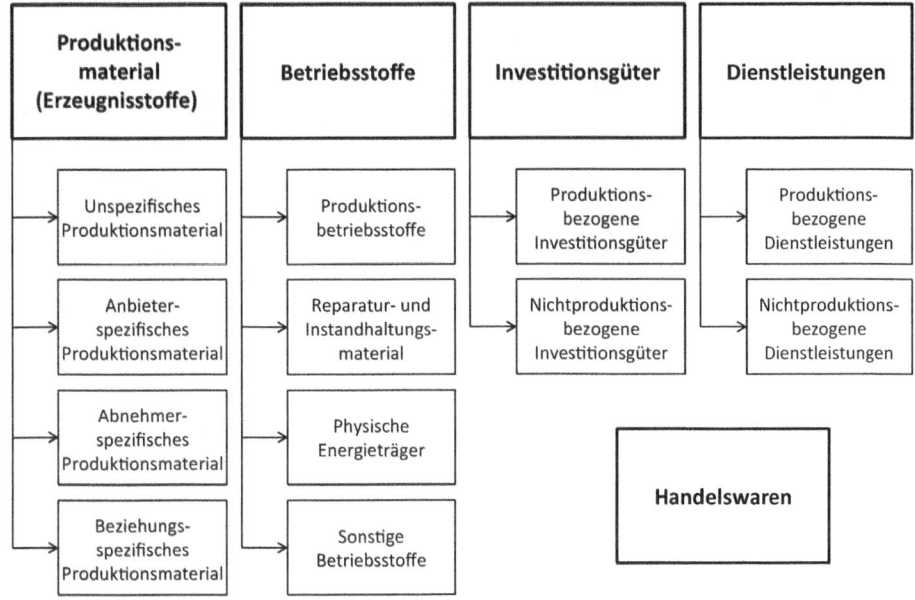

**Abb. 2.1**  Kategorisierung der Güter und Dienstleistungen. (Quelle: vgl. Large 2009, S. 8)

Beim unkritischen Material stehen die Kosten und die Effizienz in der Bestellabwicklung im Vordergrund. Aufgrund der geringen Volumen ist eine Preisreduzierung nur in geringem Umfang möglich.

Bei Hebelmaterialien bestehen ein geringes Versorgungsrisiko und aufgrund des großen Volumens hohe Kostensenkungspotenziale. Der Wettbewerb unter den Lieferanten lässt sich zur Senkung der Einkaufspreise und der Abwicklungskosten nutzen.

Beim Engpassmaterial besteht ein hohes Versorgungsrisiko bei geringem Einkaufsvolumen. Da nur wenige Lieferanten zur Auswahl stehen, steht nicht die Kostensenkung, sondern die Versorgungssicherheit im Vordergrund.

**Abb. 2.2**  Kategorisierung der Güter nach ihrer Bedeutung. (Quelle: vgl. Stollenwerk 2012, S. 107)

| | | Engpass-Material | Strategisches Material |
|---|---|---|---|
| | hoch | Absicherungsstrategie | Partnerschaftsstrategie |
| Versorgungsrisiko | niedrig | **Unkritisches Material** Effizenzstrategie | **Hebel-Material** Abschöpfungsstrategie |
| | | niedrig | hoch |

Anteil am Einkaufsvolumen

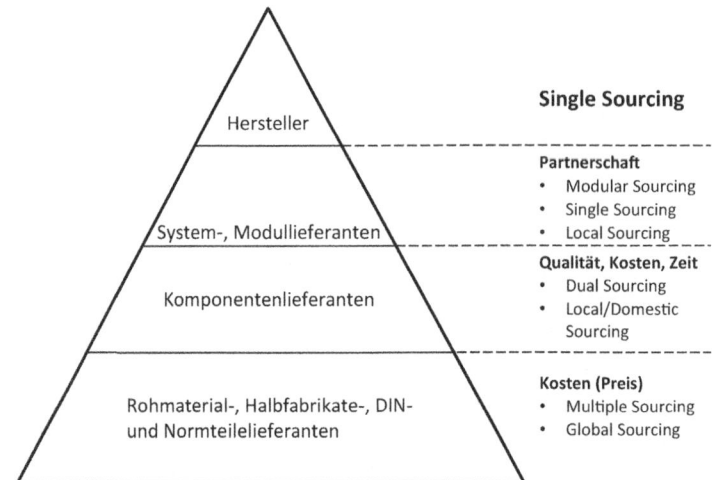

**Abb. 2.3** Sourcingstrategien entlang der Lieferantenpyramide. (Quelle: vgl. Wannenwetsch 2014, S. 171)

Auf dem strategischen Material liegt die höchste Aufmerksamkeit des Einkaufs. Die Sicherstellung der Versorgung steht dabei aus strategischen Gründen im Blickpunkt. Dies erfordert spezielle Formen der Zusammenarbeit mit den Lieferanten.

Für die verschiedenen Warengruppen werden jeweils die geeigneten Beschaffungs-strategien bestimmt, um die Anforderungen und Möglichkeiten im Hinblick auf Versor-gungssicherheit und Wirtschaftlichkeit bestmöglich zu erfüllen.

### 2.2.1.1 Beschaffungsstrategien

Bei der Wahl der Beschaffungsstrategien wird entschieden, bei wie vielen Lieferanten die Waren bezogen werden. Dabei wird zwischen Single Sourcing, Dual Sourcing und Multiple Sourcing unterschieden (vgl. Abb. 2.3). Die Wahl der Beschaffungsstrategie bestimmt maßgeblich auch das Qualitätsmanagement der Beschaffung.

**Single Sourcing**

Beim Single Sourcing konzentriert sich der Abnehmer auf einen Lieferanten, um ein bestimmtes Teil zu beschaffen. Diese Variante erweist sich als nützlich bei komplexen Gütern. Der Abnehmer trägt dazu bei, dass er sich zu einem leistungsstarken und inno-vativen Lieferanten entwickelt. Dabei ist eine intensive Gestaltung der Partnerschaft sehr wichtig. Im Fall von Produktionsunterbrechungen beim Zulieferer besteht die Gefahr des Produktionsstopps, weil der Lieferant nicht so schnell ersetzbar ist. Daher werden lang-fristige Rahmenverträge abgeschlossen.[3] Ein Vorteil kann bei den Beschaffungskosten entstehen, da durch größere Lose geringere Preise erreicht werden können.

---

[3]Vgl. Arnold et al. (2008, S. 280).

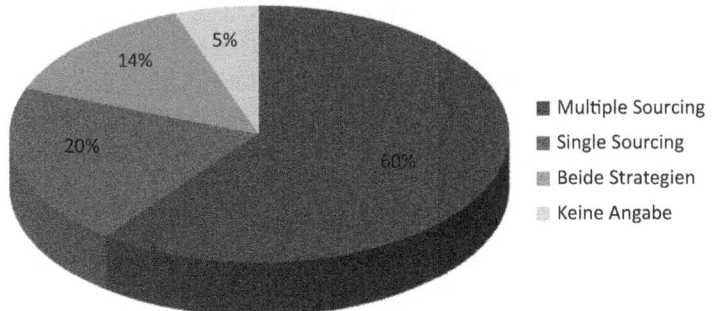

**Abb. 2.4**  Beschaffungsstrategie. (Quelle: Schmieder 2014)

**Dual Sourcing**

Beim Dual Sourcing wird ein Beschaffungsobjekt von zwei Lieferanten bezogen, die Wettbewerber sind. Der Lieferant mit den günstigeren Konditionen erhält dabei häufig ein höheres Beschaffungsvolumen als der Wettbewerber (z. B. 70/30 %).[4] Dual Sourcing ist eine Sicherheitsstrategie, die die Versorgungssicherheit des Unternehmens gewährleisten soll und dennoch den Wettbewerb zwischen den Lieferanten fördert. Die Anwendung dieser Strategie eignet sich insbesondere für den Bezug von strategischen Rohstoffen, wie z. B. Aluminium, Engpassartikel sowie Teile mit langen Lieferzeiten, bei denen Lieferausfälle mit erheblichen Verlusten für das beschaffende Unternehmen verbunden sind. Dual Sourcing ist eine Alternativlösung zum Single Sourcing.[5]

**Multiple Sourcing**

Von Multiple Sourcing wird gesprochen, wenn die Beschaffungsobjekte von mehreren Lieferanten bezogen werden. Durch den Wettbewerb zwischen den Lieferanten kann somit ein niedriger Beschaffungspreis erzielt werden. Die Abhängigkeit von einem Lieferanten liegt nicht mehr vor, da er kurzfristig austauschbar ist. Daraus folgt, dass keine langfristigen Rahmenverträge abgeschlossen werden müssen.[6] Ebenso führt Multiple Sourcing zur Minderung der Risiken eines Produktionsausfalls sowie zu höherer Flexibilität. Nachteile entstehen durch höhere Transaktions- und Bestellkosten.[7]

In Abb. 2.4 ist deutlich zu sehen, dass das Multiple Sourcing als Beschaffungsstrategie überwiegend (60 %) angewendet wird. 20 % (34 Nennungen) setzen das Single Sourcing ein, lediglich 14 % (23 Nennungen) der befragten Unternehmen wenden beide Strategien an.

---

[4]Vgl. Wannenwetsch (2004, S. 60).

[5]Vgl. Werner (2002, S. 95 f.).

[6]Vgl. Arnold et al. (2008, S. 280 ff.).

[7]Vgl. Wannenwetsch (2014, S. 167).

Beim Vergleich der Unternehmensgrößen zeigt sich, dass alle Unternehmen überwiegend das Multiple Sourcing anwenden. Jedoch sind Unterschiede bei der Verwendung von Single Sourcing und einer Kombination beider Beschaffungsstrategien sichtbar. Eine Mischung der Beschaffungsstrategien wird bei Unternehmen mit 500 bis 999 Mitarbeitern am häufigsten angewendet (23 %). Unternehmen mit 200 bis 499 Mitarbeitern wenden häufig nur eine der beiden Strategien an. Das Single Sourcing wird bei 29 % der Unternehmen mit 200 bis 499 Mitarbeitern angewendet.

Neben der Zahl der Lieferanten spielt auch die Entfernung des Lieferanten eine Rolle. Dabei wird zwischen Local und Global Sourcing unterschieden.

**Local Sourcing**

Beim Local Sourcing werden die Waren und Dienstleistungen aus unmittelbarer Nachbarschaft des Unternehmens bezogen, also regional. Je geringer die Marktkenntnis des beziehenden Unternehmens, desto höher war früher die Wahrscheinlichkeit, einen Lieferanten in der unmittelbaren Nähe zu wählen. Logistische und andere Störungen der Lieferung können damit auf ein Minimum reduziert werden.

**Global Sourcing**

Unter Global Sourcing wird der weltweite Bezug von Beschaffungsobjekten verstanden. Durch die Internationalisierung der Beschaffung werden die Beschaffungsmöglichkeiten gezielt erweitert. Durch Global Sourcing kann sich aber das Lieferrisiko erhöhen. So riss z. B. die Versorgung der Computerindustrie ab, als es 2014 in Thailand zu den großen Überschwemmungen kam. Thailand produziert einen großen Anteil von Computer-Chips bzw. Festplatten. In der Automobil-Industrie kam es im Jahre 2011 zu einem Lieferengpass, welcher durch die atomare Katastrophe in Fukushima ausgelöst wurde. Lieferengpässe wurden auch in der Textilindustrie befürchtet, ausgelöst durch den Einsturz einer Textilfabrik in Bangladesch 2013 und die einhergehenden Streiks der Textilarbeiter.

41 % der befragten Unternehmen haben bis zu 199 nationale Lieferanten. Die maximal genannte Anzahl der nationalen Lieferanten betrug 10.000 (vgl. Abb. 2.5).

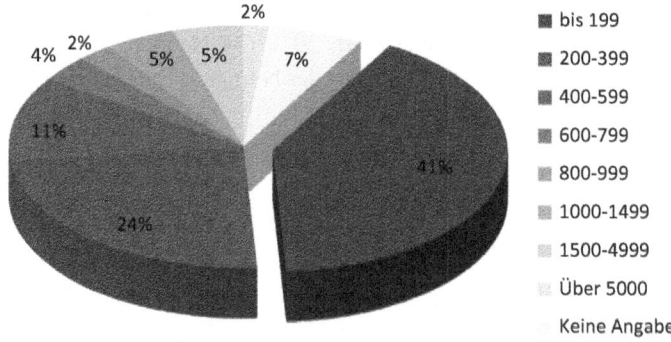

**Abb. 2.5**  Anzahl der nationalen Lieferanten pro Unternehmen. (Quelle: Schmieder 2014)

32 % der Unternehmen beziehen durchschnittlich zwischen 61 % und 80 % ihres Einkaufsvolumens von nationalen Lieferanten, bei mehr als 54 % der Unternehmen sind es über 60 % (vgl. Abb. 2.6).

Auch für die internationalen Lieferanten wurde eine Einteilung in acht Gruppen durchgeführt, je nach Lieferantenanzahl pro Unternehmen (vgl. Abb. 2.7). 25 % der befragten Unternehmen geben an, von bis zu 20 internationalen Lieferanten Waren zu beziehen. 6 % der Unternehmen beziehen Waren von über 501 nationalen Lieferanten. Ein Unternehmen bezieht seine Waren von 10.000 internationalen Lieferanten. Zwei Unternehmen geben an, keine Produkte bzw. Erzeugnisse von internationalen Lieferanten zu beziehen.

Es lässt sich beobachten, dass die Mehrheit der Unternehmen (57 %) ein Einkaufsvolumen von bis zu 40 % von internationalen Lieferanten bezieht (vgl. Abb. 2.8).

Durchschnittlich sind 51 % der internationalen Lieferanten aus Europa, 14 % aus Asien und 8 % aus Amerika. Die restlichen 27 % sind unbekannter Herkunft.

Tab. 2.1 zeigt eine Bewertung der verschiedenen Beschaffungsstrategien.

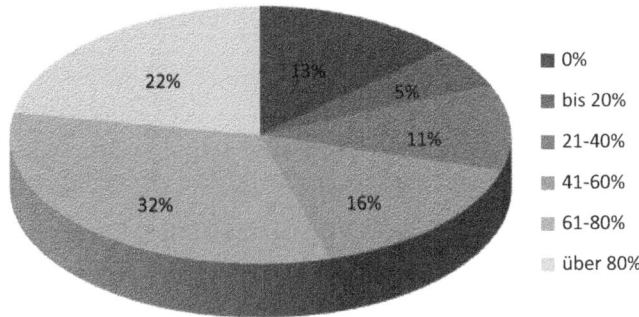

**Abb. 2.6**  Volumenbezogener Einkauf bei nationalen Lieferanten (Volumen in %). (Quelle: Schmieder 2014)

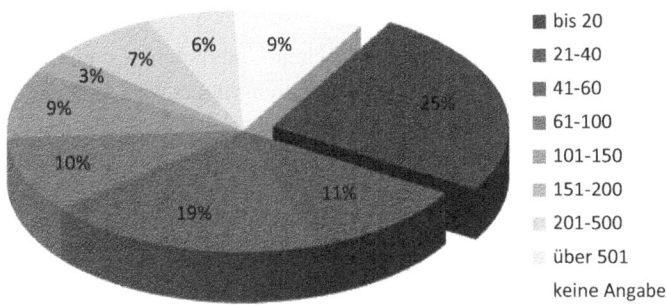

**Abb. 2.7**  Anzahl der internationalen Lieferanten pro Unternehmen. (Quelle: Schmieder 2014)

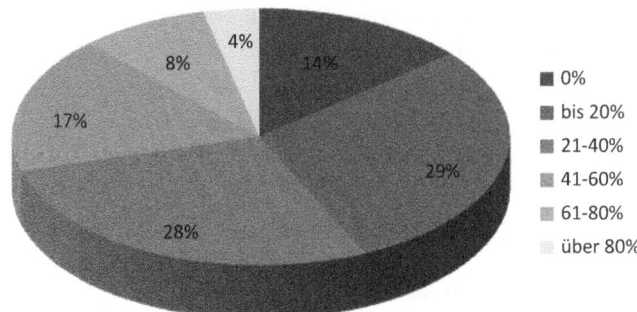

**Abb. 2.8** Volumenbezogener Einkauf bei internationalen Lieferanten (Volumen in %). (Quelle: Schmieder 2014)

**Tab. 2.1** Bewertungsmatrix von Beschaffungsstrategien. (Quelle: vgl. Wannenwetsch 2014, S. 172)

| Beschaffungsstrategie | Geringere Kosten | Bessere Leistung | Geringeres Risiko | Höhere Flexibilität |
|---|---|---|---|---|
| Single Sourcing | X | X | | |
| Dual Sourcing | X | | X | |
| Multiple Sourcing | X | | X | X |
| Global Sourcing | X | X | X | X |
| Cluster Sourcing | X | X | X | X |
| Local Sourcing | | | X | X |
| Modular Sourcing | X | X | | |
| Just-in-Time | X | X | | |
| Beschaffungskooperation | X | | | |

#### 2.2.1.2 Lieferantenstrategie

Auf Basis einer Analyse der einzelnen Warengruppen werden dann geeignete Lieferantenstrategien entwickelt. Nach welchen Kriterien sind die Lieferanten auszuwählen? Wie viele Lieferanten sind sinnvoll?

Die Gestaltung der Zusammenarbeit zwischen Unternehmen und Lieferanten (Supplier Relationship) innerhalb der jeweiligen Warengruppe wird von der strategischen Ausrichtung bestimmt. Vier Schwerpunkte sind für die strategische Entwicklung einer Warengruppe bedeutsam (vgl. Abb. 2.9):[8]

- Lieferantenbasis,
- Materialstruktur,
- Vertikale sowie
- Horizontale Intensität der Kooperation

---

[8]Vgl. Appelfeller und Buchholz (2011).

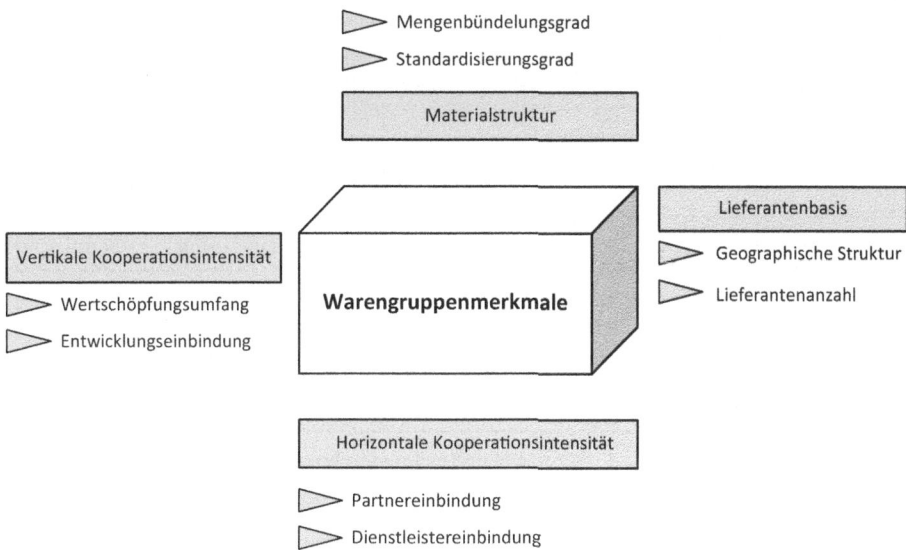

**Abb. 2.9** Ausprägung einer Warengruppe. (Quelle: vgl. Stollenwerk 2012, S. 115)

Aufgrund der Positionierung im Portfolio ist dann zu entscheiden, ob eine langfristige, enge und vertrauensvolle Kooperation oder nur eine kurzfristige, preisorientierte Zusammenarbeit angestrebt wird.

Sowohl das Beschaffungsareal als auch die Lieferantenanzahl wird festgelegt. Auch die Frage der frühzeitigen Einbindung des Lieferanten in den Produktentwicklungsprozess ist zu klären, um den Gesichtspunkt der Kosten und Abhängigkeit angemessen zu berücksichtigen.

Aufgrund der Warengruppenmerkmale ist für jede Warengruppe die geeignete Lieferantenstrategie zu entwickeln.[9] Abb. 2.10 bildet dabei grob die Möglichkeiten ab.

## 2.2.2 Kriterien bei der Auswahl der Lieferanten

### 2.2.2.1 Festlegung der Kriterien für die Lieferantenidentifikation

Mit der Festlegung der Beschaffungsstrategie sind schon einige wesentliche Kriterien für die Auswahl der Lieferanten bestimmt.

Unsere Frage nach den Kriterien für die Auswahl der Lieferanten zeigt, dass mehr als drei Viertel der Unternehmen (77 %) den Qualitätsführer in der Branche bevorzugen, zwei Drittel den Technologieführer (65 %) und knapp 60 % den Preisführer (eine Mehrfachauswahl war möglich) (vgl. Abb. 2.11).

---

[9]Vgl. Stollenwerk (2012, S. 117).

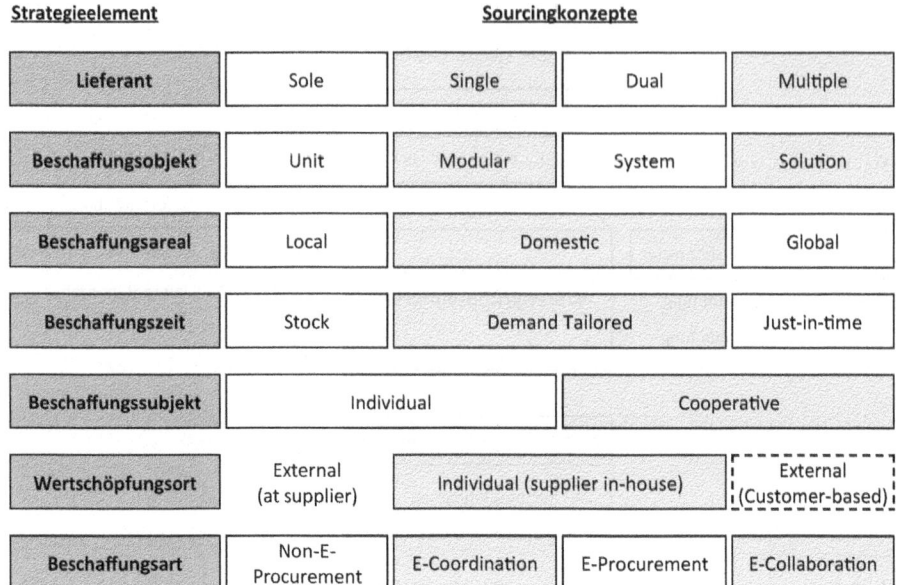

**Abb. 2.10**  Sourcing-Toolbox für Beschaffungsstrategien. (Quelle: in Anlehnung an Arnold 2008, S. 255; ergänzend Arnold und Eßig 2000, S. 128; sowie Glas 2012, S. 142)

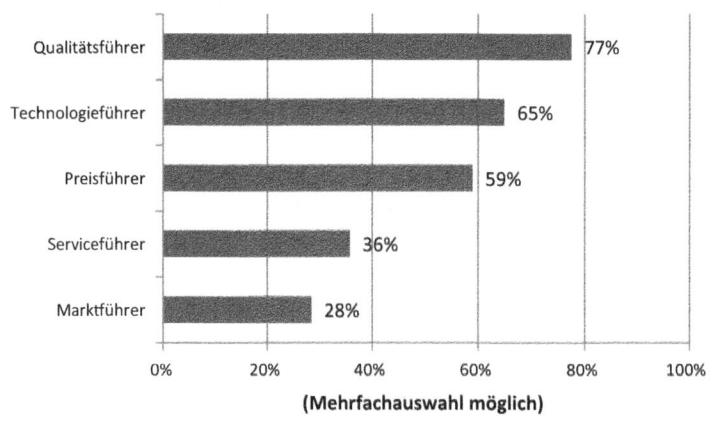

**Abb. 2.11**  Bevorzugte Lieferanten. (Quelle: Schmieder 2014)

Die Lieferantenauswahl sollte aus der Unternehmens- und Beschaffungsstrategie folgen. Verfolgt das Unternehmen eine Differenzierungsstrategie, sollte es auf Qualität und Technologie achten. Verfolgt das Unternehmen eine Kostenführerstrategie, wird es die Preisführer vorziehen. Häufig zeigt sich ein Zielkonflikt zwischen der Auswahl des Qualitätsführers und des Preisführers.

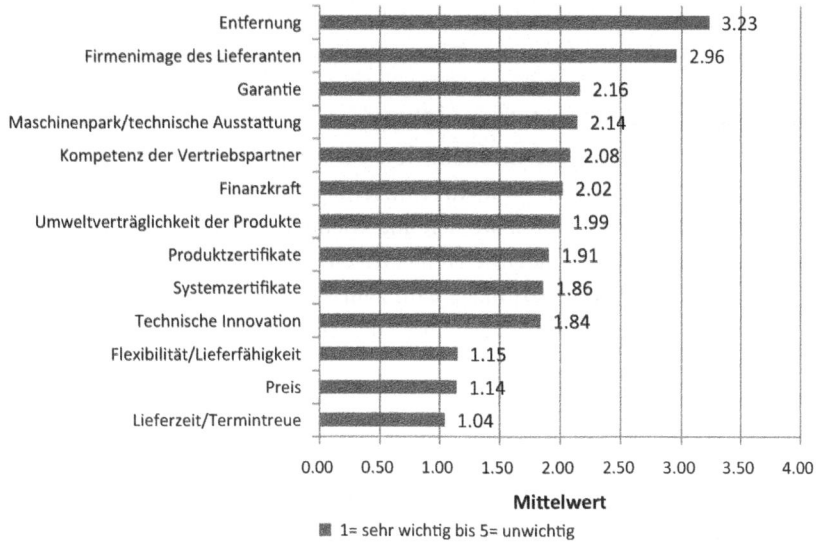

**Abb. 2.12** Bewertung der Kriterien bei der Auswahl von Lieferanten. Bei der Frage nach den Kriterien bei der Auswahl von Lieferanten konnten Unternehmen diese auf einer Bewertungsskala von sehr wichtig (1) bis unwichtig (5) beurteilen. (Quelle: Schmieder 2014)

Unsere Befragung nach den Kriterien für die Auswahl der Lieferanten zeigt, dass die Kriterien Lieferzeit/Termintreue sowie Preis und Flexibilität/Lieferfähigkeit mit Abstand die wichtigsten Kriterien sind (vgl. Abb. 2.12). Aufgrund des enormen Preiswettbewerbs werden die Preisführer unter den Lieferanten oft bevorzugt. In Abhängigkeit von der Branche und von der gewählten Unternehmensstrategie ist die technische Innovationsfähigkeit – vor allem in der Elektrotechnik und dem Maschinenbau – bedeutsam.

Im Hinblick auf das Qualitätsmanagement im Einkauf folgt dann die Wichtigkeit der Systemzertifikate, der Produktzertifikate und der Umweltverträglichkeit der Produkte. Diese werden im nächsten Abschnitt ausführlich behandelt. Die weiteren Kriterien dienen vor allem der Absicherung gegen Risiken, wie finanzielle Risiken, technische Risiken sowie Haftungsrisiken aus der Produkthaftung.

### 2.2.2.2 Bedeutung von Zertifikaten bei der Auswahl der Lieferanten

Vor allem bei der Auswahl von neuen Lieferanten müssen zum Teil Ersatzkriterien herangezogen werden, da die Qualität der Produkte und die Zuverlässigkeit des Lieferanten noch nicht bekannt sind. Hilfreich ist die Zertifizierung durch eine dritte externe Stelle, durch die in Form eines Zertifikats schriftlich bestätigt wird, dass das Produkt, der Prozess bzw. das System den dafür festgelegten Anforderungen genügen.[10]

---

[10]Vgl. Schmitt und Pfeifer (2010, S. 111 f.).

Als Ersatzkriterien ergeben sich also Produktzertifikate, Systemzertifikate, aber auch die Qualifikation der Mitarbeiter sowie Referenzprojekte und Kunden.

### 2.2.2.3 Bedeutung von Produktzertifikaten

Produktzertifikate bestätigen die Erfüllung von Gesetzen, Normen und Richtlinien und werden von einer unabhängigen Produktzertifizierungsstelle vergeben. Durch Prüfungen auf Basis genormter Prüfverfahren werden alle wichtigen Qualitäts- und Sicherheitsaspekte von der Prüfstelle aus Kundensicht einbezogen.

Die Wichtigkeit der Produktzertifikate wird zum einen durch die gesetzlichen Bestimmungen wie beim CE-Zertifikat als auch durch die Ansprüche der Beschaffungsorganisationen bestimmt.

Welche Zertifikate sind bei der Auswahl der Lieferanten ausschlaggebend bzw. sorgen überhaupt erst dafür, dass ein Lieferant in die engere Auswahl genommen wird?

Für ein Sechstel der befragten Unternehmen (15 %) ist das CE-Zeichen Voraussetzung (vgl. Abb. 2.13). Für weitere 4,8 % der befragten Unternehmen ist es das VDE-Zeichen, für 3,6 % das ENEC-Zeichen, für 3 % das CECC-Zeichen und jeweils 2,4 % nennen das VDE- und VDE-GS-Zertifikat als ausschlaggebendes Kriterium für die Auswahl von Lieferanten. Der Blaue Engel hingegen gilt für kein Unternehmen als entscheidend.

Unter den Produktzertifikaten ist das CE-Zeichen am wichtigsten, es wird mit einem Mittelwert von 1,68 als wichtig bis sehr wichtig eingestuft wird. An zweiter Position steht das VDE-Zeichen (2,32), anschließend folgen VDE-GS (2,57), GS (2,75), ENEC (2,92), Blauer Engel (3,06) und das CECC-Zertifikat mit einem Mittelwert von 3,18.

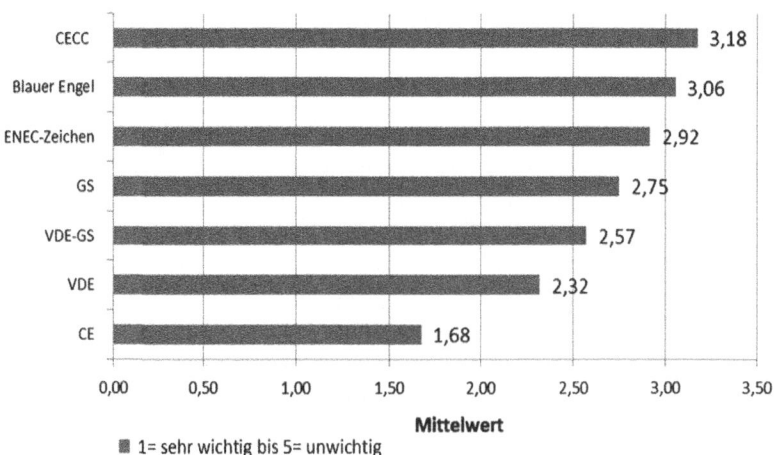

**Abb. 2.13** Relevanz der Produktzertifikate – auch bei der Frage nach dem Stellenwert der Produktzertifikate konnte man diese von sehr wichtig (1) bis unwichtig (5) beurteilen. (Quelle: Schmieder 2014)

**Tab. 2.2** Vergleich der Mittelwerte der Produktzertifikate nach Branchen. (Quelle: Schmieder 2014)

| Branche | CE | VDE | VDE-GS | GS | ENEC-Zeichen | Blauer Engel | CECC |
|---|---|---|---|---|---|---|---|
| Anlagen und Maschinenbau | **0,75** | 1,62 | 1,86 | 2,17 | 2,48 | 3,06 | 2,56 |
| Automobilhersteller/ Automobilzulieferer | **2,18** | 2,82 | 2,89 | 3,04 | 3,15 | 3,29 | 3,15 |
| Elektrotechnik/ Feinmechanik | **1,91** | **1,97** | 2,48 | 2,52 | 2,69 | 2,80 | 3,00 |

**Tab. 2.3** Vergleich der Mittelwerte der Produktzertifikate nach Unternehmensgrößen. (Quelle: Schmieder 2014)

| Unternehmensgröße | CE | VDE | VDE-GS | GS | ENEC-Zeichen | Blauer Engel | CECC |
|---|---|---|---|---|---|---|---|
| 200–499 MA | **1,08** | **1,91** | **1,97** | 2,42 | 2,39 | 2,91 | 2,52 |
| 500–999 MA | **1,73** | 2,42 | 2,91 | 3,09 | 3,47 | 2,89 | 3,88 |
| Mehr als 1000 MA | **2,17** | 2,85 | 3,15 | 3,03 | 3,34 | 3,10 | 3,59 |

Ein Vergleich mit der Studie aus dem Jahr 2004 zeigt, dass das CE-Zeichen weiterhin das wichtigste Zertifikat für die Auswahl von Lieferanten ist. Auch alle weiteren Zertifikate weisen keine großen Unterschiede zur Befragung 2004 auf.

Beim Branchenvergleich stellt man fest, dass ein CE-Zertifikat (0,75) im Anlagen- und Maschinenbau besonders wichtig ist und dass auch alle anderen Produktzertifikate hier eine besonders große Rolle spielen (vgl. Tab. 2.2). Auch bei den Automobilherstellern/Automobilzulieferern ist das CE-Zertifikat (2,18) am bedeutendsten, in der Branche Elektrotechnik/Feinmechanik liegen das CE-Zertifikat (1,91) und das VDE-Zertifikat (1,97) fast gleichauf.

Ein weiterer Vergleich nach Mitarbeiterzahl bzw. Unternehmensgröße zeigt, dass bei einer Unternehmensgröße von 200 bis 499 Mitarbeitern die Mittelwerte beim CE-Zertifikat (1,08), VDE-Zertifikat (1,91) und dem VDE-GS-Zertifikat (1,97) am niedrigsten und diese Zertifikate somit am bedeutsamsten sind (vgl. Tab. 2.3). Bei einer Unternehmensgröße ab 500 Mitarbeitern erreicht lediglich das CE-Zeichen (1,73 bzw. 2,17) die Kategorie „wichtig bis sehr wichtig". Es lässt sich erkennen, dass die Bedeutung der Produktzertifikate abnimmt, je größer das Unternehmen ist.

Auch ein Vergleich der Unternehmen in Abhängigkeit ihres Einkaufsvolumens macht Unterschiede deutlich (vgl. Tab. 2.4). Für Unternehmen mit einem Einkaufsvolumen von 10–24 % besitzen das CE-Zeichen (1,89), das GS-Zertifikat (1,67) und der Blaue Engel (1,91) einen hohen Stellenwert. Für Unternehmen mit einem Einkaufsvolumen von 25–69 % ist das CE-Zertifikat (1,33 bis 1,55) am wichtigsten. Hingegen haben bei

**Tab. 2.4** Vergleich der Mittelwerte der Produktzertifikate nach Einkaufsvolumina. (Quelle: Schmieder 2014)

| Einkaufsvolumen (%) | CE | VDE | VDE-GS | GS | ENEC-Zeichen | Blauer Engel | CECC |
|---|---|---|---|---|---|---|---|
| 10–24 | **1,89** | 2,09 | 2,09 | **1,67** | 3,00 | **1,91** | 3,00 |
| 25–39 | **1,33** | 2,30 | 3,09 | 2,83 | 3,17 | 3,89 | 3,57 |
| 40– 9 | **1,55** | 2,36 | 2,32 | 2,77 | 2,94 | 3,04 | 2,75 |
| 50–59 | **1,50** | 2,41 | 2,59 | 2,67 | 2,37 | 2,58 | 2,96 |
| 60–69 | **1,38** | 2,43 | 3,40 | 4,60 | 4,20 | 4,40 | 4,00 |
| 70–80 | 2,63 | **1,75** | **1,88** | 2,14 | 3,00 | 3,00 | 3,80 |
| Über 80 | **2,33** | **2,33** | **2,33** | 4,00 | 3,50 | 2,67 | 3,50 |

**Tab. 2.5** Vergleich der Mittelwerte der Produktzertifikate nach Wertschöpfungsstufen. (Quelle: Schmieder 2014)

| Wertschöpfungsstufe | CE | VDE | VDE-GS | GS | ENEC-Zeichen | Blauer Engel | CECC |
|---|---|---|---|---|---|---|---|
| Rohstoffe | **2,43** | 4,60 | 4,60 | 5,00 | 3,80 | 4,71 | 4,60 |
| Einzelteile | **1,63** | 2,43 | 2,71 | 2,71 | 3,17 | 3,75 | 3,17 |
| Baugruppen | **1,84** | 2,50 | 2,86 | 2,74 | 3,10 | 2,88 | 3,26 |
| Enderzeugnisse | **1,55** | **2,16** | **2,40** | **2,60** | **2,67** | **2,80** | **2,90** |

Unternehmen mit einem Einkaufsvolumen von 70–80 % das VDE-Zertifikat und das VDE-GS-Zertifikat die höchste Geltung. Bei einem Einkaufsvolumen von über 80 % werden die Produktzertifikate CE, VDE und das VDE-GS mit jeweils einem Mittelwert von 2,33 als besonders wichtig angesehen.

Mit Bezug auf die Wertschöpfungsstufe gilt das CE-Zertifikat bei allen Wertschöpfungsstufen als wichtig bis sehr wichtig, wie in Tab. 2.5 zu sehen ist. Des Weiteren zeigt sich, dass vor allem die Hersteller von Enderzeugnissen die verschiedenen Produktzertifikate bei der Auswahl von Lieferanten als wichtig ansehen.

### 2.2.2.4 Die Bedeutung der Systemzertifikate bei der Auswahl der Lieferanten

Das Systemzertifikat überprüft nicht wie das Produktzertifikat die Erfüllung von Anforderungen an das Produkt, sondern von Anforderungen einer Norm oder eines Regelwerkes an ein System. Die bekannteste Systemzertifizierung ist das Qualitätsmanagementsystem nach DIN EN ISO 9001.

Wie wichtig sind Unternehmen verschiedene Systemzertifikate bei der Auswahl Ihrer Lieferanten? Wie schon in den beiden vorherigen Fragen konnte man auch hier die Zertifikate von sehr wichtig (1) bis unwichtig (5) bewerten.

Ein knappes Fünftel (18,6 %) der befragten Unternehmen gab das Systemzertifikat nach der DIN EN ISO 9001:2008 als entscheidendes Kriterium an. Nur 4,8 % der Unternehmen sehen das ISO/TS 16949, 3 % das QS 9000 und 1,2 % ein Zertifikat nach

AS 9100/EN 9100 als Idealfall. Das Systemzertifikat nach VDA 6.1 wird von keinem Unternehmen als entscheidend für die Auswahl von Lieferanten genannt.

Das Systemzertifikat nach der DIN EN ISO 9001:2008 mit einem Mittelwert von 1,30 sehen die Unternehmen als sehr wichtig an. An zweiter Stelle steht das branchenspezifische Systemzertifikat nach ISO/TS 16949 (2,67), Schlusslicht bildet das AS 9100/EN 9100 (Abb. 2.14).

Ein Vergleich mit der Studie 2004 ergibt, dass ein Systemzertifikat nach DIN EN ISO 9001 weiterhin als wichtigstes Zertifikat für die Auswahl von Lieferanten gilt. Jedoch hat es an Bedeutung zugenommen: Wurde es 2004 bei den befragten Unternehmen noch als wichtig bis sehr wichtig (1,89) angesehen, gilt es jetzt bei der Einkaufsentscheidung als sehr wichtig. Alle weiteren Zertifikate weisen keine auffallenden Beurteilungsunterschiede zur Studie von 2004 auf. Branchenübergreifend gilt das Systemzertifikat nach DIN EN ISO 9001:2008 bei allen Unternehmen als besonders wichtig (vgl. Tab. 2.6). Zudem ist in der Branche der Automobilhersteller/Automobilzulieferer das branchenspezifische Systemzertifikat nach ISO/TS 16949 sehr wichtig (1,59).

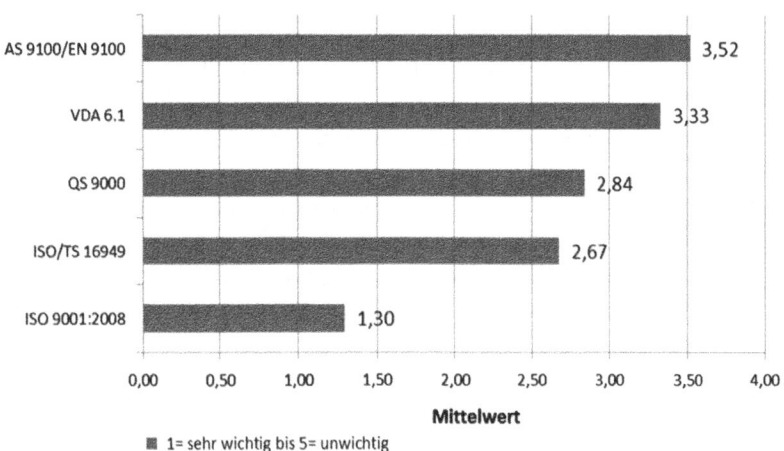

**Abb. 2.14**   Relevanz bestimmter Systemzertifikate. (Quelle: Schmieder 2014)

**Tab. 2.6**   Vergleich der Mittelwerte der Systemzertifikate nach Branchen. (Quelle: Schmieder 2014)

| Branche | ISO 9001:2008 | ISO/TS 16949 | QS 9000 | VDA 6.1 | AS 9100/EN 9100 |
|---|---|---|---|---|---|
| Anlagen und Maschinenbau | **1,54** | 3,00 | 2,92 | 3,08 | 3,56 |
| Automobilhersteller/ Automobilzulieferer | **1,20** | **1,59** | 2,40 | 2,58 | 3,21 |
| Elektrotechnik/ Feinmechanik | **1,30** | 3,00 | 3,03 | 3,58 | 3,54 |

**Tab. 2.7** Vergleich der Mittelwerte der Systemzertifikate nach Einkaufsvolumina. (Quelle: Schmieder 2014)

| Einkaufsvolumen (%) | ISO 9001:2008 | ISO/TS 16949 | QS 9000 | VDA 6.1 | AS 9100/EN 9100 |
|---|---|---|---|---|---|
| 10–24 | **1,44** | 2,86 | 3,86 | 4,14 | 3,86 |
| 25–39 | **1,18** | 2,89 | 3,05 | 3,57 | 3,61 |
| 40–49 | **1,59** | 3,13 | 2,58 | 3,74 | 3,76 |
| 50–59 | **1,36** | 2,61 | 2,73 | 2,94 | 3,45 |
| 60–69 | **1,22** | **1,71** | 2,20 | 2,40 | 2,80 |
| 70–80 | **1,38** | 2,42 | 3,00 | 4,00 | 3,33 |
| Über 80 | **1,00** | 3,00 | 3,00 | 3,00 | 3,00 |

Ein Vergleich nach Unternehmensgrößen zeigt, dass nur das Systemzertifikat nach DIN EN ISO 9001:2008 bei allen Unternehmen als sehr wichtig gilt. Bei einer Unternehmensgröße von 200 bis 499 Mitarbeitern liegt der Mittelwert bei 1,52, bei 500 bis 999 Mitarbeitern bei 1,07 und bei mehr als 1000 Mitarbeitern bei 1,18.

Auch bei einem Vergleich der Zertifikate in Abhängigkeit des Einkaufsvolumens zeigt sich, dass das Systemzertifikat nach DIN EN ISO 9001:2008 bei allen Unternehmen als sehr wichtig gilt (vgl. Tab. 2.7). Zudem beurteilen Unternehmen mit einem Einkaufsvolumen von 60–69 % auch das Systemzertifikat nach ISO/TS 16949 als wichtig bis sehr wichtig (1,71).

Bei einer Betrachtung nach der Wertschöpfungsstufe gilt das Systemzertifikat nach DIN EN ISO 9001:2008 bei allen Unternehmen als sehr wichtig (Mittelwerte liegen bei 1,00 bis 1,36). Die Einzelteilehersteller sehen zudem das Systemzertifikat nach QS 9000 als wichtig (2,13) an, die Hersteller von Baugruppen hingegen das Systemzertifikat nach ISO/TS 16949 (Mittelwert = 1,97).

Die Ergebnisse der Befragung zeigen also durchgehend, dass Produkt- und Systemzertifikate bei der Auswahl der Lieferanten eine wichtige Rolle spielen.

## 2.2.3 Lieferanteneingrenzung

Mit der Lieferanteneingrenzung werden die potenziellen Lieferanten grob auf ihre Brauchbarkeit als Zulieferer des beschaffenden Unternehmens hin inspiziert. Ziel ist es, die Lieferantzahl dadurch zu senken, sodass im Anschluss nur wenige Zulieferer einer detaillierten Lieferantenanalyse und Lieferantenbewertung unterzogen werden müssen. Um diese Reduzierung der Lieferantenanzahl im Rahmen der Lieferanteneingrenzung vornehmen zu können, sind weitere Informationen des Anbieters erforderlich. Eine bewährte Methode ist die Selbstauskunft des Lieferanten anhand eines Lieferantenfragebogens und Zertifikaten.

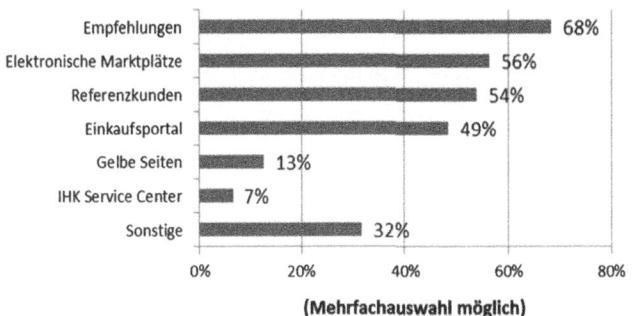

**Abb. 2.15** Suche nach potenziellen Lieferanten. (Quelle: Schmieder 2014)

### 2.2.3.1 Quellen für die Suche nach potenziellen Lieferanten

Bei der Suche nach potenziellen Lieferanten nutzen die Unternehmen vielfältige Informationsmöglichkeiten (vgl. Abb. 2.15). Besondere Bedeutung haben vor allem Empfehlungen: Über zwei Drittel der befragten Unternehmen (68 %) greifen auf Empfehlungen zurück. Elektronische Marktplätze bevorzugen 56 %, gefolgt von Referenzkunden mit 54 % und Einkaufportalen mit 49 %. Gelbe Seiten (13 %) und das IHK Service Center (7 %) wurden am seltensten ausgewählt. Unter der Rubrik „Sonstige" wurden am häufigsten Messen, Internet und „Wer liefert was" genannt.

### 2.2.3.2 Kommunikationsinstrumente zur Information von (potenziellen) Lieferanten

Wie werden nun die potenziellen Lieferanten über die Qualitätsanforderungen des Unternehmens informiert? 28 % der befragten Unternehmen nutzen das Lieferantenportal als Informationskanal für Lieferanten; über ein Einkaufshandbuch informieren 25 % ihre Zulieferer und 23 % führen Lieferantentage durch (vgl. Abb. 2.16). Nur 8 % veranstalten Einkaufs-Workshops. Schlusslicht bildet mit 4 % die Einkaufsbroschüre als Informationsquelle über Qualitätsanforderungen. Ein Drittel der befragten Unternehmen hat eine „sonstige" Form der Information angegeben: Am häufigsten wurden Qualitätssicherungsvereinbarungen, Lieferantengespräche und Zeichnungen genannt.

Ein besonders wichtiges Instrument für die Auswahl der Lieferanten ist der Lieferantenfragebogen, den vier Fünftel der Unternehmen verwenden. Potenzielle Lieferanten füllen einen Fragebogen mit Fragen zum Firmenprofil und zur finanziellen und technischen Leistungsfähigkeit aus, an dem sich das anfragende Unternehmen bei der Auswahl orientieren kann.[11]

---

[11]Vgl. Brückner (2009, S. 240).

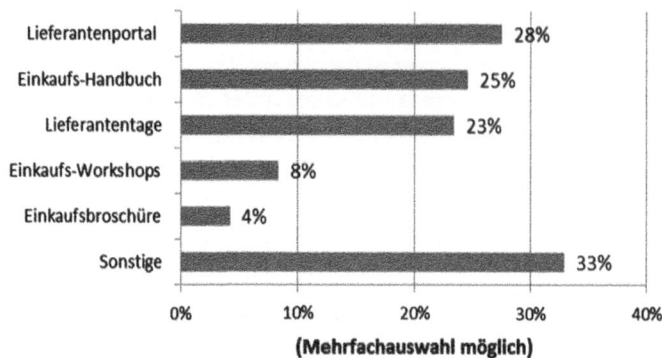

**Abb. 2.16**  Informationen über Qualitätsanforderungen. (Quelle: Schmieder 2014)

**Tab. 2.8**  Verwendung eines Lieferantenfragebogens im Unternehmen. (Quelle: Schmieder 2014)

| Einkaufsvolumen | Zustimmung (%) | Wertschöpfungsstufe | Zustimmung (%) |
|---|---|---|---|
| 10–24 | 83 | Rohstoffe | **44** |
| 25–39 | **71** | Einzelteile | 68 |
| 40–49 | **70** | Baugruppen | **88** |
| 50–59 | 86 | Enderzeugnisse | 82 |
| 60–69 | **100** | | |
| 70–80 | 87 | | |
| Über 80 | **100** | | |

Beim Branchenvergleich zeigt sich, dass 88 % der befragten Unternehmen aus dem Bereich Automobilhersteller/Automobilzulieferer einen Lieferantenfragebogen verwenden. Im Zweig Elektrotechnik/Feinmechanik sind es 81 % und 71 % aus dem Bereich Anlagen- und Maschinenbau.

Die Verwendung des Lieferantenfragebogens ist unabhängig von der Unternehmensgröße beliebt; Unterschiede zeigen sich allerdings hinsichtlich des Einkaufsvolumens (vgl. Tab. 2.8). Mehr als 70 % der Unternehmen mit einem Einkaufsvolumen zwischen 25 und 49 % verwenden einen Lieferantenfragebogen, bei Unternehmen mit einem Einkaufvolumen von 60–69 % sind es sogar 100 %.

Auch bei einer Betrachtung der Wertschöpfungsstufen zeigen sich Unterschiede. Nur 44 % der Rohstoffhersteller verwenden einen Lieferantenfragebogen, unter den Herstellern von Baugruppen sind es 88 %.

Bei einer Betrachtung gestaffelt nach der Unternehmensgröße lassen sich deutliche Unterschiede erkennen. Mit einer zunehmenden Mitarbeiterzahl sinkt die Bedeutung des Lieferantenfragebogens bei der Auswahl der Lieferanten. Bei einer Unternehmensgröße von 200 bis 499 Mitarbeitern sind es noch 69 %, die den Fragebogen verwenden, 63 % bei 500 bis 999 Mitarbeitern und nur noch 51 % bei mehr als 1000 Mitarbeitern.

Bei einem Vergleich der unterschiedlichen Einkaufsvolumen zeigt sich, dass bei 33 % der Unternehmen mit einem Einkaufsvolumen von 10–24 % sowie einem Volumen über 80 % der Lieferantenfragebogen eine Rolle spielt. Deutlich größer (89 %) ist der Anteil hingegen bei einem Einkaufsvolumen von 60–69 %.

Auch bei den Wertschöpfungsstufen sind Unterschiede ersichtlich. Für 37 % der Einzelteilehersteller spielt der Lieferantenfragebogen bei der Auswahl der Lieferanten eine entscheidende Rolle, deutlich mehr (68 %) sind es bei Herstellern von Enderzeugnissen.

Ein wichtiges Instrument zur Kommunikation der Qualitätsanforderungen sind firmenspezifische Anforderungskataloge (Pflichtenheft) neben den gängigen Zertifizierungen. Über vier Fünftel (82 %) der Unternehmen verfügen über firmenspezifische Anforderungskataloge.

Branchenbezogen gibt es im Bereich Anlagen- und Maschinenbau bei 78 % der Unternehmen firmenspezifische Anforderungskataloge. Bei den Automobilherstellern/ Automobilzulieferern sind es 90 % und im Bereich Elektrotechnik/Feinmechanik haben 92 % der Unternehmen firmenspezifische Anforderungskataloge.

Bezogen auf die Unternehmensgröße liegen die Angaben der Unternehmen zur Verwendung eines Anforderungskatalogs zwischen 75 % und 85 %. Auch bezogen auf das Einkaufsvolumen liegt die Verwendungsquote – bis auf Unternehmen mit einem Einkaufsvolumen von 60–69 % (100 %) sowie über 80 % (67 %) – zwischen 79 % und 89 % (vgl. Tab. 2.9).

Bei einem Vergleich der Wertschöpfungsstufen zeigt sich, dass nur 22 % der Rohstoffhersteller über firmenspezifische Anforderungskataloge verfügen, bei Herstellern von Baugruppen sind es hingegen 91 %.

Ein wichtiges Kriterium für die Auswahl der Lieferanten ist auch die Einhaltung der gesetzlichen Normen. Dazu erfolgt von vielen Unternehmen die Prüfung auf Einhaltung von gesetzlichen Vorschriften (z. B. CE-Norm).

Knapp zwei Drittel der Unternehmen (60 %) gaben an, eine Überprüfung der Einhaltung von gesetzlichen Vorschriften beim Lieferanten auszuführen. Beim Branchenvergleich prüfen im Bereich Anlagen- und Maschinenbau 68 % der Unternehmen die Lieferanten auf die Einhaltung von gesetzlichen Vorschriften. Bei den Automobilherstellern/Automobilzulieferern sind es 57 % und im Bereich Elektrotechnik/Feinmechanik 62 % der Unternehmen.

**Tab. 2.9** Firmenspezifische Anforderungskataloge. (Quelle: Schmieder 2014)

| Einkaufsvolumen (%) | Zustimmung (%) | Wertschöpfungsstufe | Zustimmung (%) |
|---|---|---|---|
| 10–24 | 83 | Rohstoffe | **22** |
| 25–39 | 79 | Einzelteile | 68 |
| 40–49 | 89 | Baugruppen | **91** |
| 50–59 | 84 | Enderzeugnisse | 87 |
| 60–69 | **100** | | |
| 70–80 | 87 | | |
| Über 80 | **67** | | |

**Tab. 2.10** Überprüfung auf einhaltung der gesetzlichen Vorschriften nach Einkaufsvolumen. (Quelle: Schmieder 2014)

| Einkaufsvolumen (%) | Zustimmung (%) |
|---------------------|----------------|
| 10–24               | 58             |
| 25–39               | 56             |
| 40–49               | **74**         |
| 50–59               | 59             |
| 60–69               | 56             |
| 70–80               | **33**         |
| Über 80             | 67             |

Bezogen auf die Unternehmensgröße lassen sich auch Unterschiede erkennen: Mit einer zunehmenden Mitarbeiterzahl sinkt die Zahl der Unternehmen, die ihre Lieferanten in dieser Hinsicht überprüfen. Bei einer Unternehmensgröße von 200 bis 499 Mitarbeitern sind es noch 67 %, 57 % bei einer Größe von 500 bis 999 Mitarbeitern und nur noch 56 % bei Unternehmen mit mehr als 1000 Mitarbeitern.

Bei einer Analyse nach den Einkaufsvolumina stechen zwei Ergebnisse heraus. Eine Überprüfung der Einhaltung von gesetzlichen Vorschriften beim Lieferanten führen nur 33 % der Unternehmen mit einem Einkaufsvolumen von 70–80 %, aber 74 % der Unternehmen mit einem Einkaufsvolumen von 40–49 % durch (vgl. Tab. 2.10).

Bei einem Vergleich der Wertschöpfungsstufen liegen die Angaben zwischen 56 % und 63 %.

### 2.2.3.3 Bedeutung bestimmter Qualitäts- und Qualitätsmanagementmethoden

Neben den Zertifikaten und der Einhaltung der gesetzlichen Normen ist die Anwendung bestimmter Qualitätsmanagementmethoden ein wichtiger Indikator für die Qualität der Produkte und Leistungen von Lieferanten.

Zwei Drittel der Unternehmen geben an, dass die Anwendung von bestimmten Qualitäts- bzw. Qualitätsmanagementmethoden bei ihrer Auswahl der Lieferanten eine zentrale Rolle spielt.

Die Wichtigkeit der folgenden Qualitäts- und Qualitätsmanagementmethoden konnte anhand einer Skala von sehr wichtig (1) bis unwichtig (5) bewertet werden. Des Weiteren wurde nach der Bekanntheit der jeweiligen Methode gefragt (vgl. Tab. 2.11).

Folgende Werkzeuge wurden untersucht:

- **8D-Report:** Technische Problemlösungsmethode
- **FMEA:** Fehlermöglichkeit- und Einflussanalyse
- **KVP:** Kontinuierlicher Verbesserungsprozess
- **TQM:** „Total-Quality-Management", dient zur Optimierung der Qualität von Produkten und Dienstleistungen bei einer Organisation durch Mitwirkung aller Mitarbeiter zur Erhöhung der Kundenzufriedenheit

**Tab. 2.11**  Qualitäts- und Qualitätsmanagementmethoden. (Quelle: Schmieder 2014)

| Methoden | Anzahl der Bewertungen | Anteil in % | Nicht bekannt in % | Keine Angabe in % |
|---|---|---|---|---|
| 8D-Report | 138 | 83 | 5 | 12 |
| FMEA | 130 | 78 | 7 | 15 |
| KVP | 126 | 75 | 6 | 19 |
| TQM | 119 | 71 | 5 | 23 |
| SIX SIGMA | 119 | 71 | 4 | 25 |
| PPAP | 106 | 63 | 11 | 25 |
| APQP | 95 | 57 | 15 | 28 |
| SPC | 91 | 54 | 19 | 27 |
| Robust Engineering | 71 | 43 | 23 | 34 |
| QFD | 66 | 40 | 28 | 33 |
| EFQM | 61 | 37 | 22 | 41 |
| FTA | 50 | 30 | 31 | 40 |

- **SIX SIGMA:** Dient zur Verbesserung der Qualität in allen Bereichen des Unternehmens mittels analytischer und statistischer Methoden
- **PPAP:** „Production Part Approval Process", ein Produktionsteil-Freigabeverfahren
- **APQP:** Advanced Product Quality Planning
- **SPC:** „Statistical Process Control", Statistische Prozesslenkung
- **Robust Engineering:** Robuste Konstruktion eines Produktes
- **QFD:** Quality Function Deployment
- **EFQM:** „European Foundation for Quality Management"
- **FTA:** „Fault Tree Analysis", Fehlerbaumanalyse

Der 8D-Report mit einem Mittelwert von 1,46 ist am wichtigsten für die Unternehmen, an zweiter Stelle folgen FMEA (1,91) und KVP (1,97), die als wichtig bis sehr wichtig angesehen werden können. Weniger wichtig und weniger bekannt sind hingegen QFD, EFQM, Robust Engineering und FTA (vgl. Abb. 2.17).

Beim Branchenvergleich sind jedoch Unterschiede ersichtlich: Neben 8D-Report, FMEA und KVP sind PPAP und APQP bei den Automobilherstellern/Automobilzulieferern sehr wichtig. Des Weiteren ist der 8D-Report im Bereich Elektrotechnik/Feinmechanik sehr wichtig (1,34). Weitere Angaben bzw. Mittelwerte sind in Tab. 2.12 aufgelistet.

Sonstige Untersuchungen nach Unternehmensgröße, Einkaufsvolumen sowie Wertschöpfungsstufe ließen keine Unterschiede erkennen.

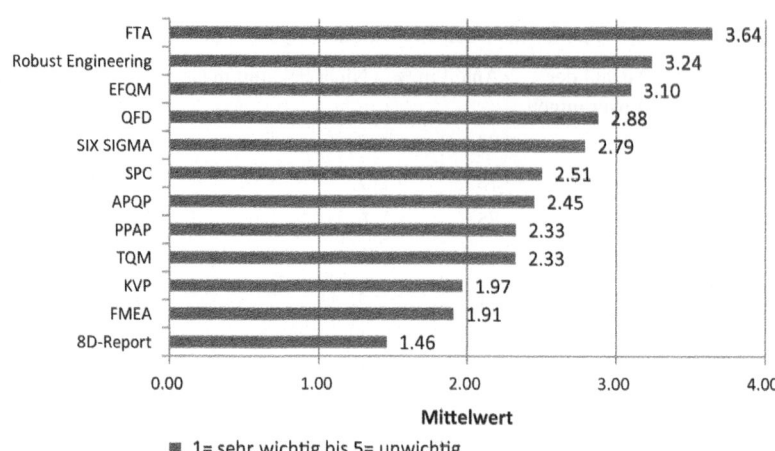

**Abb. 2.17**  Qualitäts- und Qualitätsmanagementmethoden. (Quelle: Schmieder 2014)

**Tab. 2.12**  Branchenbezogene Darstellung von Qualitäts- und Qualitätsmanagementmethoden. (Quelle: Schmieder 2014)

| Methoden | Anlagen und Maschinenbau | Automobilhersteller/ Automobilzulieferer | Elektrotechnik/ Feinmechanik |
|---|---|---|---|
| 8D-Report | 1,93 | **1,04** | **1,34** |
| FMEA | 2,52 | **1,29** | 1,59 |
| KVP | 2,57 | 1,67 | 1,68 |
| TQM | 2,83 | 2,19 | 1,90 |
| SIX SIGMA | 2,83 | 2,34 | 2,39 |
| PPAP | 3,09 | **1,34** | 2,43 |
| APQP | 4,06 | **1,51** | 2,20 |
| SPC | 3,48 | 1,70 | 1,89 |
| Robust Engineering | 4,05 | 2,60 | 2,93 |
| QFD | 3,44 | 2,61 | 2,33 |
| EFQM | 3,29 | 2,78 | 2,92 |
| FTA | 4,38 | 3,25 | 2,64 |

## 2.2.4  Lieferantencontrolling

Das Lieferantencontrolling überprüft regelmäßig die Leistungsfähigkeit der Lieferanten, um Schwachstellen beim Lieferanten rechtzeitig aufdecken und Gegenmaßnahmen einleiten zu können. Bei einer Vielzahl bestehender Lieferanten-Abnehmer-Beziehungen und dem damit verbundenen Aufwand ist es ratsam, alle Lieferanten im gleichen Ausmaß zu

**Tab. 2.13** Kennzahlen zur Kostenanalyse. (Quelle: Partida 2016, S. 3)

| Kennzahl | Vollzeitmitarbeiteräquivalent |
|---|---|
| Anzahl an VZM für die Lieferantenauswahl und Entwicklung und -pflege der Verträge je 1 Mrd. € Einkaufsvolumen | 16,6 |
| Anzahl an VZM für die Prüfung und den Entwicklung der Lieferanten je 1 Mrd. je 1 Mrd. € Einkaufsvolumen | 11,1 |
| Anzahl an VZM für die Entwicklung von Sourcingstrategien je 1 Mrd. € Einkaufsvolumen | 6,0 |

beobachten.[12] Kommt es zu Nichterreichung der Ziele, müssen entsprechende Optimierungsmaßnahmen eingeleitet werden. Schlimmstenfalls wird der Lieferant aus dem Portfolio entfernt.[13]

Des Weiteren dient das Lieferantencontrolling der Sammlung und Bereitstellung von lieferantenspezifischen Informationen für die zukünftigen Auswahlentscheidungen und die Wareneingangsprüfung.[14]

### 2.2.4.1 Steuerung der Lieferantenbeziehung

Im Rahmen der Steuerung der Lieferantenbeziehung wird zum einen die Leistungsfähigkeit der Lieferanten des Lieferantenstammes optimiert.[15] Zum anderen wird die Zusammenarbeit mit den Lieferanten und deren Integration in das Unternehmen gefördert.[16] Um zum gewünschten Erfolg zu gelangen, werden die gestellten Anforderungen und Qualitätsrichtlinien des Abnehmers in einem Lieferantenleitfaden dokumentiert.[17]

### 2.2.4.2 Kosten des Lieferantenmanagements

Das Lieferantenmanagement ist mit erheblichen Kosten verbunden. Dabei werden die Kosten für die Prozesse unterschieden nach (Tab. 2.13):[18]

- Lieferantenauswahl
- Lieferantenpflege und
- Pflege der Verträge

---

[12]Vgl. Arnold et al. (2008, S. 1007).

[13]Vgl. Krampf (2016, S. 76).

[14]Vgl. Arnold et al. (2008, S. 1007).

[15]Vgl. Arnold et al. (2008, S. 1008).

[16]Vgl. Janker (2008, S. 49).

[17]Vgl. Arnold et al. (2008, S. 1008).

[18]Vgl. APQC (2017a).

## 2.2.5  Lieferantenförderung und -entwicklung

Ein besonderes Instrument der Lieferantensteuerung ist die Unterstützung des Lieferanten. Darunter werden alle Maßnahmen verstanden, die auf dessen Förderung ausgerichtet sind. Die Unterstützung kann sowohl beim Aufbau einer neuen Lieferantenbeziehung als auch in bestehenden Lieferantenbeziehungen erfolgen.

Die Probleme des Lieferanten bestimmen im Einzelfall die Maßnahmen zur Lieferantenförderung und sind folglich sehr vielfältig. Mit den folgenden Maßnahmen waren die Abnehmer am zufriedensten[19]:

- Rückmeldung der Ergebnisse der Lieferantenbewertung,
- Einladung von Lieferantenmitarbeitern, um die eigenen Produktionsprozesse zu besichtigen,
- umgekehrt eigene Mitarbeiter zum Besuch der Lieferantenwerke entsenden und
- die Prozesse des Lieferanten durch formale Richtlinien begutachten

Im Qualitätsmanagement hat es sich bewährt, zunächst die Schwachstellen des Lieferanten zu analysieren und dessen Mitarbeiter zu trainieren, bevor Unterstützung beim Aufbau des Qualitätsmanagementsystems des Lieferanten durch Entsendung von eigenem Personal stattfindet.

## 2.2.6  Lieferanten-Qualitätsmanagement

Eine Möglichkeit ist es, das eigene Qualitätsmanagement auf den Lieferanten zu übertragen. Dies wird von den Unternehmen vornehmlich gegenüber direkten Lieferanten genutzt.

Die amerikanische Qualitätsmanagementvereinigung ASQ hat untersucht, ob die befragten Unternehmen diese Möglichkeit wahrnehmen.[20] Dazu wurden die Teilnehmer befragt, welche Unternehmen in der Wertschöpfungsstufe von ihnen im Umgang mit dem Qualitätsmanagementsystem trainiert werden. Die Ergebnisse zeigen, dass in der Regel nur die First-Tier-Lieferanten trainiert werden. Mehr als ein Drittel der Befragten schulen First-Tier-Lieferanten, und nur etwa ein Zehntel der zweiten und dritten Tier-Lieferanten werden trainiert (vgl. Abb. 2.18). Dabei zeigen sich deutliche Unterschiede in Abhängigkeit von der Unternehmensgröße: Kleine Unternehmen bis 100 Mio. € Umsatz trainieren tendenziell weniger Lieferanten im Vergleich zu größeren Unternehmen. Das auffälligste Muster zeigt sich bei Unternehmen zwischen 500 Mio. € und 1 Mrd. € Umsatz, diese Unternehmen haben den zweithöchsten Anteil (42,9 %) bei

---

[19]Vgl. Krause und Ellram (1997, S. 39).
[20]Vgl. ASQ (2016).

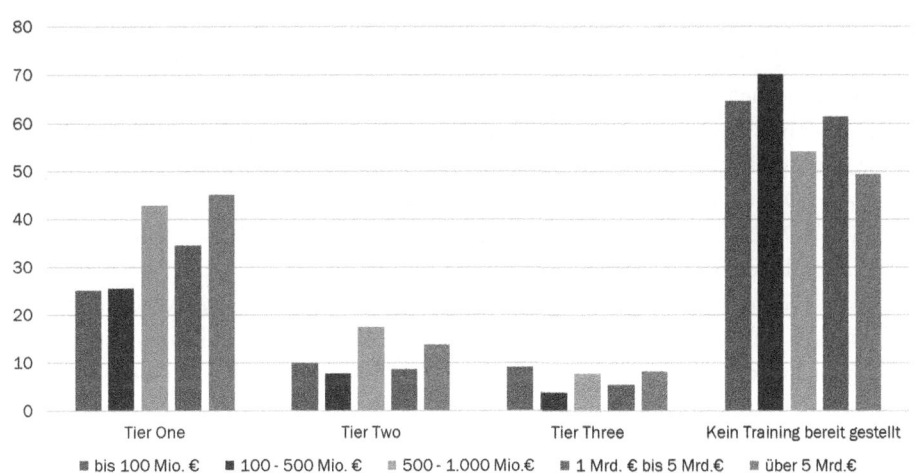

**Abb. 2.18** Qualitätsausbildung für Lieferanten in % der Teilnehmer. (Quelle: vgl. ASQ 2016)

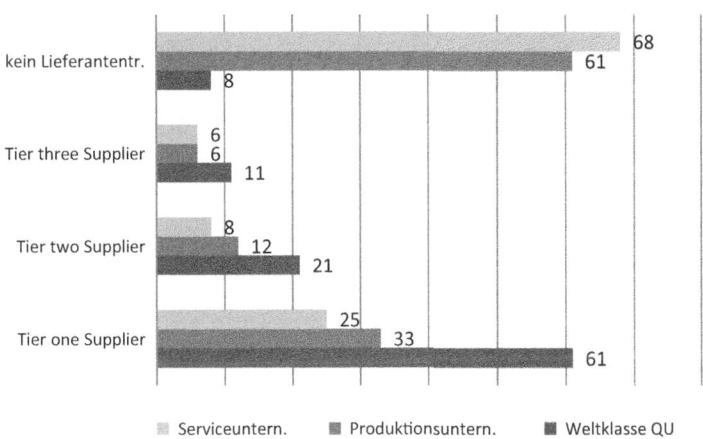

**Abb. 2.19** Qualitätsausbildung. (Quelle: vgl. ASQ 2016)

der Ausbildung von First-Tier-Lieferanten. Den höchsten Anteil haben die Unternehmen mit einem Umsatz zwischen 5 Mrd. € und 10 Mrd. €, bei denen nur 45,1 % ihre First-Tier Lieferanten trainieren. Die Second- und Third-Tier- Lieferanten schulen jeweils nur weniger als 15 % der Unternehmen.

Weltklasse-Qualitätsunternehmen trainieren fast doppelt so häufig ihre Lieferanten wie Produktionsunternehmen (vgl. Abb. 2.19). Die Vorteile des Trainings für Lieferanten und die stärkere Integration liegen darin, dass der Wert und die Profitabilität über die gesamte Supply Chain exponentiell steigen.

Knapp zwei Drittel der Weltklasse-Qualitätsunternehmen trainieren ihre Tier One Supplier, nur ein Fünftel die Tier Two Supplier und ein Zehntel die Tier Three Supplier. Bei den Serviceunternehmen ist der Anteil erheblich geringer.

Die Trainingsinhalte sind auf die Grundlagen des Qualitätsmanagements des Unternehmens ausgerichtet. Die Qualitätskultur und Werte des Unternehmens werden von knapp zwei Drittel der Unternehmen zwischen 450 Mio. und 900 Mio. € Umsatz trainiert (vgl. Abb. 2.20). In ähnlicher Größenordnung wurden die Qualitätsrichtlinien und die Akzeptanzpolitik des Unternehmens geschult.

Um das Grundverständnis für das Produkt zu erhöhen, wurde die Verwendung des Endproduktes geschult. Auch über die verwendete Technologie wurde von jedem fünften der Unternehmen informiert. Um die Kontrolle der Qualität sicherzustellen, wurden in nahezu zwei Dritteln der Unternehmen die verwendeten KPIs (Key Performance Indicators) zum Thema gemacht.

Noch bedeutsamer als das Training des First-Tier-Lieferanten sind deren Informationen für die Abnehmer über ihre Qualitätsdaten. Mehr als drei Viertel der Unternehmen fordern Qualitätsinformationen von ihren Lieferanten an. Auch nimmt der Anteil mit der Unternehmensgröße zu, dabei dürfte dies auch sehr stark von der Abhängigkeit des Lieferanten vom Kunden bestimmt sein. Wenn der Umsatzanteil am Lieferantenumsatz nicht signifikant ist, dürften die Einflussmöglichkeiten auf diesen nur begrenzt sein. Dies gilt sowohl für die Möglichkeit, diesen zu trainieren, als auch für die Option, ihm Qualitätsinformationen abzuverlangen.

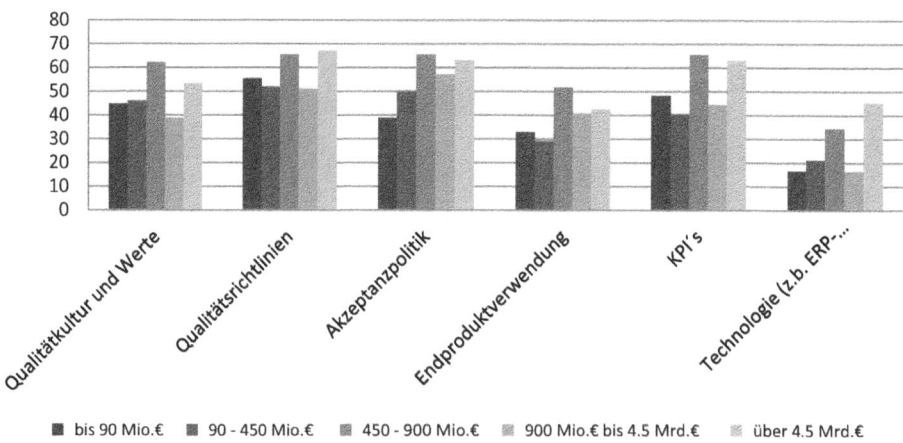

**Abb. 2.20** Trainingsinhalte der Lieferantentrainings. (Quelle: vgl. ASQ 2016)

## 2.2.6.1 Auditierung

Ein wichtiges Instrument zur Überprüfung der Qualitätsfähigkeit einzelner Lieferanten ist das Lieferantenaudit.[21]

Audits dienen zur Aufdeckung von Schwachstellen sowie zur Verbesserung und Überwachung der Qualitätsmanagementaktivitäten. Dabei werden einerseits interne und externe Audits unterschieden sowie andererseits das Produktaudit, das Verfahrensaudit und das Systemaudit, die auch als Qualitätsaudits zusammengefasst werden. Unter einem internen Audit ist zu verstehen, dass die Angehörigen des eigenen Unternehmens Vergleiche machen und auf dieser Basis die eigene Leistungsfähigkeit beurteilen. Das interne Audit ist somit ein Bestandteil des Qualitätsmanagementsystems. In einem externen Audit wird die Leistungsfähigkeit eines Unternehmens von akkreditierten Institutionen beurteilt.[22] Bei Lieferantenaudits erfolgt die Bewertung des Lieferanten durch den Kunden.[23]

Dabei beabsichtigen Qualitätsaudits folgende Auswirkungen:

- Prüfung der Produktidentität mit fixierten Produktmerkmalen,
- Prüfung der Eignung von Richtlinien/Vorschriften und Maßnahmen zur Zielerreichung,
- Überprüfung der betroffenen Arbeitsbereiche und Prozesse,
- Überprüfung der realisierten Fortschritte durch Qualitätsmanagementmaßnahmen,
- Orientierung an Qualitätsanforderungen,
- Förderung des kontinuierlichen Verbesserungsprozesses,
- Einschätzung des Qualitätsmanagementsystems.

Beim Produktaudit erfolgt die Untersuchung eines fertiggestellten Produktes. Dieses wird aus Kundensicht auf besondere Merkmale, wie beispielsweise Zeichnungen, Normen und Spezifikationen überprüft. Dabei können Fehler, Fehlerschwerpunkte und Entwicklungstrends festgestellt werden. Das Verfahrensaudit, auch als Prozessaudit bekannt, untersucht die Wirksamkeit von Teilprozessen bzw. -verfahren. Ziel ist es, Schwachstellen während der Arbeitsschritte bzw. Verfahren aufzudecken. Bei einem Systemaudit wird das gesamte Qualitätsmanagementsystem eines Unternehmens auf Fehlerfreiheit und Wirksamkeit überprüft, einschließlich der Untersuchung, ob die Anweisungen mit dem Normenwerk übereinstimmen.[24]

---

[21]Vgl. Large (2009, S. 239).

[22]Vgl. Kamiske und Brauer (2011, S. 5 f.); Brückner (2009, S. 274).

[23]Vgl. Schmitt und Pfeifer (2010, S. 302).

[24]Vgl. Kamiske und Brauer (2011, S. 7 f.); Brückner (2009, S. 274).

Zur Erkennung von Chancen und Risiken werden die Lieferanten entweder durch eine regelmäßige Bewertung aufgrund der Datenlage oder besser noch vor Ort beim Lieferanten überprüft. Gerade bei Produktionsunternehmen können durch ein Lieferantenaudit die Abläufe in der Fertigung und der Beschaffung erfragt und überprüft werden.[25]

Die Frage ist nun, ob zwischen einem Besuch zur Beziehungspflege und einem Audit streng getrennt werden sollte. Die Gefahr, dass nach einer Auditankündigung das Audit zu einer Schauveranstaltung verkommt und die wahre Leistungsfähigkeit des Lieferanten dadurch verschleiert wird, ist nicht zu unterschätzen. Andererseits können beim Audit detaillierte Nachweise gefordert werden und damit eine detaillierte Prüfung zuvor festgelegter Punkte stattfinden. Der Aufwand für ein Audit sollte allerdings sowohl für den Einkauf als auch für den Lieferanten, der die Unterlagen erbringen und sich auf das Audit vorbereiten muss, nicht unterschätzt werden.

Beim Lieferantenmanagement stehen vor allem Prozess- bzw. Verfahrensaudits im Vordergrund. Dabei liegt das Augenmerk vor allem auf den Prozessen des Lieferanten, die eine hohe Wirkung auf die Qualität der Einkaufsobjekte haben. Ziel ist es, Fehler zu reduzieren oder direkt zu vermeiden und Verbesserungen zu erreichen.

**Vorgehensweise beim Lieferantenaudit**
Ein effizientes Audit wird im Allgemeinen in vier Phasen gegliedert:

1. **Information des Lieferanten über die Durchführung des Audits,** dessen Termin und die Auditoren. Idealerweise wird der Einkauf durch einen Mitarbeiter des Qualitätsmanagements beim Lieferanten unterstützt. Aufgrund seiner Funktion ist er mit den Verfahren in der Regel besser vertraut und kann sich zusammen mit dem Einkauf ein objektiveres Bild vom Lieferanten machen. Da ein Lieferantenaudit nicht mehr als einen Tag dauert, ist die frühzeitige Information des Lieferanten essenziell, damit dieser genügend Zeit hat, sich auf das Audit vorzubereiten. Ein Zeitraum von zwei bis drei Wochen zwischen Ankündigung und Durchführung des Audits ist dabei angemessen.

2. **In der zweiten Phase wird dem Lieferanten mitgeteilt, welche Informationen und Personen von seiner Seite beim Audit zur Verfügung stehen sollten.** Sinnvollerweise sollte am Audit-Tag auch die Herstellung der vom Lieferanten bezogenen Materialien stattfinden und damit beobachtet werden können. Daneben sollte ihm mitgeteilt werden, welche Unterlagen (Prüfpläne, Zeichnungen, Verfahrensanweisungen etc.) bereitgehalten werden sollten. Dadurch erhält der Lieferant zwar die Möglichkeit, sich nach außen besser darzustellen, aber bei gründlicher Prüfung können Schwachstellen trotzdem erkannt werden.

3. Bei der **Auditierung vor Ort** wird in aller Regel ein cross-funktionales Team benötigt, dem neben dem Einkauf jeweils ein Mitarbeiter des Qualitätsmanagements, der Produktion und der Entwicklung angehören sollte. Die Aufnahme der Situation beim

---

[25]Vgl. Stollenwerk (2012, S. 226).

Lieferanten sollte mithilfe von Checklisten erfolgen, um die spätere Einschätzung und Beurteilung zu erleichtern.

4. **In der vierten Phase erfolgen die Nachbereitung und der Abschluss des Audits.** In einem Auditbericht werden die erhaltenen Informationen und Ergebnisse kondensiert. Auch die aus dem Audit folgenden notwendigen Korrekturmaßnahmen und Terminvorgaben werden dort festgehalten. Der Bericht wird schließlich dem Lieferanten zur Umsetzung der beschlossenen Maßnahmen zugestellt. Es kann durchaus sein, dass weitere Besuche zur Kontrolle der notwendigen Korrekturen und Maßnahmen erforderlich sind.

Da Lieferantenaudits mit erheblichem Aufwand für den Kunden und den Lieferanten verbunden sind, sollten sie nur bei Lieferanten durchgeführt werden, mit denen eine längerfristige Zusammenarbeit geplant ist.

## 2.2.6.2 Kontrolle des Wareneingangs

**Wareneingangsprüfung**[26]

Ein wichtiges Instrument des Qualitätsmanagements im Einkauf ist die Wareneingangsprüfung. Nach § 377 HGB hat das Unternehmen beim Handelskauf und bei der Werklieferung (§ 381 HGB) unverzüglich die Lieferung zu prüfen und zu rügen, d. h. Qualitätsmängel, Falschlieferungen und Mengenfehler anzuzeigen. Die Wareneingangsprüfung wird je nach Art und Umfang der schon durchgeführten Prüfungen des Zulieferers geplant, durchgeführt und überwacht. Dabei ist der Umfang der Qualitätsprüfungen aufgrund verschiedener Einflussfaktoren produktabhängig abzustimmen. Die Einflussfaktoren der Prüfschärfe sind beispielsweise die Prüfmerkmale, der Prüfaufwand, der Dokumentationsaufwand sowie die Prüfkosten. Für die Eingangsprüfung ist von der verantwortlichen Abteilung sicherzustellen, dass die notwendigen Werkzeuge, Lehren, Maßstäbe, Instrumente und Einrichtungen verfügbar und vorschriftsgemäß kalibriert sind. Wichtig sind auch die personellen Ressourcen, d. h. qualifiziertes Personal muss für die Eingangsprüfung zur Verfügung stehen. Im Rahmen des Qualitätsmanagementsystems sind geeignete Maßnahmen zu treffen, die gewährleisten, dass alle angelieferten Produkte von der Eingangsprüfung erfasst werden und die unbeabsichtigte Verwendung von ungeeigneten Produkten durch Anwendung von geeigneten Maßnahmen unterbunden wird.[27]

Die Ergebnisse der Wareneingangsprüfung dienen dem Einkauf zur Lieferantenbewertung.[28]

---

[26]Vgl. Large (2009, S. 227).
[27]Vgl. Mindach (1997, S. 69).
[28]Vgl. Melzer-Ridinger (1995, S. 126).

Dabei unterscheiden die Prüfarten nach dem Umfang der geprüften Teile und nach dem Anteil der geprüften Merkmale. Bei der Vollprüfung werden sowohl alle qualitätsrelevanten Merkmale als auch alle gelieferten Teile geprüft. Sie ist deshalb sehr aufwendig und wird folglich nur bei sicherheitsrelevanten Teilen und Mustern angewandt. Bei der Stück-für-Stück-Prüfung (100 %-Prüfung) werden zwar alle Teile, aber nur ausgewählte und im Prüfplan geforderte Merkmale geprüft.

Aufgrund des Aufwandes einer Vollprüfung erfolgt in der Regel nur eine Stichprobenprüfung. Dabei wird mithilfe von genormten Stichprobenplänen die erforderliche Stichprobengröße bestimmt. Die Stichprobe wird zufällig aus der Lieferung ausgewählt und geprüft.

Die relative Fehlerhäufigkeit in der Stichprobe erlaubt dann den statistischen Schluss auf die Häufigkeit der Fehler innerhalb der gesamten Lieferung. Mit diesem Verfahren kann mit begrenztem Aufwand eine verlässliche Aussage über die Fehlerhäufigkeit gemacht werden. Der Anteil der fehlerhaften Produkte wird in der Regel in Parts per Million (ppm) berechnet.

Bei fertigungssynchroner Anlieferung – also bei Just-in-Time- oder Just-in-Sequence-Anlieferung – wird mit einem speziellen, individuell vereinbarten Rahmenvertrag der Lieferant den Kunden von der sofortigen Rügepflicht entbinden. Dabei kann generell auf die Prüfung der Lieferungen verzichtet werden oder es können zeitlich verzögert unregelmäßig einzelne Lieferlose geprüft werden (Skip-Lot-Prüfung).

Dies ist jedoch nur möglich, wenn die Eingangsprüfung beim Kunden durch eine gründliche Ausgangskontrolle beim Lieferanten ersetzt wird und vom Lieferanten eine exzellente Qualitätsfähigkeit und -bereitschaft zu erwarten ist.

Die Just-in-Time-Anlieferung ist vor allem in der Großserienfertigung bedeutsam, wie in der Automobilindustrie. Sie wird von 16 % der befragten Unternehmen praktiziert (vgl. Abb. 2.21). Bei knapp 60 % erfolgt die betriebliche Versorgung über eine eigene Lagerhaltung. Eine Mischung der beiden Konzepte wenden 25 % an (41 Nennungen).

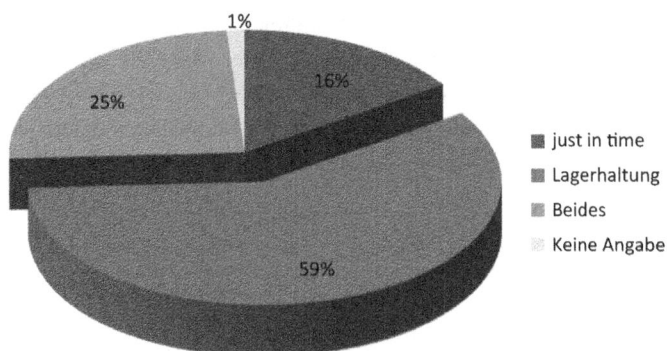

**Abb. 2.21**  Anlieferung im Unternehmen. (Quelle: Schmieder 2014)

Ein Vergleich mit der Studie von 2004 zeigt, dass die Kombination von Just-in-Time-Anlieferung und Lagerhaltung abgenommen hat und eine Tendenz zu nur einer der beiden Anlieferungsmethoden erkennbar ist. Jedoch wird weiterhin überwiegend die Lagerhaltung von den Unternehmen genutzt.

### 2.2.7 Steuerung externer Produkte, Prozesse und Dienstleistungen

Das Endprodukt des Unternehmens setzt sich aus eigenerstellten und zugekauften Produkten zusammen. Das Unternehmen muss dafür sorgen, dass auch die extern zugekauften Prozesse, Produkte und Dienstleistungen ihren Anforderungen entsprechen. DIN EN ISO 9001:2015 Abschn. 8.4.1 spricht von folgenden Fällen[29]:

- In das Gesamtprodukt werden sowohl die eigenen Produkte und Dienstleistungen als auch externe Produkte und Dienstleistungen integriert,
- Prozesse oder Teile davon sind ausgelagert,
- Das Produkt wird nicht vom Unternehmen hergestellt, sondern von Dritten produziert und direkt an die Kunden geliefert. Die Verantwortung gegenüber dem Kunden bleibt dabei im Unternehmen.

Das Unternehmen ist gegenüber dem Kunden für alles was es einkauft, um es in die Produkte zu integrieren, verantwortlich – wie Schrauben, Teile, Softwaremodule.

Letztlich muss das Unternehmen dafür sorgen, dass alle Prozesse, Produkte und Dienstleistungen, die extern bezogen werden, in gleichem Maße wie die eigenen die Anforderungen erfüllen. Dazu ist es notwendig Lenkungsmechanismen festzulegen, d. h. Kriterien für die Lieferantenauswahl zu bestimmen und anzuwenden. Eine regelmäßige Überwachung und Auswertung der Lieferanten im Hinblick auf ihre Fähigkeit, die festgelegten Anforderungen zu erfüllen, ist sicherzustellen und eine Neubeurteilung vorzunehmen. Die Neubewertung ist in adäquaten zeitlichen Abständen zu wiederholen. Die Informationen aus den Bewertungen und den daraus resultierenden Maßnahmen sind zu dokumentieren und aufzubewahren.[30]

In welchem Ausmaß muss das Unternehmen in Art und Umfang die dazugekauften Leistungen steuern? Es muss dafür sorgen, dass die eigenen Fähigkeiten nicht nachteilhaft durch extern bereitgestellte Dienstleistungen, Produkte oder Prozesse verändert bzw. beeinflusst werden.

---

[29]Vgl. DIN EN ISO 9001:2015 (2015, Abschn. 8.4.1).
[30]Vgl. DIN EN ISO 9001:2015 (2015, Abschn. 8.4.2).

Nach DIN EN ISO 9001:2015 Abschn. 8.4.2[31] bedeutet dies: Das Unternehmen muss die gleichen Anforderungen an die von außen bereitgestellten/eingekauften Produkte und Prozesse fordern wie an die eigenen. Nur dann kann es konstant kundenkonforme Produkte liefern bzw. behördliche Anforderungen erfüllen. Dazu gehören auch Verifizierungen.

Um dies zu erreichen, müssen die externen Produkte und Prozesse ständig der Kontrolle des eigenen Qualitätsmanagementsystems unterliegen. Die Steuerung der externen Prozesse muss vom internen QMS erfolgen. Das Unternehmen hat die Wirksamkeit des QMS des externen Anbieters sowie dessen Lenkungsmaßnahmen miteinzubeziehen.

Welche Informationen muss das Unternehmen dazu den externen Anbietern zur Verfügung stellen?

Nach DIN EN ISO 9001:2015 Abschn. 8.4.3 hat das Unternehmen die Angemessenheit der Anforderungen zu prüfen – vor deren Bekanntgabe an den externen Anbieter.[32]

Danach muss Sie dem externen Anbieter ihre Anforderungen mitteilen im Hinblick auf:

- die Prozesse, Produkte und Dienstleistungen,
- die Genehmigung/Freigabe von Produkten, Dienstleistungen, Prozessen, Methoden, Ausrüstung etc.,
- die notwendige Kompetenz, Ausbildung bzw. Qualifikation des eingesetzten Personals,
- das Zusammenwirken mit dem Qualitätsmanagement des eigenen Unternehmens,
- die eingesetzten Steuerungs- und Überwachungsmethoden und -maßnahmen,
- die geplanten Verifizierungs- und Validierungsaktivitäten durch das Unternehmen oder dessen Kunden auf dem Betriebsgelände des Kunden.

## 2.3  Kostenbetrachtungen

Der globale Wettbewerb der Märkte bewirkt in den Hochlohnländern einen steigenden Wettbewerbsdruck. Diesem Kostendruck durch die Niedriglohnländer können sie nur eine hohe Produktqualität entgegensetzen.[33]

Steigende Kundenerwartungen an die Produkt- und Dienstleistungsqualität, wie Zuverlässigkeit, leichtes Handling und ein guter Service, sind bedeutsam. Daneben wird Umweltfreundlichkeit und Energieeffizienz erwartet.

Treten Qualitätsdefizite auf, wechseln viele Kunden zu einem anderen Anbieter (vgl. Abb. 2.22). Allerdings beschwert sich nur ein kleiner Teil dieser unzufriedenen Kunden.[34] Aus diesem Grunde sind diese Auswirkungen auf die Nachfrage nur schwer abzuschätzen.

---

[31]Vgl. ISO 9001:2015 (2015, Abschn. 8.4.2).

[32]Vgl. ISO 9001:2015 (2015, Abschn. 8.4.3).

[33]Vgl. Brüggemann und Bremer (2015, S. 1).

[34]Vgl. Brüggemann und Bremer (2015, S. 2).

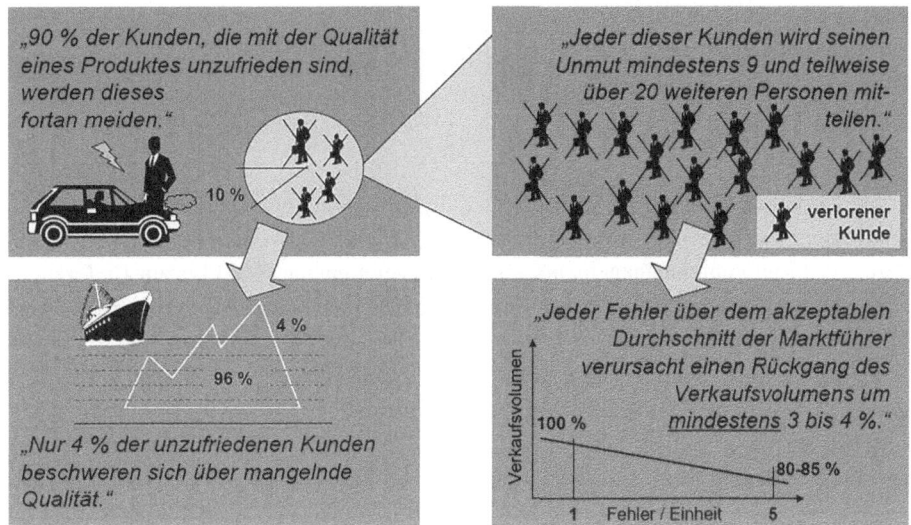

**Abb. 2.22** Wirkung schlechter Qualität. (Quelle: Desatnik 1989)

Die Komplexität der Produkte hat aufgrund der Ansprüche der Kunden und des Wettbewerbs weiter zugenommen. Personenkraftwagen werden heute aus über 10.000 Einzelteilen zusammengesetzt. Aufgrund des globalen Wettbewerbs sind die Hersteller gezwungen, die geplanten Zielkosten nicht zu überschreiten und wählen deshalb die günstigste Lösung. Bereits bei der Entwicklung neuer Modelle wird gespart. So werden beispielsweise technische Details am Simulator getestet, statt sie in der Praxis zu erproben. Zudem werden einzelne Module in unterschiedlichen Marken und Fahrzeugen in einem Konzern von einem Zulieferer verwendet, dies senkt gleichfalls die Kosten. Eine Folge davon war z. B., dass Toyota ein problematisches Gaspedal sowie ein fehlerhaftes Fahrer-Airbagmodul in verschiedene Modellreihen eingebaut hat und Millionen von Fahrzeugen zurückrufen musste. Anderen Herstellern ging es ähnlich, sie hatten entsprechend hohe Rückrufkosten und Imageverluste zu beklagen. Zwischen 2003 und 2012 sind die Rückrufe bei medizinischen Geräten nach Angaben des FDA[35] um 97 % gestiegen. Nach Angaben der Kraftfahrt-Bundesamtes gab es 2015 326 Rückrufaktionen. Nach einer Untersuchung des ADAC[36] waren davon 2016 folgende Teile betroffen:

• Gurte, Airbag, Kopfstützen 56 %
• Karosserie, Türen, Fenster 14 %
• Elektrik, Elektronik 7 %
• Zündanlage, Wegfahrsperre 7 %

---

[35]Vgl. Berger (2014).
[36]Vgl. ADAC (2016).

- Kraftstoffversorgung, Tank                          4 %
- Innenausstattung, Sitze                             3 %
- Lenkung, Achsen, Stoßd., Räder, Reifen              3 %
- Bremsen, ABS                                        2 %
- Sonstiges                                           4 %

Da fast 80 % aller Bauteile von externen Zulieferern stammen, kommt dem Qualitätsmanagement der Zulieferer eine hohe Bedeutung zu. Aus diesem Grund ist der gesamte
Prozess des Lieferantenmanagements – von der Lieferantenauswahl bis zur Lieferanten-
entwicklung – ein wichtiger Teil des Qualitätsmanagements eines Unternehmens. Auch
die logistischen Abläufe und die Transportprozesse sind einzubeziehen und zu regeln.
Diese Regeln werden in Handbüchern, Verfahrensanweisungen und Verträgen dokumentiert. Die operative Beschaffung muss die notwendige Qualität der Roh-, Hilfs- und
Betriebsstoffe sicherstellen. Dies umfasst vor allem die Auswahl und laufende Bewertung der Lieferanten, die vertragliche Vereinbarung der Qualität der Beschaffungsgüter,
die Durchführung der Qualitätsprüfungen und -kontrollen und die Dokumentation der
Auswertungen dieser Prüfungen.

Die Durchführung der Prüfungen und Kontrollen verschiebt sich durch Just-in-Time
(JiT) und Just-in-Sequence (JiS) in der Lieferkette vom OEM zum Lieferanten. Ziel ist
es, den Fehler bereits an der Quelle zu erkennen. Dies hat zwei positive Effekte: Die
Fehlerquelle kann leichter erkannt und beseitigt werden und die Fehlerkosten sind erheblich geringer.

Dabei hat sich in der Praxis die Zehnerregel 0,1:1:10:100 bewährt: Wird der Fehler während der Konstruktionsphase erkannt, kostet er 0,1 €, wird er in der Beschaffung erkannt, bereits 1 €, in der Fertigung 10 € und beim Kunden schon 100 € (vgl.
Abb. 2.23).

Viele Unternehmen delegieren die Eingangskontrolle weitgehend an die Modulliefe-
ranten, die ihrerseits Komponenten von weiteren Vorlieferanten beziehen. Auch andere
Aufgaben, die für die Qualität der Produkte relevant sind, wie Verpackung, Lagerung
und Disposition, werden von externen Logistikdienstleistern übernommen.[37]

Knapp die Hälfte der Befragungsteilnehmer (46 %) hat die Eingangsprüfung für die
Materialien auf die Lieferanten übertragen.

Rückrufaktionen sind allerdings nur ein geringer Teil der Qualitätskosten, sie zählen
zu den externen Fehlerkosten.

DIN 55350-11:2008 Teil 11 definiert die qualitätsbezogenen Kosten als „im Rahmen
des Qualitätsmanagements entstehende(n) Fehlerverhütungs-, Prüf- und Fehlerkosten".[38]
Im weiteren Sinne sind Qualitätskosten alle Aufwendungen für Qualität, von der Festlegung der Anforderungen über die Produktentwicklung für die Produktion und den Service bis hin zum erfolgreichen Einsatz beim Kunden (vgl. Tab. 2.14).

---

[37]Vgl. Wildemann (2000, S. 547).
[38]DIN 55350–11:2008 (2008).

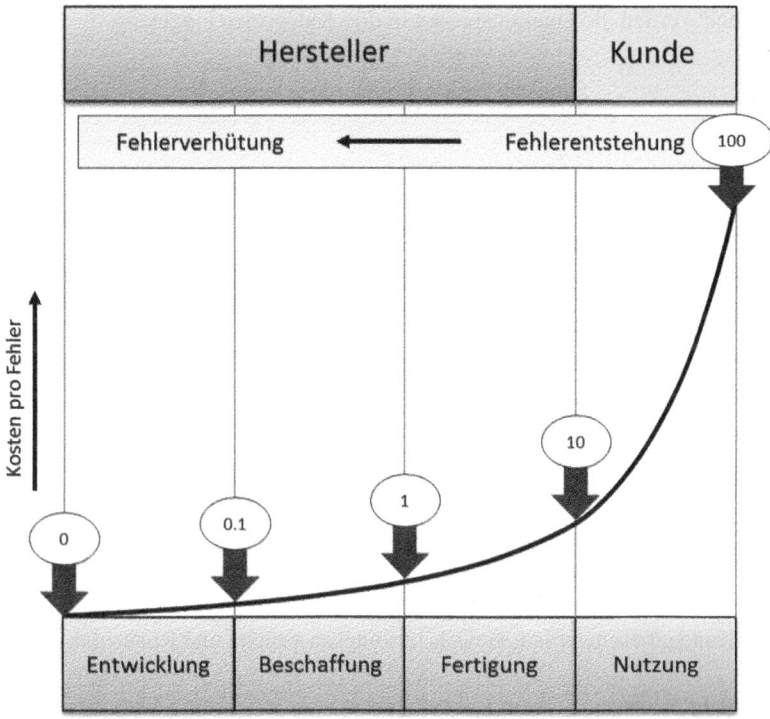

**Abb. 2.23** Zehnerregel – Kosten pro Fehler. (Quelle: vgl. VDA 2004)

**Tab. 2.14** Qualitätskostenarten. (Quelle: Vgl. Wildemann 2000, S. 538)

| Qualitätskostenarten | | Ursache | Beispiele |
|---|---|---|---|
| Fehlerkosten Intern Extern | Ca. 60 % der Qualitätskosten | Qualitätsanforderungen werden nicht erfüllt Intern Extern | Kosten für Ausschuss, Nacharbeit Reklamationen, Rückrufaktionen, Garantiekosten, Vertragsstrafen |
| Prüfkosten | 20 bis 35 % der Qualitätskosten | Kosten für Prüfpersonal, -mittel und andere Kosten der Prüfung | Kosten für Eingangsprozess und Endkontrollen. Prüfmittel, Gutachten, Personal und Räumlichkeiten |
| Fehlerverhütungskosten Präventionskosten | Ca. 5 bis 10 % der Qualitätskosten | Kosten für fehlerverhütende oder vorbeugende Maßnahmen in allen betrieblichen Funktionen, wie Entwicklung, AV, Vertrieb, Fertigung | Kosten der Qualitätsplanung, vorbeugende Analysen von Fehlerursachen |

Traditionell werden die Qualitätskosten in drei Kategorien eingeteilt:[39]

$$\text{Qualitätskosten} = \left( \frac{E + I + A + P}{U} \right)$$

E =    Externe Fehlerkosten
I  =    Interne Fehlerkosten
A =    Prüfkosten
P =    Präventionskosten
U =    Umsätze

Fehlerkosten sind die Kosten von Produkten oder Dienstleistungen, die entstehen, wenn diese nicht mit den Kundenanforderungen übereinstimmen. Es gibt zwei Kategorien von Fehlerkosten:

• Interne Fehlerkosten sind die Kosten, die auftreten, bevor das Produkt an die Kunden versendet wird. Beispiele hierfür sind Ausschuss, Nacharbeit und erneutes Testen.
• Externe Fehlerkosten sind die Kosten, die auftreten, während oder nachdem ein Produkt oder eine Dienstleistung an den Kunden geliefert wurde. Beispiele für diese Kosten sind Kundenbeschwerden, Gewährleistungsansprüche und Rückrufaktionen.

Prüfkosten sind die Kosten, die einer Prüfung für die Bewertung oder einer Abschlussprüfung der Produkte oder Dienstleistungen zugeordnet werden können, um sicherzustellen, dass die Konformität mit Qualitätsstandards und Leistungsanforderungen erfüllt ist. Dazu gehören beispielsweise die Kosten für die Inspektion, die Kalibrierung von Prüfmitteln und Prozessaudits.

Präventionskosten sind die Kosten aller Aktivitäten, die speziell zur Verhinderung schlechter Produkte oder Dienstleistungen durchgeführt werden, z. B. die Kosten der Qualitätsplanung, Lieferantenbewertungen oder Neuproduktbewertungen (vgl. Abb. 2.24).

Neuere Modelle leiten die Gliederung aus der Definition von Qualität ab: Qualität ist die Erfüllung der Anforderungen. Qualitätskosten werden folgerichtig eingeteilt in

• Kosten, die entstehen, um die Qualitätsanforderungen zu erfüllen und
• Kosten, die entstehen, weil die Qualitätsanforderungen nicht erfüllt werden.[40]

Als Kosten der Übereinstimmung werden alle Kosten für Maßnahmen zur Vermeidung oder Reduzierung von Fehlern und Fehlerrisiken bezeichnet. Dazu zählen nach der traditionellen

---

[39]Vgl. Wildemann (2000, S. 538).
[40]Vgl. Sasse (2002, S. 105).

**Abb. 2.24** Traditionelle Fehlerkosten. (Quelle: Chase 1999)

Einteilung sowohl die Fehlerverhütungskosten als auch Teile der Prüfkosten. Dabei unterscheidet Wildemann die Kosten in drei Kategorien:[41]

- Kosten für Tätigkeiten der Prüfung und Überwachung,
- Anwendungskosten für die Qualitätsmanagementtechniken und
- Schulungs- und Trainingskosten für die qualitätsbezogene Ausbildung.

Die Kosten der Nichtübereinstimmung mit den Anforderungen umfassen die Kosten, die direkt durch Fehler entstehen oder durch diese ausgelöst werden. Dazu zählen alle internen und externen Fehlerkosten sowie Teile der Prüfkosten, die durch Fehler ausgelöst werden, wie beispielsweise Wiederholungsprüfungen. Dies sind im Einzelnen:

- Garantieaufwand (Reparaturkosten im Rahmen der Gewährleistung),
- Servicekosten (Kosten für Mängel, die unabhängig von der Garantie zu korrigieren sind),
- Fehlernacharbeit (Kosten, die Mängel in der Fabrik während der Produktion zu beheben),
- Lagernacharbeit (Kosten für Mängel des Produktes, die im Fertigwarenlager zu beheben sind),
- Montage-Modifikationen (Kosten, Baugruppen in der Produktion zu ändern, Design-Probleme zu beheben, z. B. das Hinzufügen von Prüfkabeln/Schaltungen, etc.),
- Verschrottung (Materialkosten für Produkte, die bei der Produktion beschädigt wurden),
- Änderungsaufträge (Kosten, um Design-Dokumentations-Fehler zu korrigieren, die früher im Entwicklungsprozess entstanden sind), und
- indirekter Materialaufwand (Aufwendungen, um bezogenes Material zu entsorgen, welches nicht mehr benötigt wird, wegen Änderungen oder fehlender Produktnachfrage). Dies wird als Prozentsatz des Umsatzes gemessen.

---

[41]Wildemann (2000, S. 93).

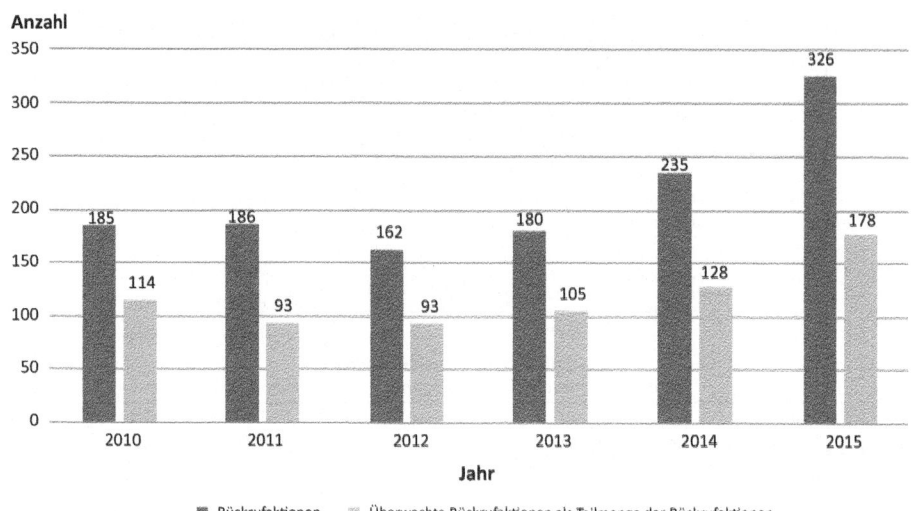

**Abb. 2.25**  Anzahl der Rückrufaktionen von 2010 bis 2015. (Quelle: vgl. Kraftfahrt-Bundesamt 2016)

Werden vom Lieferanten fehlerhafte Teile geliefert und in das Produkt eingebaut, dann ist das Endprodukt mit diesen Fehlern behaftet. Das Unternehmen muss deshalb sicherstellen, dass die vom Lieferanten bezogenen Teile den Anforderungen entsprechen. Dies gilt auch für Dienstleistungen, die von anderen Unternehmen erbracht werden. Diese Sicherstellung kann durch präventive Maßnahmen wie die Lieferantenauswahl, das Lieferantenmanagement sowie durch die Prüfung der Teile erreicht werden.[42]

Die Höhe der Rückstellungen bewegte sich in den Geschäftsberichten für 2010 beispielsweise zwischen 1 % und 5 % des Umsatzes. Abb. 2.25 zeigt die Anzahl der Rückrufaktionen von Fahrzeugen und Fahrzeugteilen von 2010 bis 2015.

**Gründe für Qualitätsrückschläge und deren Kosten**
In den meisten Unternehmen kommt es immer wieder zu Rückschlägen im Hinblick auf die Qualität. Die Gründe wurden in der ASQ-Studie 2016 in einer empirischen Befragung ermittelt. Im Einzelnen wurden die folgenden Gründe für Qualitätsrückschläge genannt:[43]

1. Mangelndes Verständnis des Qualitätsmanagements (44,9 % der Befragten)
2. Produktfehler (44,6 %)
3. Mangelnde Datenqualität (31,4 %)
4. Service-Verspätung (30,3 %)
5. Fehlteile (20,6 %)

---

[42]Aus Rančak (2013, S. 25).
[43]Vgl. Sims (2016); ASQ (2016, S. 9), sowie Lyke-Ho-Gland (2016, S. 4).

Knapp die Hälfte der Befragungsteilnehmer beklagt vor allem zwei Ursachen für Rückschläge: zum einen das mangelhafte Verständnis des Qualitätsmanagements sowie dessen Auswirkungen auf die Ergebnisse und zum anderen die fehlerhaften Produkte. Etwa ein Drittel der Teilnehmer leidet unter der mangelhaften Datenqualität und der Verspätung im Service und etwa ein Fünftel hat Probleme mit Lieferengpässen. Die meisten Rückschläge werden dabei von Unternehmen mit einer Umsatzgröße zwischen 1 Mrd. € und 5 Mrd. € berichtet. Knapp die Hälfte der Befragten mit mehr als 100 Mio. € Umsatz berichtet über fehlerhafte Produkte und das „schlechte Verständnis von Qualitätsmanagement und dessen Auswirkung". Bedeutsam sind auch die lieferantenbezogenen Rückschläge und als Folge davon Fehlteile, vor allem bei den Großunternehmen mit über 4,5 Mio. € Umsatz betrifft das mehr als die Hälfte der Unternehmen. Auch bei den Unternehmen mit einem Umsatz zwischen 100 Mio. € und 5 Mrd. € hat mehr als ein Drittel der Unternehmen lieferantenbezogene Rückschläge. Dieses Ergebnis ist für das Qualitätsmanagement im Einkauf von besonderer Bedeutung.

Um dem mangelnden Verständnis des Qualitätsmanagements entgegenzuwirken, werden in der Regel folgende Maßnahmen ergriffen:[44]

- Festlegung von strengeren staatlichen Vorschriften (68 %)
- Veränderung der Führung (66 %)
- Veränderung der Organisationsstruktur 62,6 %)

Die Befragten berichten vornehmlich von drei Auswirkungen fehlerhafter Produkte:

- Fallen des Aktienkurses (66,1 %)
- Verspäteter Launch neuer Produkte (64,6 %)
- Finanzielle Verluste (63,3 %)

Bei Lieferengpässen werden ähnliche Auswirkungen berichtet:

- Fallen des Aktienkurses (37,3 %)
- Verspäteter Launch neuer Produkte (33,6 %)
- Geldbußen/Vertragstrafen (31,7 %)

Als besonders schmerzhafte Auswirkung belasten Geldbußen und vereinbarte Vertragsstrafen direkt das Ergebnis.

---

[44]Vgl. Sims (2016); ASQ (2016, S. 9), sowie Lyke-Ho-Gland (2016, S. 4).

Auch Serviceverzögerungen haben vor allem unmittelbare finanzielle Folgen, die das aktuelle Ergebnis belasten, aber auch langfristige negative Auswirkungen auf das Unternehmen haben können, wie beispielsweise:

- Geldbußen/Vertragstrafen (43,6 %)
- Verlust wichtiger Kunden (43,3 %)
- Schädigung des Markenimages (41,6 %)

Als Folge einer schlechten Datenqualität werden in der Regel eine Veränderung der Organisationsstruktur (49,5 %) sowie eine Festlegung von strengeren staatlichen Vorschriften (46,8 %) und ein Fallen des Aktienkurses berichtet. Jeweils ein Drittel der Befragten nennt als weitere Gründe bzw. Auswirkungen für Qualitätsrückschläge Ungenauigkeiten und Produktrückrufe.

An erster Stelle werden als Auswirkungen dieser Qualitätsrückschläge von knapp der Hälfte der befragten Unternehmen direkte Finanzverluste genannt (vgl. Abb. 2.26). Diese führen zu weiteren indirekten, finanziellen Auswirkungen.

Aufgrund der fehlerhaften Produkte und der damit verbundenen Produktrückrufe sind neben den direkten Finanzverlusten auch der Verlust der Wettbewerbsposition und eine schlechte Markenreputation sowie der Verlust wichtiger Kunden die Folge.

Eine wichtige negative Auswirkung ist außerdem bei etwa einem Drittel der Unternehmen die verzögerte Einführung neuer Produkte.

Unter den kleinen Unternehmen hat knapp die Hälfte keine und die andere Hälfte nur geringe finanzielle Verluste (weniger als 90.000 €) aus den Rückschlägen zu verkraften.

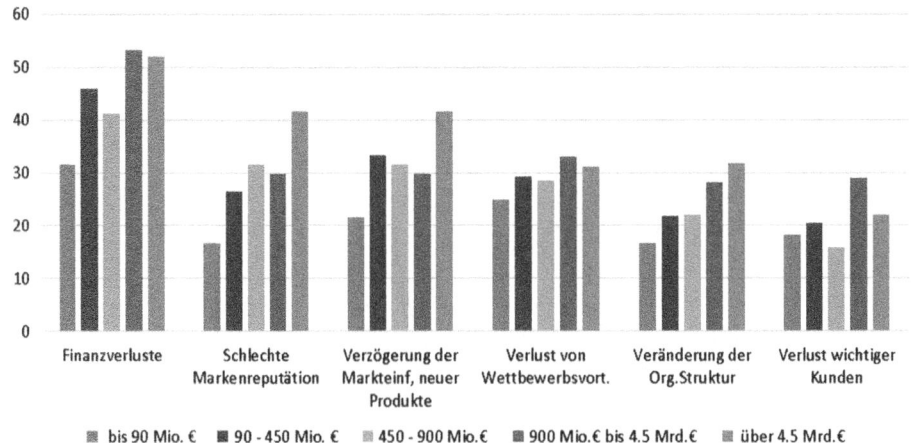

**Abb. 2.26** Auswirkungen der Rückschläge im QM. (Quelle: vgl. Sims 2016; ASQ 2016, S. 9; sowie Lyke-Ho-Gland 2016, S. 4)

Die drei am häufigsten gemeldeten Konsequenzen von Qualitätsrückschlägen sind:

- Rückgang des Aktienkurses (bezogen auf Versorgungsengpässe, Produktdefekte und schlechte Datenqualität),
- Verzögerung der Markteinführung neuer Produkte (bezogen auf Versorgungsengpässe und Produktdefekte) und
- Geldbußen (bezogen auf Lieferengpässe und Serviceverzögerungen).

Diese Zusammenhänge sind logisch – natürlich verzögern Versorgungsengpässe und Produktdefekte die Produkteinführungen und verletzen den Aktienkurs – und unterstreichen die Bedeutung der Bemühungen, Qualitätsrückschläge zu reduzieren. Prominente Fälle wie die der beiden Automobilhersteller Toyota und VW haben deren wirtschaftliche Existenz bedroht und unterstreichen dies in aller Deutlichkeit.

**Messung der finanziellen Auswirkungen von Qualitätsrückschlägen**
Obwohl die meisten Unternehmen eine Vielzahl verschiedener Aspekte der Qualität von Produkten und Dienstleistungen im Blick haben, wird die Korrelation von Qualität und finanzieller Performance von vielen Unternehmen nicht gemessen. Um zu verstehen, welchen Einfluss Qualität auf Rentabilität, Innovation, Kundenzufriedenheit und Nachhaltigkeit hat, sind die finanziellen Auswirkungen der Qualität zu messen. Dazu gehören sowohl die finanziellen als auch die nicht-finanziellen Auswirkungen der Rückschläge. Diese begrenzte Sicht der Auswirkungen der Qualität auf die finanzielle Performance des Unternehmens behindert das Engagement für Qualitätsverbesserungsmaßnahmen. Bei der Anwendung von Six-Sigma-Praktiken gehört die Messung der Auswirkungen auf die finanziellen Ergebnisse zu den wichtigsten Faktoren, um Verbesserungsprojekte zu lancieren.

Knapp zwei Drittel der Unternehmen (60 %) kennen oder messen nicht die finanziellen Auswirkungen des Qualitätsmanagements bzw. von Qualitätsmaßnahmen. Dabei zeigen sich deutliche Unterschiede zwischen den Weltklasse-Qualitätsunternehmen und dem Rest. Weltklasse-Qualitätsunternehmen wurden danach ausgewählt, wie robust ihre Qualitätsprogramme in Bezug auf Investitionen, Kosten, Leistungen und die Lieferanten sind. Das Ergebnis waren 28 Unternehmen (1,6 % der untersuchten Unternehmen). Was diese Weltklassequalitätsunternehmen von den anderen unterscheidet, ist zusammengefasst ihre Haltung zur Qualität und deren Bedeutung für die Kunden. Vier Fünftel dieser Unternehmen betrachten Qualität als Triebkraft für Innovation und Profitabilität und 96 % sehen Qualität als strategisches Kapital und wettbewerbsrelevantes Unterscheidungsmerkmal. Knapp drei Viertel beziehen ihre Kunden in Qualitätsdiskussionen ein.

82 % der Weltklasse-Qualitätsunternehmen messen die Auswirkungen der Qualitätsmaßnahmen, hingegen nur 39 % der restlichen Unternehmen.

Dieser Mangel kann zum einen auf die Schwierigkeit zurückzuführen sein, eine gemeinsame Methode zur Erfassung der finanziellen Auswirkungen zu finden. Darüber hinaus besteht bei Rückschlägen in vielen Unternehmen aufgrund ihrer Unternehmenskultur kein Interesse daran, sich durch die Sanierungskosten entmutigen zu lassen.

**Maßnahmen zur Reduzierung der Rückschläge**
Wie können Rückschläge reduziert bzw. vermieden werden?
In der Studie von APQC[45] wurden folgende Praktiken untersucht:

- Berichtshäufigkeit und -niveau
- Standardisierung der Messgrößen und Vorgehensweise
- Kundenverständnis der Mitarbeiter und Lieferanten erhöhen
- Mitarbeiter- und Lieferantentraining und Investitionen in das Qualitätsmanagement

Grundlage jedes Lernprozesses ist ein möglichst frühzeitiges Feedback, dies gilt in besonderem Maße für das Qualitätsmanagement. Ein zentraler Aspekt des Lean Managements ist es, dafür zu sorgen, dass Qualität an der Quelle entsteht. Das heißt, die Fehler sofort beim Entstehen zu erkennen und zu beseitigen bzw. durch bessere und stabilere Prozesse zu verhindern.

Kann die Zahl der Rückschläge durch eine höhere Berichtsfrequenz verringert werden? Es zeigt sich in der Umfrage, dass Unternehmen mit höherer Berichtsfrequenz bei den Qualitätsberichten weniger qualitätsbedingte Rückschläge haben. Je eher das Qualitätsproblem bzw. -risiko identifiziert und damit beachtet wird, umso schneller können Maßnahmen ergriffen werden.

Im Hinblick auf die Berichtsempfänge, sollte die Information der bearbeitenden Mitarbeiter bzw. der operativen Leitung im Vordergrund stehen. Die Sensibilisierung für die Qualität durch die operativen Mitarbeiter und die Anpassung der Maßnahmen durch diese ist ein entscheidender Faktor. Im Durchschnitt berichten die befragten Unternehmen wöchentlich an die Frontline Manager und Mitarbeiter, während auf Abteilungsebene in der Regel monatlich und auf den höheren Ebenen quartalsweise berichtet wird.

Die Erkenntnis, dass eine erhöhte Berichtsfrequenz dabei hilft, Rückschläge zu verhindern, ist natürlich auch bei den Lieferanten anzuwenden. Nur so können so schnell wie möglich Anpassungsmaßnahmen durchgeführt werden.

**Die Schaffung eines einheitlichen Verständnisses der Messgrößen**
Eine wichtige Komponente, um die Zahl der Rückschläge zu reduzieren, ist ein gemeinsames Verständnis der Messgrößen. Eine Kennzahl ist nur so nützlich, wie gut sie verstanden wird. Einer der größten Vorteile der Normung von Maßnahmen ist die universelle Akzeptanz einer singulären Definition für eine bestimmte Messgröße. Durch die Verwendung

---

[45]Vgl. Sims (2016).

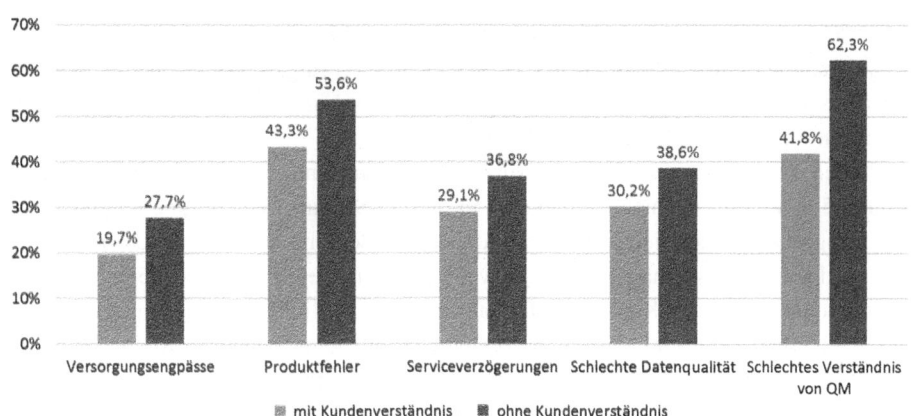

**Abb. 2.27** Einbeziehung der Mitarbeiter/Lieferanten in das Kundenverständnis. (Quelle: vgl. ASQ 2016, S. 9; sowie Lyke-Ho-Gland 2016, S. 4)

standardisierter Messgrößen auf allen Ebenen des Unternehmens wird die Möglichkeit, die Qualität der Produkte und Dienstleistungen zu vergleichen, erhöht, ebenso wie die Datenintegrität und die Validität. Konsistente Definitionen und eine effektivere Kommunikation innerhalb des Unternehmens durch ein gemeinsames Vokabular sind die Grundlagen der notwendigen Integration. Dabei wurden von AQPC folgende Möglichkeiten der Standardisierung untersucht:[46]

• Standardisierung über das gesamte Unternehmen
• Standardisierung über den größten Teil des Unternehmens
• keine Standardisierung über den größten Teil des Unternehmend
• keine Standardisierung

Die meisten Unternehmen bevorzugen die Standardisierung über den größten Teil des Unternehmens. Generell zeigt die Analyse, dass Unternehmen mit einer höheren Standardisierung der Messgrößen und Messverfahren weniger qualitätsbedingte Rückschläge erleiden – unabhängig von der jeweiligen Messgröße. Denn alle Beteiligten am Prozess – sowohl die internen Bereiche als auch die Lieferanten – haben dann das gleiche Grundverständnis.

Eine der wichtigsten Ursachen für qualitätsbedingte Rückschläge ist das mangelnde Kundenverständnis der Mitarbeiter und Lieferanten (vgl. Abb. 2.27). Dieser Mangel ist sowohl für Angebotsdefizite, Produktdefekte und Serviceverzögerungen ursächlich.

---

[46]Vgl. Sims (2016).

Wie kann das Kundenverständnis der Mitarbeiter und Lieferanten erhöht werden?

Unternehmen mit wöchentlichen Treffen haben mit geringerer Wahrscheinlichkeit ein schlechtes Verständnis des Qualitätsmanagements (15 %) und auch eine schlechte Datenqualität ist weniger wahrscheinlich (17 %).

Ähnlich wirkt die gemeinsame Nutzung von Informationen durch ein Intranet-System. 5 % weniger wahrscheinlich sind in diesem Szenario Versorgungsengpässe und 6 % weniger wahrscheinlich sind Produktdefekte, außerdem ist auch ein schlechtes Verständnis des Qualitätsmanagements 5 % weniger wahrscheinlich. Die Unternehmen, die Informationen über ihre Kunden/Lieferanten mit ihren Mitarbeitern teilen, sind besser bei der Identifizierung und Lösung von Qualitätsproblemen. Nicht nur die dargestellten Praktiken – wöchentliche Meetings und Intranet –, sondern auch anderen Praktiken, die zu einem verbesserten Informationsfluss führen, dürften einen ähnlich positiven Effekt auf die qualitativen Ergebnisse haben.

**Mitarbeitertraining**

Der häufigste Grund für qualitätsbezogene Rückschläge ist ein schlechtes Verständnis des Qualitätsmanagements. Das Training der Mitarbeiter und Lieferanten in den Grundlagen des Qualitätsmanagements kann dabei Abhilfe schaffen. Nur 37,9 % der Unternehmen, die formales Qualitätsmanagement-Training durchführen, berichten über ein schlechtes Verständnis als Ursache für qualitätsbedingte Rückschläge, während 51,9 % der Unternehmen, die kein Training anbieten, davon betroffen sind. Darüber hinaus besteht dieser Trend unabhängig von der Art der formalen Ausbildung (z. B. ISO, Lean, Six Sigma, Kundenverständnis). Die Verbesserung des Verständnisses für Qualitätsmanagement durch Training der Grundlagen und der Werkzeuge im Qualitätsmanagement verringert die qualitätsbedingten Rückschläge.

**Investitionen in die Qualität**

Gute Qualität kommt nicht von alleine. Die Verbesserung der Qualität erfordert Anstrengung und finanzielle Investitionen. Unternehmen mit einer Erhöhung der Investitionen in das Qualitätsmanagement berichten von deutlich weniger Rückschlägen im Hinblick auf das Verständnis des Qualitätsmanagements wie auch auf Produktdefekte.

Qualitätsrückschläge lassen sich nicht gänzlich vermeiden. Sie können allerdings minimiert werden, wenn die operativen Mitarbeiter in kurzen Abständen mit Qualitätskennzahlen informiert und die Messgrößen und Vorgehensweise standardisiert werden, die Mitarbeiter und Lieferanten ein Kundenverständnis haben und Qualitätsmanagementtraining erhalten und Investitionen in Qualitätsmanagement getätigt werden.

**Qualitätskostenrechnung**

Hohe qualitätsbezogene Kosten gehen in der Regel einher mit hohem Effizienzverlust in den einzelnen Bereichen des Unternehmens. In der Regel sind sie die Folgen von nicht robusten Prozessen. Ihre Beseitigung führt somit sowohl zu einer Verbesserung der Qualität als auch der Effizienz.[47]

Aus diesem Grunde besteht die Notwendigkeit einer Qualitätskostenrechnung, um die Kosten zu ermitteln, ihre Höhe zu erkennen und die einzelnen Ursachen zu analysieren.

Die Qualitätskostenrechnung sollte integraler Bestandteil des innerbetrieblichen Rechnungswesens sein. Für das Qualitätsmanagement gelten die gleichen wirtschaftlichen Prinzipien wie für andere unternehmerische Aktivitäten:

- verursachungsgerechte Zuordnung der qualitätsbezogenen Kosten
- Maßstab für die Beurteilung der Wirtschaftlichkeit der qualitätsbezogenen Aktivitäten
- Erkennen von Rationalisierungsmöglichkeiten
- Beurteilung von Investitionen in das Qualitätsmanagement
- Offenlegung der Kosten für die Qualitätssicherung im Gegensatz zu den Abweichungs- bzw. Fehlerkosten

**Erfassung der Fehlerkosten[48]**

Ein besonderes Problem ist dabei die Erfassung der qualitätsbezogenen Kosten. Dazu sind die Identifikation der Qualitätskosten und deren Erfassung notwendig. Ähnlich wie bei anderen Kostenarten ist dann die Zuordnung der Kosten auf die einzelnen Verantwortungseinheiten bzw. Kostenstellen sicherzustellen. Dies gilt auch für die Zuordnung auf die einzelnen Kostenträger in der Kostenträgerrechnung.

## 2.4    Lieferantenauswahl

Entscheidend für das Qualitätsmanagement ist die richtige Auswahl der Lieferanten. Sie bestimmt maßgeblich die Qualität der Produkte, in die die Teile der Lieferanten eingebaut werden.

Die Frage nach der Auswahl adäquater Lieferanten stellt sich bei Neuproduktprojekten oder einem anstehenden Lieferantenwechsel in der laufenden Serie.

Dabei lassen sich zwei Fälle unterscheiden:

1. Die Auswahl erfolgt aus dem bestehenden Lieferantenportfolio.
2. Ein neuer Lieferant an einem neuen Standort bzw. für eine neue Technologie wird gesucht.

---

[47]Vgl. Brüggemann und Bremer (2015, S. 213); Graf (1998).
[48]Vgl. Brüggemann und Bremer (2015, S. 214 ff.).

**Lieferantenauswahl aus dem vorhandenen Lieferantenportfolio**

Kann bei der Auswahl des Lieferanten auf das bereits vorhandene Lieferantenportfolio zurückgegriffen werden, so besteht bereits eine Lieferanten-Journey, die das Risiko und das Potenzial des Lieferanten besser abschätzen lässt. Aufgrund der bisherigen Beziehungen sind einige Prüfungen bereits durchgeführt. Auch liegen bereits aus den bisherigen Beziehungen Informationen zur Performance des Lieferanten vor. Hat in der Vergangenheit eine laufende Messung der Lieferantenperformanz stattgefunden, so kann auf diese zurückgegriffen werden.

**Lieferantenidentifikation**

Bei der Lieferantenidentifikation geht es vorerst darum, die Lieferanten zu identifizieren, die die geforderten Beschaffungsobjekte oder Leistungen anbieten. Sollten in der eigenen Lieferantenliste genügend potenzielle Zulieferer für das Objekt vorhanden sein, ist eine weitere Suche nicht mehr nötig. Befinden sich jedoch keine Lieferanten in dem bisherigen Lieferantenstamm, so ist ein Ausbau der Suche angebracht.[49] Darüber hinaus geht auch eine intensive Kontaktaufnahme von den Zulieferern aus, die ihre Informationen auf Lieferantenportalen anbieten.[50]

Nach den Ergebnissen unserer Untersuchung ergibt sich bei den meisten Unternehmen als wichtigstes Kriterium die Liefer- und Termintreue. Diese sind bei komplexeren Wertschöpfungsketten von zentraler Bedeutung. Die räumliche Entfernung des Lieferanten vom Unternehmen spielt hingegen nur eine geringe Rolle.

Bezüglich der Kompetenz der Lieferanten bevorzugen drei Viertel der Unternehmen die Qualitätsführer. Erst an dritter Stelle folgt der Preisführer.

**Lieferanteneingrenzung**

Mit der Lieferanteneingrenzung werden die potenziellen Lieferanten grob auf ihre Brauchbarkeit als Zulieferer des beschaffenden Unternehmens inspiziert. Ziel ist es, die Lieferantenzahl zu senken, sodass nur wenige Zulieferer einer detaillierten Lieferantenanalyse und Lieferantenbewertung unterzogen werden müssen. Um diese Reduzierung der Lieferantenanzahl bei der Lieferanteneingrenzung vornehmen zu können, sind weitere Informationen des Anbieters erforderlich. Bewährte Methoden sind eine Selbstauskunft des Lieferanten anhand eines Lieferantenfragebogens sowie Zertifikate.[51]

**Lieferantenanalyse**

In der Analysephase werden die Ergebnisse aus Beschaffungsmarktforschung, Lieferantenidentifikation und Lieferanteneingrenzung zusammengetragen, strukturiert und für die endgültige Lieferantenbewertung bereitgestellt. Dabei werden die Lieferanten

---

[49]Vgl. Arnold et al. (2008, S. 1004).

[50]Vgl. Heß (2008, S. 285).

[51]Vgl. Arnold et al. (2008, S. 1004 ff.).

insbesondere auf ihre wirtschaftliche, ökologische und technische Leistungsfähigkeit untersucht.[52] Allerdings können auch während der Analyse Informationen über das Lieferantenprofil beschafft werden. Ein altbewährtes Verfahren zur Erhebung zusätzlicher Informationen ist die Auditierung durch den Abnehmer.[53] Dabei erfolgt eine systematische und umfassende Untersuchung des potenziellen Lieferanten, um Schwachstellen aufzudecken, Impulse für Verbesserungen zu geben und eingeleitete Qualitätssicherungsmaßnahmen zu kontrollieren.[54] Aufgrund des hohen Aufwandes sollten Audits nur bei den Lieferanten durchgeführt werden, deren Leistungsfähigkeit für den Abnehmer von außerordentlich hoher Relevanz ist. Dies gilt insbesondere für Lieferanten von hochkomplexen Beschaffungsprodukten.[55]

**Lieferantenbewertung**
Bei dem Teilprozess der Lieferantenbewertung wird die Leistungsfähigkeit der verbliebenen Anbieter systematisch bewertet.[56] Sie dient in erster Linie der Lieferantenauswahl.[57] Hierfür sind die entscheidenden Bewertungskriterien, das Vorgehen sowie das durchzuführende Verfahren zu bestimmen. Des Weiteren müssen Fachbereiche, die an der Lieferantenbewertung teilnehmen, festgelegt werden. Um einen umfassenden Überblick über die Stärken und Schwächen des Lieferanten zu erhalten, sollte die Bewertung durch interdisziplinäre Projektgruppen vorgenommen werden.[58] Dieses Element der Qualitätssicherung wird in der Regel vom Einkauf in Zusammenarbeit mit der Qualitätssicherung und der Entwicklungsabteilung durchgeführt.[59] Ziel einer Lieferantenbewertung ist es, sich durch die Sammlung, Auswahl, Aufbereitung und Beurteilung von Informationen Transparenz über die Leistungsfähigkeit des Lieferanten zu verschaffen. Die Lieferantenbewertung lässt sich allgemein in bekannte quantitative und qualitative Verfahren sowie Fuzzy-Techniken einteilen. Zu den quantitativen Verfahren zählen die „Preis- und die Kosten-Entscheidungsanalyse, die Bilanzanalyse, Optimierungsverfahren und das Kennzahlenverfahren".[60] Andererseits können Unternehmen auch die wichtigsten qualitativen Verfahren, wie die „numerischen (Notensysteme), klassifizierenden (Portfoliomethoden) und repräsentierenden (Profiltechniken) Verfahren"[61] anwenden.

---

[52]Vgl. Arnold et al. (2008, S. 1005).

[53]Vgl. Janker (2008, S. 42).

[54]Vgl. Arnold et al. (2008, S. 1005).

[55]Vgl. Janker (2008, S. 43).

[56]Vgl. Arnold et al. (2008, S. 1005).

[57]Vgl. Mindach (1997, S. 57).

[58]Vgl. Arnold et al. (2008, S. 1005).

[59]Vgl. Mindach (1997, S. 57).

[60]Vgl. Arnold et al. (2008, S. 1005).

[61]Vgl. Arnold et al. (2008, S. 1006).

Bei den qualitativen Verfahren können die Abnehmer auf die Nutzwertanalyse zurück-
greifen. Dabei sind alle Kriterien, wie beispielsweise „Produktqualität, räumliche Entfernung, Flexibilität, Innovationsfreudigkeit"[62], definiert, welche für die Entscheidung
maßgeblich sind. Anhand einer Bewertungsskala werden die Benotungen festgesetzt,
anschließend werden die Bewertungsnoten mit der Gewichtung multipliziert. Am Ende
werden alle Punkte addiert, die daraufhin die Gesamtpunktzahl bilden. Die Gesamtpunktzahl jeder Alternative ermöglicht einen Vergleich der Leistungsfähigkeit.[63]

Eine weitere Möglichkeit besteht darin, Fuzzy-Techniken anzuwenden. Diese stellen
eine Mischform aus quantitativen und qualitativen Verfahren dar.[64]

Die Lieferantenauswahl enthält eine strategische und eine operative Komponente. Bei
der strategischen Auswahl stehen zentrale Erfolgspotenziale der Lieferanten im Vordergrund, die operative Auswahl hingegen befasst sich mit der Vergabe von konkreten Auf-
trägen über bestimmte Beschaffungsobjekte. Dies bedeutet eine konkrete Festlegung des
zukünftigen Lieferantenstammes.[65]

## 2.5    Rechtsfragen und Vertragsrecht

Durch den hohen Anteil an zugekauften Komponenten über nahezu alle Branchen hinweg besteht das Risiko des Original Equipment Manufacturers (OEM), den Einfluss auf
die Qualität der Endprodukte zu verlieren. Deshalb schreiben die meisten Hersteller der
Endprodukte ihren Zulieferern Qualitätssicherungssysteme vor. Diese QM-Systeme dienen zugleich der Kostenreduzierung und der Einhaltung von festgelegten Qualitätsstandards und damit zur Vermeidung von Produkthaftungsfällen. Bei der Auswahl und dem
Management der Lieferanten wird darauf geachtet, dass die Vorgaben eingehalten werden. Neben dieser vorbeugenden Absicherung in wirtschaftlicher und technischer Form
ist eine juristische Absicherung genauso bedeutsam.

Die gesetzlichen und behördlichen Anforderungen sind uneingeschränkt zu erfüllen,
unabhängig davon, ob diese explizit vom Kunden in den Anforderungen genannt sind.

Im Vordergrund stehen allerdings die darüber hinaus vom Kunden festgelegten Anforderungen, die erfüllt werden müssen. Außerdem sind auch die vom Kunden nicht extra
angegebenen Anforderungen, die für den festgelegten oder den beabsichtigen Gebrauch
notwendig sind, soweit bekannt, zu erfüllen.

Bei den gesetzlichen und behördlichen Anforderungen ist an Folgendes zu denken:

- Produkthaftung
- Produktsicherheitsgesetz

---

[62]Vgl. Riffner und Weidelich (2001, S. 49).
[63]Vgl. Riffner und Weidelich (2001, S. 49 ff.).
[64]Vgl. Arnold et al. (2008, S. 1006 ff.).
[65]Vgl. Krampf (2016, S. 76).

- Bürgerliches Gesetzbuch, Handelsgesetzbuch, Strafgesetzbuch
- Umweltanforderungen
- Einkaufsbedingungen, Allgemeine Geschäftsbedingungen
- Zulassungsanforderungen der Vertriebsländer

Im Produkthaftungsgesetz sind die Pflichten des Herstellers geregelt. So fordert § 1 ff. ProdHaftG die Fehlerfreiheit. Detailliert betrachtet, erfordert es die Umsetzung des Standes von Wissenschaft und Technik zum Zeitpunkt des Inverkehrbringens des Produktes.

Nach dem ProdHaftG gilt dies nicht nur für Endprodukte (z. B. komplette Maschinen) oder Sub-Produkte (z. B. Fahrzeugkomponenten), sondern auch für Rohmaterial und Ersatzteile.

Der Hersteller eines Produktes oder einer Komponente ist verantwortlich dafür, dass sein Produkt bei Verbringung in den Verkehr fehlerfrei ist. Als Hersteller gilt jeder, der ein Produkt herstellt. Nach dem Produkthaftungsgesetz ergibt sich eine Aufbewahrungsfrist von mindestens 15 Jahren für die Qualitätsaufzeichnungen.

Dazu dienen vor allem die vertraglichen Vereinbarungen mit dem Lieferanten. Die rechtssichere Vertragsgestaltung muss den genauen Inhalt und die Qualität der zu liefernden Ware exakt festlegen. Wichtiger Bestandteil des Vertragswerkes sind die Haftungsfolgen bei Nichteinhaltung der vereinbarten Qualität in der vereinbarten Form.

## 2.5.1 Zivilrechtliche Haftung

Bei der zivilrechtlichen Haftung kann zwischen der gesetzlichen Haftung nach dem BGB und dem Produkthaftungsrecht sowie der vertraglichen Vereinbarung unterschieden werden (vgl. Abb. 2.28).

Wurde ein Kaufvertrag zwischen beiden Parteien abgeschlossen, in dem der Inhalt und die Qualität der Lieferung festgelegt wurden, ergibt sich daraus, ob ein Sachmangel vorliegt.

Nach § 434 Abs. 1 Satz 1 BGB ist eine Sache frei von Sachmängeln, wenn sie bei Gefahrenübergang die vereinbarte Beschaffenheit hat bzw.:

1. soweit die Beschaffenheit nicht vereinbart ist, wenn sie sich für die nach dem Vertrag vorausgesetzte Verwendung eignet,
2. wenn sie sich für die gewöhnliche Verwendung eignet und eine Beschaffenheit aufweist, die bei Sachen der gleichen Art üblich ist und die der Käufer nach der Art der Sache erwarten kann,
3. wenn keine Abweichung von Werbeangaben des Verkäufers oder des Herstellers vorliegt,
4. bei fehlerfreier Montage und Montageanleitung.

Sind diese Kriterien nicht erfüllt und liegen demnach die Voraussetzungen für eine mangelhafte Lieferung vor, so kann der Käufer nach §§ 437 ff. BGB gegenüber dem Verkäufer

**Abb. 2.28**  Zivilrechtliche Vorschriften zur Haftung. (Quelle: eigene Darstellung)

verschiedene Rechte geltend machen. Diese Ansprüche des Käufers folgen einem Stufenprinzip:

1. Stufe (vorrangig) ohne Nachfristsetzung:
   – Nacherfüllungsanspruch, der gemäß § 439 BGB nach Wahl des Käufers entweder auf Nachbesserung oder auf Ersatzlieferung gerichtet ist.
2. Stufe (nachrangig) nach Ablauf einer angemessenen Nachfrist:
   – Rücktritt vom Kaufvertrag,
   – Minderung des Kaufpreises,
   – Schadensersatz oder
   – Ersatz vergeblicher Aufwendungen.

Rücktritt und Schadensersatz können gemäß § 325 BGB nebeneinander geltend gemacht werden.

Neben dem vertraglichen Schuldrecht greift auch das gesetzliche Schuldrecht. Dieses ist im Produkthaftungsgesetz und im BGB § 823 „unerlaubte Handlung (Produzentenhaftung)" geregelt. Im Produkthaftungsrecht greift unabhängig von vertraglichen Regelungen der gesetzliche Anspruch nach § 823 BGB bzw. nach dem Produkthaftungsgesetz, zum Schutz des Verbrauchers bzw. Nutzers der Ware. Es ermöglicht dem Geschädigten, die Folgeschäden aus der Benutzung des fehlerhaften Produktes oder der Dienstleitung ersetzt zu bekommen.

Nach § 823 BGB muss der Produzent für die Schäden haften, die durch ein fehlerhaftes Produkt, das durch ihn in den Verkehr gebracht wurde, wenn ihn ein vorsätzliches oder fahrlässiges Verschulden trifft.

Das Produkthaftungsgesetz regelt gleichfalls die Ersatzpflicht des Herstellers von Produkten für bestimmte Schäden, die durch die Fehlerhaftigkeit des Produktes entstanden sind – auf das Verschulden des Herstellers kommt es dabei nicht an.

Haben die Produkte schon in der Entwicklung oder Produktion einen Fehler, so haftet ebenfalls der Produzent dafür. Produzierende Unternehmen unterliegen damit erheblichen Risiken, wenn sich der Fehler in der gesamten Wertschöpfungskette von der Konstruktion, der Produktion über den Handel bis zum Endverbraucher auswirken kann.

Das Produkthaftungsrecht bezieht sich nach § 1 ProdHaftG im Wesentlichen auf Sachmängel bei privatem Ge- und Verbrauch und findet im kommerziellen Bereich keine Anwendung.

Im kommerziellen Bereich finden vertragliche Regelungen Platz.

Bei den vertraglichen Regelungen kommen folgende Vertragsformen in Betracht:

- Rahmenabkommen
- Konsignationsverträge
- Kaufverträge (Einzelvertrag, Sukzessiver Liefervertrag, Abrufvertrag)

Rahmenverträge sind Vereinbarungen mit Lieferanten mit fest vereinbarten Konditionen, die für eine bestimmte Laufzeit gelten. Sie können als allgemeingültige Beschaffungsverträge für pauschale Liefer- und Leistungsumfänge abgeschlossen werden. Auch der Abschluss des Kontraktes für eine bestimmte Menge oder einen bestimmten Wert ist denkbar.

Die Besonderheit beim Konsignationsgeschäft ist, dass die Waren so lange im Eigentum des Lieferanten (Konsignant) bleiben, bis entweder eine festgelegte Frist verstreicht oder der Kunde (Konsignator) die Ware aus dem Konsignationslager abruft. Üblicherweise befindet sich das Konsignationslager (räumlich abgetrennt) auf dem Werksgelände des Kunden. Im Logistikvertrag sind die Details der Konsignation geregelt.

Bei Einzelverträgen wird für jedes Geschäft ein Vertrag abgeschlossen.

Beim Sukzessivliefervertrag – auch „Teillieferungsvertrag" oder „Ratenlieferungsvertrag" genannt – handelt es sich um einen Liefervertrag, der regelt, wie ein Vertragspartner zur Lieferung einer bestimmten oder unbestimmten Warenmenge in Raten verpflichtet ist, während der andere Teil diese zu vergüten hat. Dabei erfolgt die Zahlung in der Regel gleichfalls ratenweise. Kommt einer der beiden Vertragspartner seinen vertraglichen Verpflichtungen nicht nach, so kann der andere Teil vom Sukzessivliefervertrag zurücktreten bzw. Schadenersatz verlangen.

Beim Abrufvertrag vereinbart der Kunde mit dem Lieferanten die Lieferung einer bedarfsorientierten Menge bei Abruf des Kunden, die der Kunde zu diesem Zeitpunkt benötigt. Vereinbart wird, dass innerhalb eines bestimmten Zeitraums eine bestimmte Menge geliefert wird, wobei der Kunde vorgibt, wann welche Menge geliefert wird.

## 2.5.2   Qualitätssicherungsvereinbarung

Um einen organisatorischen Rahmen für die Zusammenarbeit mit anderen Firmen zu schaffen, schließen viele Unternehmen eine Qualitätssicherungsvereinbarung ab. Es handelt sich dabei um vertragliche Vereinbarungen zwischen dem Lieferanten und dem Kunden über technische, physikalische und chemische Eigenschaften des zu liefernden Produktes sowie die Abstimmung der Qualitätssicherungsmaßnahmen für den Fertigungsprozess. Im Vordergrund steht die Integration des Lieferanten in die Qualitätssicherungssysteme des Abnehmers, durch die z. B. die Organisation der Abläufe sowie einzelne Qualitätssicherungsmaßnahmen, notwendige Zertifizierungen, wie auch die Art und Weise der Durchführung von Qualitätskontrollen durch Lieferanten geregelt werden. Im Idealfall zeigt die Qualitätssicherungsvereinbarung die Schritte zur Vermeidung von Fehlern vom Produktentstehungsprozess bis zur Fertigung von fehlerfreien Produkten und der Ablieferung an den Abnehmer auf. Ziel einer QSV ist die Minimierung der Haftungsrisiken und die Lieferung der geforderten hohen Produktqualität.[66]

Durch Verringerung der Wertschöpfungstiefe ist die innerbetriebliche Optimierung der Qualität und Kosten nicht mehr ausreichend. In die Optimierung ist die gesamte Wertschöpfungskette bis hin zum Endverbraucher einzubeziehen.

Sie soll die in Kooperationen möglichen üblichen Konflikte strukturieren und kanalisieren, um möglichst ohne viel Zeitaufwand zu einvernehmlichen Regelungen zu kommen. Lieferantenverträge und Qualitätssicherungsvereinbarungen sind auf eine dauerhafte Lieferantenbeziehung ausgerichtet. Vor allem bei Just-in-Time-Lieferungen ist ein besonderes Vertrauen notwendig, da in der Regel die Kontrolle durch den Kunden ausgeschlossen ist.

Qualitätssicherungsvereinbarungen haben für beide Vertragsparteien folgende Vorteile:

1. Klare Regelung der haftungsrechtlichen Fragen
2. Minimierung der Produktionsfehler durch Festlegung der Qualitätsstandards in jeder Phase des Produktionsprozesses
3. Bereits in einer sehr frühen Phase (in der Entwicklung und Konstruktion) kann der Auftraggeber seine Anforderungen und Prüfverfahren einbringen. Die QSV ist die natürliche Verbindung zwischen dem QS des Auftraggebers und dem des Auftragnehmers.

In der Regel werden QSV nicht nur für eine Lieferung, sondern für mehrere Lieferanten, für die Produktion eines bestimmten Produktes bzw. die Belieferung eines bestimmten Werkes vorformuliert. Sie wird deshalb meistens als standardisierte Allgemeine Geschäftsbedingung gestaltet.

---

[66]Vgl. Wildemann (2000, S. 384).

Die QSV sollte folgende Punkte enthalten:

1. Präambel/Zielbestimmung
2. Vertragsgegenstand
3. Qualitätsorganisation des Lieferanten/Herstellers
4. Einbeziehung der Unterlieferanten
5. Regelung zur Wareneingangskontrolle beim Hersteller
6. Informations- und Änderungsmanagement
7. Dokumentation
8. Bestimmung zur Lieferung und Lagerung
9. Haftungsregelungen

Zur Sicherstellung der Wirksamkeit der QSV sollte mit den Lieferanten folgendes geregelt werden:[67]

- Kriterien, Zeitpunkt und Prüfmittel für die Prüfung der Beschaffungsobjekte
- Ausmaß der Dokumentation des Produktionsprozesses und der Resultate der Prüfungen durch Protokolle
- Maßnahmen bei Nichteinhaltung der Qualitätsanforderungen und Kontrollbefugnisse

Auch wenn die Vereinbarung einer QSV mit einigem Aufwand verbunden ist, ist ihre Effizienz zur Vermeidung von Qualitätsrisiken unbestritten. Vor allem bei fertigungssynchronen Belieferungskonzepten ist der Abschluss einer QSV unerlässlich, um den Materialfluss sicherzustellen. Gerade bei diesem Beschaffungskonzept bestehen erhebliche Risiken, wenn Mängel nicht entdeckt werden, weil die Eingangsprüfung beim Kunden entfällt. Dies führt dann zu Rückrufaktionen und Produkthaftungsverpflichtungen. Deshalb sind regelmäßige Audits sinnvoll.

## 2.6 Auditierung

### 2.6.1 Vorgehensweise bei der Durchführung des Lieferantenaudits

Audits dienen zur Aufdeckung von Schwachstellen sowie zur Verbesserung und Überwachung der Qualitätsmanagementaktivitäten. Dabei werden einerseits interne und externe Audits unterschieden sowie das Produktaudit, Verfahrensaudit und das Systemaudit, die auch als Qualitätsaudits zusammengefasst werden. Unter einem internen Audit ist zu

---

[67]Vgl. Gabath (2010, S. 60); Stollenwerk (2012, S. 266); Wildemann (2000, S. 384); Bohnstedt (2012).

verstehen, dass die Mitarbeiter des eigenen Unternehmens Vergleiche anstellen und die Leistungsfähigkeit beurteilen. Das interne Audit ist somit ein Bestandteil des Qualitätsmanagementsystems. In einem externen Audit wird die Leistungsfähigkeit eines Unternehmens von akkreditierten Institutionen beurteilt.[68] Bei Lieferantenaudits erfolgt die Bewertung des Lieferanten durch den Kunden.[69]

Dabei verfolgen Qualitätsaudits folgende Ziele:[70]

- Prüfung der Identität mit fixierten Produktmerkmalen,
- Prüfung der Eignung der Richtlinien/Vorschriften und Maßnahmen zur Zielerreichung,
- Überprüfung der betroffenen Arbeitsbereiche und Prozesse,
- Überprüfung der realisierten Fortschritte bei Qualitätsmanagementmaßnahmen,
- Erhöhung des Qualitätsbewusstseins für die Qualitätsanforderungen,
- Förderung der kontinuierlichen Verbesserungsprozesse,
- Einschätzung des Qualitätsmanagementsystems.

Beim Produktaudit erfolgt eine Untersuchung eines fertiggestellten Produktes. Dieses wird aus Kundensicht auf besondere Merkmale wie beispielsweise Zeichnungen, Normen und Spezifikationen überprüft. Dabei können Fehler, Fehlerschwerpunkte und Entwicklungstrends festgestellt werden.

Das Verfahrensaudit, auch als Prozessaudit bekannt, untersucht die Wirksamkeit von Teilprozessen bzw. -verfahren. Ziel ist es, die Arbeitsschritte bzw. Verfahren auf Schwachstellen zu untersuchen und Verbesserungsmöglichkeiten offenzulegen.

Bei einem Systemaudit wird das gesamte Qualitätsmanagementsystem eines Unternehmens auf Fehlerfreiheit und Wirksamkeit überprüft; eingeschlossen ist auch die Untersuchung, ob die Anweisungen mit dem ISO-Normenwerk übereinstimmen.[71]

Zur Erkennung von Chancen und Risiken werden die Lieferanten entweder durch eine regelmäßige Bewertung aufgrund der Datenlage oder besser noch vor Ort überprüft. Gerade bei Produktionsunternehmen können durch ein Lieferantenaudit die Abläufe in der Fertigung und der Beschaffung erfragt und überprüft werden.[72]

Die Frage ist nun, ob zwischen einem Besuch zur Beziehungspflege und einem Audit streng getrennt werden sollte. Die Gefahr, dass nach einer Auditankündigung das Audit zu einer Schauveranstaltung verkommt und die wahre Leistungsfähigkeit des Lieferanten dadurch nicht ersichtlich wird, ist nicht zu unterschätzen. Andererseits werden beim

---

[68]Vgl. Kamiske und Brauer (2011, S. 5 f.); Brückner (2009, S. 274).

[69]Vgl. Schmitt und Pfeifer (2010, S. 302).

[70]Vgl. Kamiske und Brauer (2011, S. 5 f.).

[71]Vgl. Kamiske und Brauer (2011, S. 7 f.); Brückner (2009, S. 274).

[72]Vgl. Stollenwerk (2012, S. 226).

Audit detaillierte Nachweise gefordert und damit wird zuvor eine detaillierte Prüfung festgelegter Punkte ermöglicht. Der Aufwand für ein Audit sollte allerdings sowohl für den Einkauf als auch für den Lieferanten, der die Unterlagen erbringen und sich auf das Audit vorbereiten muss, nicht unterschätzt werden.

Beim Lieferantenmanagement stehen vor allem Prozess- bzw. Verfahrensaudits im Vordergrund, vor allem die Prozesse des Lieferanten mit einer hohen Wirkung auf die Qualität der Einkaufsobjekte. Ziel ist es, Fehler zu reduzieren oder zu vermeiden und Verbesserungen zu erreichen.

## 2.6.2  Phasen des Lieferantenaudits

Ein effizientes Audit wird im Allgemeinen in vier Phasen gegliedert:

1. Die **Information des Lieferanten** über die Durchführung des Audits, dessen Termin und die Auditoren. Idealerweise wird der Einkauf durch einen Qualitätsmanagement-Mitarbeiter des Lieferanten unterstützt. Aufgrund seiner Funktion ist er mit diesen Verfahren in der Regel besser vertraut und kann sich zusammen mit dem Einkauf ein objektiveres Bild des Lieferanten machen. Da ein Lieferantenaudit nicht mehr als einen Tag dauert, ist die frühzeitige Information des Lieferanten essenziell, damit dieser genügend Zeit hat, sich auf das Audit vorzubereiten. Ein Zeitraum von zwei bis drei Wochen ist dabei angemessen.
2. In der zweiten Phase wird dem Lieferanten mitgeteilt, **welche Informationen und Personen** von seiner Seite her **beim Audit zur Verfügung stehen sollten.** Sinnvollerweise sollte am Audittag auch die Herstellung der vom Lieferanten bezogenen Materialien stattfinden und damit beobachtet werden können. Daneben sollte mitgeteilt werden, welche Unterlagen (Prüfpläne, Zeichnungen, Verfahrensanweisungen etc.) bereitgehalten werden sollten. Dadurch erhält der Lieferant zwar die Möglichkeit, sich nach außen besser darzustellen, als er tatsächlich ist. Bei gründlicher Prüfung können trotzdem Schwachstellen erkannt werden.
3. Bei der **Auditierung vor Ort** wird in aller Regel ein cross-funktionales Team benötigt, dem neben dem Einkauf jeweils ein Mitarbeiter des Qualitätsmanagements, der Produktion und der Entwicklung angehören sollte. Die Aufnahme der Situation beim Lieferanten sollte mithilfe von Checklisten erfolgen, um die spätere Einschätzung und Beurteilung zu erleichtern.
4. In der vierten Phase erfolgen die **Nachbereitung des Audits** und der **Abschluss des Audits.** In einem Auditbericht werden die erhaltenen Informationen und Ergebnisse kondensiert. Auch die aus dem Audit folgenden notwendigen Korrekturmaßnahmen und Terminvorgaben werden beschlossen. Der Bericht wird schließlich dem Lieferanten zur Umsetzung der beschlossenen Maßnahmen zugestellt. Es kann durchaus sein, dass weitere Besuche zur Kontrolle der notwendigen Korrekturen und Maßnahmen erforderlich sind.

**Tab. 2.15** Durchführung von Lieferantenaudits. (Quelle: Schmieder 2014)

| Unternehmens-größe | Zustimmung (%) | Einkaufsvolumen (%) | Zustimmung (%) | Wertschöpfungsstufe | Zustimmung |
|---|---|---|---|---|---|
| 200–499 MA | 80 | 10–24 | 83 | Rohstoffe | **56** |
| 500–999 MA | 73 | 25–39 | **62** | Einzelteile | 68 |
| Mehr als 1000 MA | 86 | 40–49 | 81 | Baugruppen | 84 |
| | | 50–59 | 86 | Enderzeugnisse | **87** |
| | | 60–69 | **100** | | |
| | | 70–80 | 87 | | |
| | | Über 80 | 67 | | |

Da Lieferantenaudits mit erheblichem Aufwand für den Kunden und den Lieferanten verbunden sind, sollten sie nur bei Lieferanten durchgeführt werden, mit denen eine längerfristige Zusammenarbeit geplant ist.

### 2.6.3 Zertifizierung

Die Zertifizierung dient als Nachweis der Wirksamkeit und Funktionsfähigkeit eines Qualitätsmanagementsystems des Unternehmens bzw. Zulieferers. Dieser Nachweis erfolgt von einer externen, neutralen Zertifizierungsstelle, die das Qualitätsmanagementsystem bei Erfüllung der Anforderungen bestätigt.[73] Vor dem Hintergrund sinkender Fertigungstiefen in vielen Branchen greifen vermehrt Großabnehmer auf Zulieferer zurück. Dadurch ist die Zertifizierung inzwischen zum Standard geworden, was beim Abnehmer bzw. Einkäufer gerade auf internationaler Ebene die Lieferantenauswahl besonders erleichtert.[74]

Vier Fünftel (80 %) der befragten Unternehmen führen Lieferantenaudits durch, obwohl der Zulieferer ein zertifiziertes QM-System verwendet. Lediglich 30 Unternehmen (18 %) führen keine Lieferantenaudits durch. Drei Unternehmen (2 %) verzichteten auf eine Angabe.

Branchenbezogen werden bei 88 % der Automobilhersteller/Automobilzulieferer Lieferantenaudits durchgeführt, obwohl sie ein zertifiziertes QM-System benutzen. Im Bereich Elektrotechnik/Feinmechanik sind es 86 %, im Anlagen- und Maschinenbau hingegen nur noch 71 %.

Bei einem Vergleich der Unternehmensgrößen liegen die Angaben zwischen 73 % und 86 % (vgl. Tab. 2.15). Vergleiche zum Einkaufsvolumen zeigen, dass 62 % der Unternehmen mit einem Einkaufsvolumen von 25–39 % Lieferantenaudits durchführen,

---

[73]Vgl. Kamiske und Brauer (2011, S. 357).
[74]Vgl. Schmitt und Pfeifer (2010, S. 304).

obwohl der Zulieferer ein zertifiziertes QM-System verwendet, hingegen machen dies alle Unternehmen mit einem Einkaufsvolumen von 60–69 %. Bei einer Betrachtung der Wertschöpfungsstufe stellt man fest, dass 56 % der Rohstoffhersteller Lieferantenaudits durchführen, bei Herstellern von Enderzeugnissen sind es schon 87 %.

Bei 101 der befragten Unternehmen (60 %) erfolgt eine regelmäßige Überprüfung der Zertifikate (vgl. Abb. 2.29). Bei 34 % der befragten Unternehmen (56 Nennungen) findet eine Überprüfung statt, jedoch ohne feste zeitliche Regelung. Nur bei 3 Unternehmen wird nach einer einmaligen Prüfung keine weitere Überprüfung mehr durchgeführt. Im Vergleich zur Umfrage 2004 zeigt sich, dass die regelmäßige Überprüfung der Zertifikate von Lieferanten zugenommen hat. Eine regelmäßige Überprüfung erfolgte bei 42 % der Unternehmen, eine Überprüfung ohne feste zeitliche Einteilung erfolgte bei 47 % der Unternehmen und 9 % nahmen keine weitere Prüfung mehr vor.

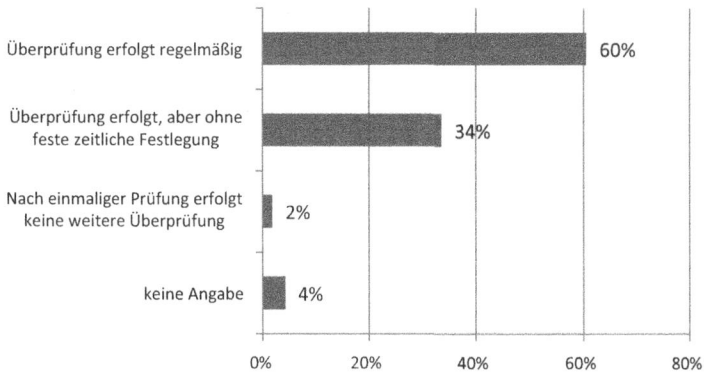

**Abb. 2.29**  Aktualität der Zertifikate. (Quelle: Schmieder 2014)

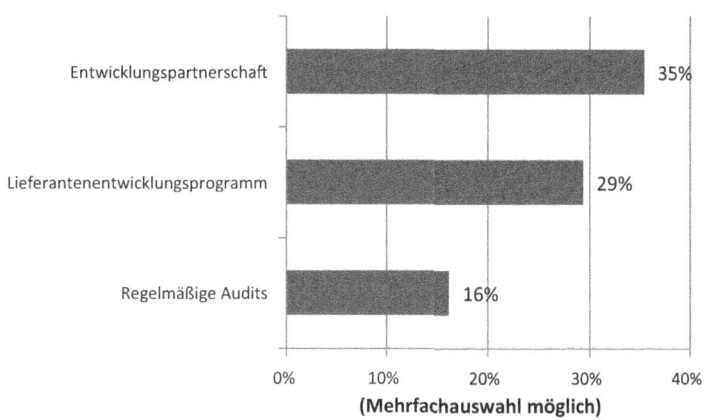

**Abb. 2.30**  Unterschiede im Hinblick auf die Zusammenarbeit. (Quelle: Schmieder 2014)

**Unterschiede in der Behandlung von Lieferanten bei Single Sourcing oder Multiple Sourcing im Hinblick auf Entwicklungs- und Fertigungszusammenarbeit**
Insgesamt 46 % der Unternehmen machen einen Unterschied bei der Behandlung von Lieferanten hinsichtlich der Entwicklungs- und Fertigungszusammenarbeit. Dabei behandeln 35 % der Unternehmen ihre Lieferanten bei einer Entwicklungspartnerschaft bei der Überprüfung der Zertifikate und bei Audits unterschiedlich (vgl. Abb. 2.30). Beim Lieferantenentwicklungsprogramm unterscheiden 29 % und bei regelmäßigen Audits 16 % der befragten Unternehmen zwischen Entwicklungs- und Fertigungszusammenarbeit.

Single Sourcing erfordert eine engere Zusammenarbeit und Kontrolle zwischen Lieferanten und OEM.

# Lieferantenqualität in der Produktentwicklung

3

## 3.1 Entwicklungsprozesse

Das Produkt oder die Dienstleistung bestimmen maßgeblich den Erfolg eines Unternehmens. Aus diesem Grund kommt dem Entwicklungsprozess und den Fähigkeiten eines Unternehmens in dieser Phase eine wichtige Bedeutung zu.

Wie bereits ausgeführt, hat APQC im Rahmen des Prozessklassifikationsrahmens auch für die Prozesskategorie „2. Produkte und Dienstleistungen entwickeln und verwalten" einen Prozess-Framework entwickelt.

**Produkte und Dienstleistungen entwickeln und verwalten**

**2.1 Produkt- und Dienstleistungsportfolio verwalten**
2.1.1 Leistung von existierenden Produkten/Dienstleistungen gegenüber Marktmöglichkeiten beurteilen
2.1.2 Produkt-/Dienstleistungsentwicklungsanforderungen definieren
2.1.2.1 Potenzielle Verbesserungen der existierenden Produkte/Dienstleistungen identifizieren
2.1.2.2 Potenziell neue Produkte/Dienstleistungen identifizieren
2.1.3 Entdeckungsforschung durchführen
2.1.3.1 Neue Technologien identifizieren
2.1.3.2 Neue Technologien entwickeln
2.1.3.3 Realisierbarkeit der Integration führender Technologien in den Produkt-/Dienstleistungskonzepten bewerten
2.1.4 Anpassung der Produkt-/Dienstleistungskonzepte mit der Geschäftsstrategie abstimmen
2.1.4.1 Kosten- und Qualitätsziele planen und entwickeln
2.1.4.2 Neue Produkt-/Dienstleistungskonzepte priorisieren und auswählen

© Springer Fachmedien Wiesbaden GmbH, ein Teil von Springer Nature 2018
M. Schmieder et al., *Qualitätsmanagement im Einkauf,*
https://doi.org/10.1007/978-3-658-04755-9_3

2.1.4.3 Entwicklungszeitziele spezifizieren

2.1.4.4 Einen Plan für Produkt-/Dienstleistungsangebotsmodifikationen erstellen

2.1.5 Produkt- und Dienstleistungslebenszyklus verwalten

2.1.5.1 Neue Produkte/Dienstleistungen einführen

2.1.5.2 Veraltete Produkte/Dienstleistungen aussortieren

2.1.5.3 Leistungsindikatoren identifizieren und verfeinern

2.1.6 Produkt- und Dienstleistungsmasterdatei verwalten

**2.2 Produkte und Dienstleistungen entwickeln**

2.2.1 Produkte/Dienstleistungen gestalten, aufbauen und bewerten

2.2.1.1 Quellen für Produkt-/Dienstleistungsprojekte zuweisen

2.2.1.2 Höchste Geschäftsfälle und technische Abschätzungen vorbereiten

2.2.1.3 Produkt-/Dienstleistungsgestaltungsspezifikationen entwickeln

2.2.1.4 Gestaltungsspezifikationen dokumentieren

2.2.1.5 Obligatorische und ausgewählte interne und externe (gesetzliche, behördliche, Standard-) Überprüfungen ausführen

2.2.1.6 Prototypen bauen

2.2.1.7 Qualitäts- und Zuverlässigkeitsprobleme beseitigen

2.2.1.8 Innerbetriebliche Produkt-/Dienstleistungstests durchführen und Zuverlässigkeit bewerten

2.2.1.9 Gestaltungs-/Entwicklungsleistungsindikatoren identifizieren

2.2.1.10 An der Gestaltung mit den Zulieferern und Vertragsherstellern zusammenarbeiten

2.2.2 Den Markt für neue oder überarbeitete Produkte und Dienstleistungen testen

2.2.2.1 Eine detaillierte Marktstudie vorbereiten

2.2.2.2 Kundentests und -interviews durchführen

2.2.2.3 Produkt-/Dienstleistungscharakteristika und Geschäftsfälle abschließen

2.2.2.4 Technische Anforderungen abschließen

2.2.2.5 Anforderungen für Veränderungen an dem Herstellungs-/Lieferprozess identifizieren

2.2.3 Für die Produktion vorbereiten

2.2.3.1 Prototypproduktion und/oder Dienstleistungsprozess entwickeln und testen

2.2.3.2 Benötigte Materialien und Werkzeuge gestalten und erbitten

2.2.3.3 Produktionsprozess oder -methode einführen und validieren


Durch die Abnahme der Wertschöpfungstiefe in vielen Branchen wird der Anteil der Lieferanten am Endprodukt systematisch erhöht. Da dies zunehmend auch Entwicklungsleistungen betrifft, sind für diesen Teil innovative Lieferanten notwendig. Dies hat großen Einfluss auf die Auswahl und Entwicklung der Lieferanten, da die Entwicklung gerade in technologieorientierten Unternehmen ein zentraler Bestandteil der Wertschöpfung ist. Insofern ist die Entwicklungsabteilung in die Aktivitäten des Einkaufs frühzeitig miteinzubeziehen, um die Anforderungen von Einkaufs- und Entwicklungsabteilung in Einklang zu bringen.

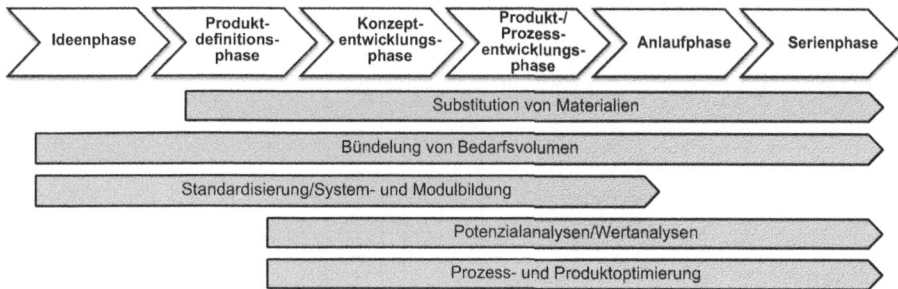

**Abb. 3.1** Synchronisation von Einkaufsaufgaben mit dem Produktentstehungsprozess. (Quelle: vgl. Schuh 2014, S. 34)

Falls die Entwicklung durch einen Lieferanten durchgeführt wird, tritt zur eigenen Entwicklungsabteilung die Entwicklungsabteilung des Lieferanten hinzu. Da bei der Einkaufsabteilung die Reduzierung der Kosten im Vordergrund steht, muss die Entwicklungsabteilung diese Kundenanforderung bestmöglich erfüllen.

Durch die frühzeitige synchrone Zusammenarbeit von Einkauf und Entwicklungsabteilung (vgl. Abb. 3.1) kann das Know-how von beiden Bereichen im Entwicklungsprozess genutzt werden.

Ein wichtiger Benefit der Synchronisation der Beschaffung mit der Produktentwicklung ist das beschaffungsgerechte Produktdesign, die mögliche Standardisierung einzelner Beschaffungsgüter.

Um eine kontinuierliche Abstimmung der Zielsetzung von Produktentwicklung und Beschaffung sicherzustellen, wird häufig ein spezieller Projekteinkauf zusammengestellt. Dieser Projekteinkauf führt dann in Zusammenarbeit mit den beteiligen Bereichen den kompletten Prozess bis zum Serienanlauf durch.

Während des gesamten Entwicklungsprozesses ist eine enge Zusammenarbeit mit den Zulieferern und den Kunden notwendig (vgl. Abb. 3.2).[1] Wird Simultaneous Engineering während des Entstehungsprozesses des Produktes verwendet, erfolgt eine parallele zeitliche Abwicklung der Prozesse in den verschiedenen Bereichen. Dazu wird ein zeitlich befristetes Entwicklungsteam zusammengestellt, in das neben der Konstruktion alle am Produktentstehungsprozess beteiligten Bereiche einbezogen werden. Dadurch ist es einfacher, Abteilungsgrenzen zu überwinden. Dabei ist auch ein virtuelles Team denkbar.

Gerade bei kooperativen Projekten in der Entwicklung ergibt sich häufig bis zum endgültigen Serienanlauf ein hoher Aufwand für die Abstimmung und notwendige Anpassung (vgl. Abb. 3.3).

---

[1]Vgl. Feldhusen und Grote (2013).

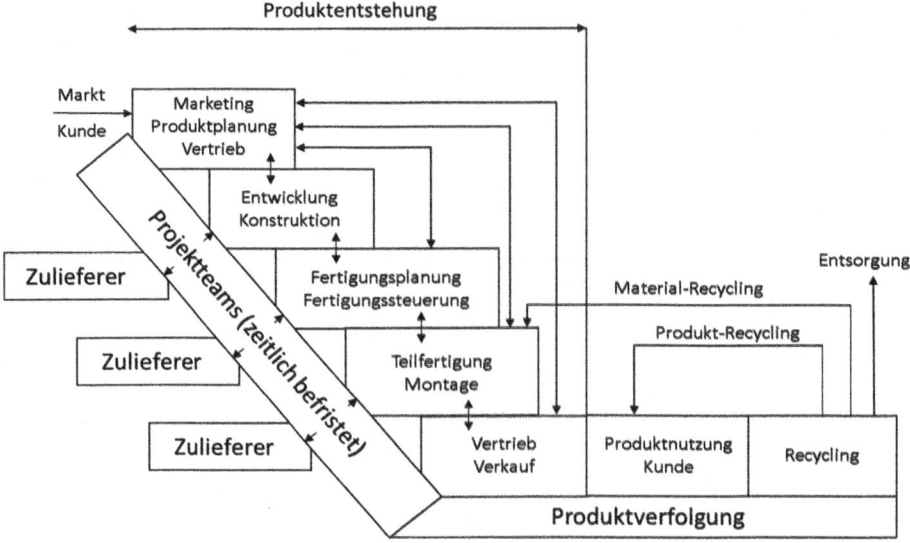

**Abb. 3.2**  Produktentstehungsprozess. (Quelle: vgl. Feldhusen und Grote 2013, S. 32)

An einem Beispiel aus der Automobilindustrie wird dies deutlich: Ein Hersteller vergibt einen Auftrag zur Entwicklung und Herstellung eines neuen Scheinwerfers.[2] Die Aktivitäten bis zur Kundenbestellung werden als Vorvertragsphase zusammengefasst.

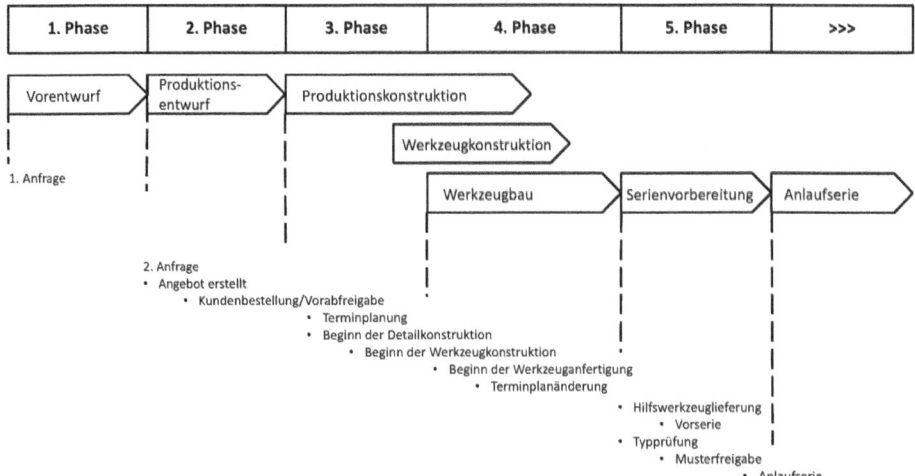

**Abb. 3.3**  Abstimmungsprozesse und Projektphasen anhand projektbestimmender Termine. (Quelle: vgl. Schuh 2014, S. 214)

---

[2]Vgl. Backhaus (1999, S. 677).

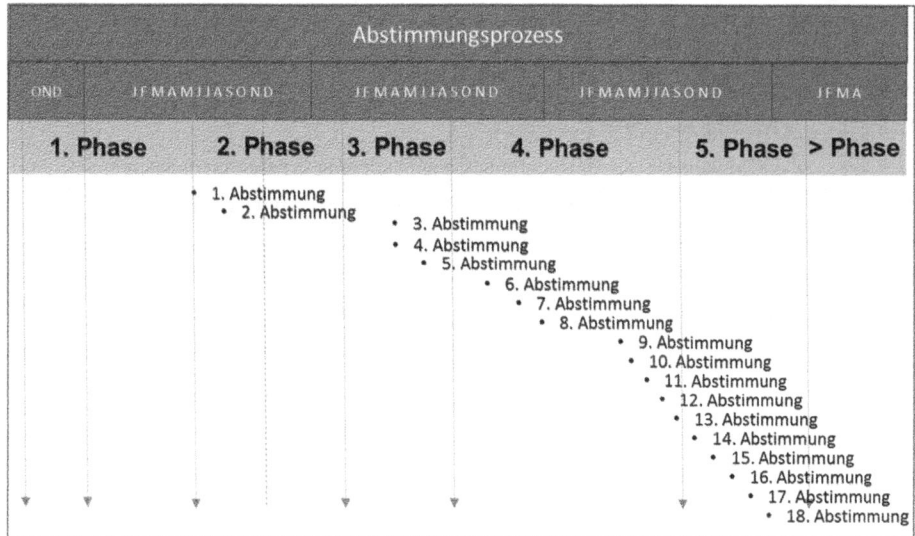

**Abb. 3.4** Abstimmungsprozess. (Quelle: vgl. Backhaus 1999, S. 677)

Aufgrund der Zusatzwünsche des OEM ergibt sich ein erheblicher Abstimmungsbedarf zwischen dem OEM und dem Lieferanten (vgl. Abb. 3.4).[3]

**Abstimmung in der Vorvertragsphase**

In unserem Beispiel wird vom Hersteller eine gravierende Designänderung vorgenommen. Zudem ändern sich die äußeren Geometriedaten des Scheinwerfers und führen zu einer Bauraumverengung. Deshalb erfolgt eine Ausschreibung zur Neuvergabe des Auftrags zur Entwicklung und Produktion des Scheinwerfers (1. Abstimmung).

Die Zahl der Lieferanten ist aufgrund der Vorgaben der Konstruktion begrenzt. Im Anschluss an die Angebotsabgabe führen Zusatzwünsche zu einer weiteren Änderung der Geometriedaten und zu einem erneuten Angebot, an dem nur noch ein Anbieter teilnimmt, sodass die Herstellung Single Sourcing betreiben muss (2. Abstimmung).[4]

Weitere Abstimmungsprozesse folgen, wie in Tab. 3.1 beispielhaft aufgelistet.

Dieses Beispiel zeigt, dass eine enge Absprache zwischen Lieferant und OEM notwendig ist, vor allem in den ersten beiden Phasen. Während der Vorvertragsphase ist eine intensive, sorgfältige Zusammenarbeit erforderlich. Dadurch kann der spätere Abstimmungs- und Änderungsaufwand erheblich reduziert werden. Es gilt die Zehnerregel, d. h., die Änderungs- und Abstimmungskosten steigen von Phase zu Phase um den Faktor 10 (siehe Abschn. 2.3).

---

[3]Vgl. Backhaus (1999, S. 677).

[4]Vgl. Backhaus (1999, S. 678).

**Tab. 3.1** Kurzbeschreibung der Probleme im Abstimmungsverlauf. (Quelle: vgl. Backhaus 1999, S. 678)

| Abstimmung | Grund |
|---|---|
| 1. | Ausschreibung und Neuvergabe |
| 2. | OEM wünscht aus Designgründen eine Änderung der Geometriedaten |
| 3. | Weitere Designänderung mit Änderung der Konstruktionsdaten |
| 4. | Fragen zu den Materialien |
| 5. | Änderung der Komponenten aus fertigungstechnischen Gründen |
| 6. | Änderung von Teilkomponenten durch die Werkzeugkonstruktion |
| 7. | Die Änderungen erfordern eine Neukalkulation |
| 8. | Probleme bei Funktionsprüfungen erfordern weitere Änderungen |
| 9. | Keine endgültige Klärung der Materialfrage möglich |
| 10. | Probleme bei Funktionsprüfungen erfordern weitere Änderungen von Teilen |
| 11. | Unstimmigkeiten zwischen QM des OEM und des Systemlieferanten |
| 12. | Änderungen der Geometriedaten aus Montagegründen |
| 13. | Aufgrund der vielen Änderungen neue Preisverhandlungen |
| 14. | Materialfrage kann für eine Teilkomponente nicht geklärt werden |
| 15. | Weitere Probleme bei Funktionsprüfungen erfordern weitere Änderungen |
| 16. | Schnittstellenprobleme zwischen Karosserie und Komponenten |
| 17. | Einbau einer zusätzlichen Komponente notwendig |
| 18. | In der Serienvorbereitung können nicht alle Probleme geklärt werden, Anpassungen in der Serienfertigung notwendig |

## 3.2 Qualitätsvorausplanung

### 3.2.1 Grundlagen der Qualitätsvorausplanung

Inzwischen hat es sich in großen Teilen der Industrie durchgesetzt, die Produktqualität nicht nur zu betrachten, wenn sie vom Kunden bemängelt wird, und erst dann zu reagieren, sondern die Produktqualität bereits zu beeinflussen, bevor das Produkt zum Kunden gelangt. Diese Vorgehensweise wird als Qualitätsvorausplanung bezeichnet. Die Aufgabe der Qualitätsvorausplanung ist es nicht nur, eine Art von Vorhersage darüber zu treffen, auf welchem Qualitätsniveau sich das neue Produkt entwickeln wird, sondern aktiv qualitätsbeeinflussende Methoden und Prozesse anzuwenden, die schon während der Entwicklungsphase die Produktqualität nachhaltig verbessern.

Bevor wir uns mit der Qualitätsvorausplanung beschäftigen können, müssen einige Grundlagen der Produktqualität erklärt werden. Die klassische Produktqualität ist durch die vom Kunden wahrgenommene Qualität des erworbenen Produktes charakterisiert.

Das bedeutet, dass der Kunde auf schlechte Qualität des Produktes reagiert, z. B. durch Einforderung von Reparatur, Umtausch oder Rückgabe des Produktes, oder der Äußerung schlichter Unzufriedenheit über das Produkt, weil das Funktionsverhalten nicht seinen Vorstellungen entspricht. Diese „schlechte" Produktqualitätswahrnehmung hat umfangreiche Folgen und Konsequenzen sowohl für den Kunden als auch für das Unternehmen.

Die folgende Auflistung führt nur einige wesentliche Beispiele an Folgen für den Kunden auf, verursacht durch schlechte Produktqualität:

- Ausfall und Unbenutzbarkeit des Produktes (ggf. mit Folgeeffekten, z. B. bei Handwerksbetrieben)
- Zeitaufwand für Reparaturen innerhalb der Garantie
- Zeit- und Kostenaufwendungen für Reparaturen außerhalb der Garantie
- Verärgerung über Produkt, Hersteller, Marke beim Kunden
- Verbreitung der schlechten Produkterfahrung im persönlichen Umfeld des Kunden (Regel von 7 zu 1: Ein unzufriedener Kunde erzählt es sieben weiteren Kontakten in seinem Umfeld.)
- Steigerung der Unzufriedenheit bei den Kunden
- Verlust der Glaubwürdigkeit der Marke
- Abwandern der Kunden zu anderen Herstellern

Die nachfolgende Auflistung führt einige wesentliche Beispiele an Folgen für das Unternehmen aus interner Sicht auf, verursacht durch schlechte Produktqualität:

- hohe Ressourcenbindung im Reparatur- und Kulanzbereich
- hohe Nacharbeits- und Korrekturarbeiten
- hoher Änderungsaufwand in der Produktion und in der Entwicklung an laufenden Produkten
- hoher Aufwand für die nachträgliche Zufriedenstellung der Kunden (Kulanzaktionen), Ergebnis und Wirkung ungewiss
- hoher Arbeitsaufwand in der Problemlösung anstatt der Problemvermeidung (Reklamationsmanagement)
- Aufwand für nachträgliche Korrektur beim Kunden ist erheblich höher im Verhältnis zur frühzeitigen Vermeidung

Die oben aufgeführten Beispiele lassen sich nur schwer, bedingt oder gar nicht monetär bewerten, mit Ausnahme vielleicht von Garantie- und Kulanzkosten. Damit sind die Auswirkungen von schlechter Produktqualität für das Unternehmen fast nicht bewertbar. Insbesondere werden die unternehmensinternen zusätzlichen Aufwendungen oft nicht oder nur schlecht erfasst und sind damit auch nicht finanziell bewertbar. Die Garantie- und Kulanzkosten decken hier nur die Spitze des Eisberges ab. Diese Situation beherbergt ein unkalkulierbares Risiko für das Unternehmen und wird oft gar nicht in Betracht gezogen.

Dabei sollten diese Folgen eine ausreichende Motivation für das Unternehmen sein, die Produktqualität immer sicherzustellen, wie der Kunde es wünscht und erwartet.

Will man sich nun mit den Ursachen und der Vermeidung von schlechter Produktqualität beschäftigen, so muss man sich die Reaktion der Kunden genauer ansehen. Dies setzt jedoch voraus, dass man einen Zugriff auf die Kunden und deren regelmäßiges Feedback in Form von verwertbaren Daten hat. Liegen keine Daten über die Kundenzufriedenheit vor, wird es extrem schwierig, diese richtig einzuschätzen.

Das Kundenfeedback sollte so ermittelt und ausgewertet werden, dass man daraus Aussagen über die Zufriedenheit oder die Unzufriedenheit sowie auch die Erfahrungen im Umgang mit und beim Nutzen von dem Produkt ablesen kann. Je detaillierter die Aussagen erfasst werden, desto leichter lassen sie sich nutzbar auswerten und daraufhin entsprechende Qualitätsmaßnahmen und -strategien zur Verbesserung aus den Ergebnissen ableiten.

Vorausgesetzt, es liegt ein umfangreiches Kundenfeedback vor, sollten speziell die Äußerungen der Kunden über die Erfahrungen bei der Produktanwendung ausgewertet werden. Diese Kundenaussagen lassen sich bei genauer Betrachtung letztlich in drei Kategorien einteilen: die Zielwertprobleme, die Funktionsausfälle und die Auswirkungen.

Was bedeuten diese Kategorien im Einzelnen?

Zielwertprobleme bedeuten einfach formuliert: Das Produkt arbeitet einwandfrei, aber nicht so, wie sich der Kunde das vorgestellt hat. Das hat zur Folge, dass er letztlich mit dem Produkt unzufrieden ist, obwohl es fehlerfrei arbeitet.

Der Fehler liegt, kurz gesagt, beim Kunden, denn er hat das Produkt schließlich selbst ausgesucht und gekauft. Ob das dem Kunden bewusst ist oder nicht, ändert jedoch an der Unzufriedenheit nichts, und ggf. ist der Kunde auch über die Marke verärgert und wandert letztlich ab. Ob der Kunde sich wieder meldet und einen Umtausch anregen will, ist völlig offen. Das Unternehmen muss hier rechtlich gesehen keinen Umtausch umsetzten, da das Produkt in Ordnung ist. Es wäre aber gut beraten, darauf einzugehen und dem Kunden zu helfen, auch wenn dazu keine Verpflichtung besteht.

Der Begriff „Zielwertproblem" bedeutet also: Das Produkt arbeitet einwandfrei, aber die gelieferte Leistung oder Verhaltensweisen entsprechen leider nicht den Kundenerwartungen. Damit wurden die operativen Zielwerte des Produktes falsch definiert und in die Konstruktion eingearbeitet. Beispiel: Der Kunde ist mit der Gebläse- und Heißleistung seines neu erworbenen Haartrockners unzufrieden, denn er hätte sich mehr Leistung gewünscht. Das Produkt funktioniert zwar, aber die Zielwerte entsprechen nicht dem Kundenwunsch. Auch wenn er die Kaufentscheidung letztlich getroffen hat, so ist er trotzdem unzufrieden mit dem Produkt.

Die Ursache für diesen Fehler liegt beim Unternehmen, das die Kundenerwartungen entweder nicht richtig oder nicht repräsentativ ermittelt hat, oder in einer schlechten Umsetzung in die konstruktiven Leistungsparameter. Hierfür gibt es entsprechende Qualitätsmethoden, die das verhindern und die im weiteren Verlauf erklärt werden.

Funktionsausfälle der Produkte sind entweder ein eingeschränktes Leistungsverhalten oder ein komplettes Funktionsversagen. Der Kunde ist hier ebenfalls über das Produkt verärgert und fordert voraussichtlich Schadensersatz in Form von Umtausch, Reparatur oder Rückgabe. Dies löst wiederum Garantie- und -kulanzkosten beim Unternehmen aus. In diesem Falle geht es nicht um eine falsche Kaufentscheidung wie beim Zielwertproblem, sondern um nicht robuste und unzuverlässige Produkte. Dafür ist das Unternehmen in die Verantwortung zu nehmen. Die Ursachen hierfür sind aber sehr vielfältig. Auch hier gibt es entsprechende Qualitätsmethoden, die später in diesem Kapitel erklärt werden.

Der Punkt „Auswirkungen" muss noch einmal aufgeschlüsselt werden:

Die Nebeneffekte sind Auswirkungen, die das Produkt als Konsequenz der abgegebenen Leistung liefert. Im Prinzip ist sich der Kunde dessen bewusst und wird auch hinnehmen, dass das Produkt nicht ohne diesen Nebeneffekt arbeiten wird. Z. B. macht ein Haartrockner reichlich Lärm, den der Kunde leider akzeptieren muss. Dies gilt auch für einen Rasenmäher, einen Staubsauger und so weiter. Auch die Abgase bei einem Verbrennungsmotor oder die Abwärme einer Glühbirne fallen hierunter. Diese Nebeneffekte entstehen also durch die ausgewählte Technologie. Aber auch hier ist es wichtig zu wissen, bis zu welchem Niveau der Kunde diese Nebeneffekte akzeptiert, denn er wird auch auf diesem Gebiet immer sensibler und wird nicht jedes Niveau akzeptieren. Diesen Schwellenwert sollte das Unternehmen kennen, und ihn in der Technologie- und Konstruktionsauslegung berücksichtigen. Selbst der beste Rasenmäher (bezogen auf seine Leistungen) wird keinen Erfolg haben, wenn der Geräuschpegel die Akzeptanzschwelle des Kunden massiv übersteigt. Darum muss das Unternehmen das Akzeptanzniveau aus der Sicht des Kunden für alle möglichen Nebeneffekte kennen und berücksichtigen.

Die Folgen hingegen beziehen sich auf das Produktfehlverhalten, das mit einem Funktionsversagen einhergehen kann. Hier steht wieder der Kunde mit der Frage im Mittelpunkt, ob aus dem Fehlverhalten des Produktes negative Auswirkungen entstehen können, z. B. in Form von Verletzungen. Ein ausgefallener Haartrockner ist vermutlich nicht tragisch, aber ein Kurzschluss oder ein geschmolzenes Gehäuse können durchaus Folgeverletzungen erzeugen. Ein Bruch einer Leiter kann beispielsweise zu massiven Verletzungen führen. Hier ist wiederum das Unternehmen gefragt, alle möglichen Folgeeffekte in Form möglicher Kundenverletzungen immer konstruktiv zu vermeiden, egal wie schwerwiegend die Verletzungen ausfallen können. Sicherheit geht immer vor.

Zusammenfassend stellt sich die Frage, warum man ausgerechnet diese drei Hauptkategorien aufstellt. Die Antwort liegt in den unterschiedlichen Ursachen begründet, die zu den jeweiligen Situationen führen. Anhand der unterschiedlichen Ursachen lassen sich folgerichtig auch unterschiedliche Vermeidungsmaßnahmen und Methoden definieren, die diese Ursachen und deren Folgen verhindern können. Diese Methoden werden in den nachfolgenden Kapiteln beschrieben.

Im nächsten Schritt muss man ein Grundverständnis für die Ursachen von Produktfehlern entwickeln.

Hier lässt sich im Prinzip vereinfacht aussagen, dass schlechte und fehlerhafte Produkte entweder in der Produktentwicklung konstruiert oder in der Produktion und Montage schlecht hergestellt werden, wie Abb. 3.5 zeigt.

**Abb. 3.5** Verursacher von Produktfehlern. (Quelle: eigene Darstellung)

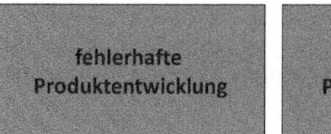

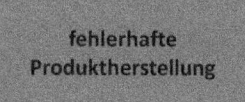

**Wo im Unternehmen werden die Produktfehler verursacht?**

1) Produktfehler werden entweder in das Produkt hinein entwickelt oder

2) entstehen in der Produktherstellung (Abweichung von der Zeichnung).

Daraus ergeben sich zwei Ursachengebiete für Produktfehler:

**fehlerhafte Produktentwicklung**          **fehlerhafte Produktherstellung**

Die Ursachen für diese Produktfehler müssen der Unternehmenswertschöpfungskette zugeordnet und schließlich die Verbindung zum Lieferanten aufgezeigt werden, sofern dieser in der Produktentwicklung oder Produktherstellung involviert ist.

Abb. 3.6 zeigt die vereinfachte Darstellung einer Wertschöpfungskette im Unternehmen. Diese wird hier exemplarisch aufgezeigt unter der Vorrausetzung, dass das Unternehmen über eine eigene Produktentwicklung verfügt. Die gezeigte Darstellung dient nicht der Vollständigkeit, sondern nur dem Grundverständnis. Vermutlich lassen sich hier noch weitere Schritte in der Wertschöpfungskette ergänzen.

Die Einbindung der Lieferanten in die Wertschöpfungskette ist abhängig vom Umfang der Aufgabenstellung. Ist der Lieferant beauftragt, einzelne Teile, Baugruppen oder Systeme zu liefern, so muss er bereits in die Produktentwicklung eingebunden werden. Wird der Lieferant nur beauftragt, Teile nach gegebener Zeichnungsvorgabe herzustellen, so wird er erst zu den produktionsrelevanten Aufgaben involviert.

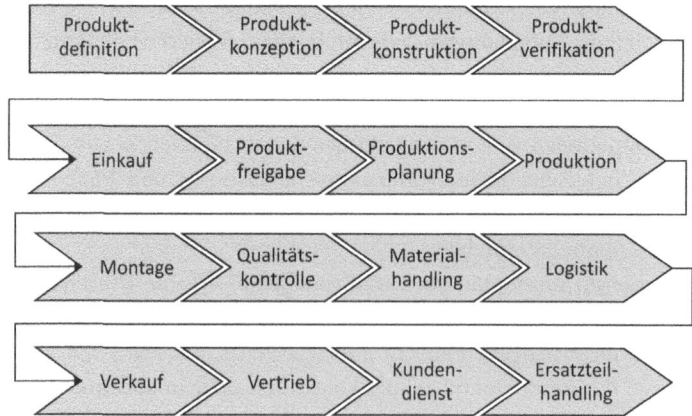

**Abb. 3.6**  Übersicht der Wertschöpfungskette im Unternehmen. (Quelle: eigene Darstellung)

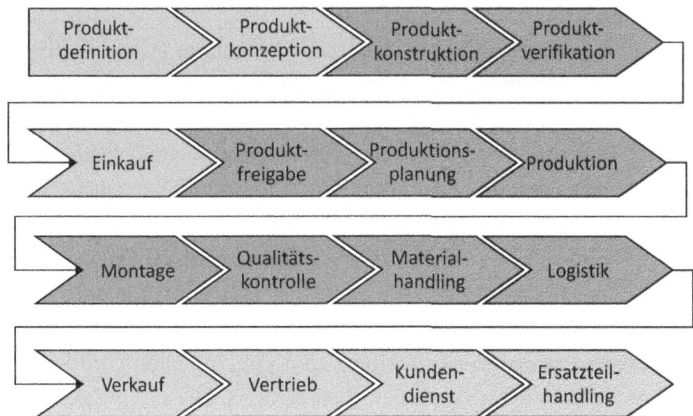

**Abb. 3.7** Lieferanteneinbindung in die Wertschöpfungskette. (Quelle: eigene Darstellung)

In diesem Zusammenhang wird der komplexere Umfang einer Lieferantenbeauftragung behandelt. Dies betrifft im speziellen die Beauftragung einer Produktentwicklung, da in dieser Phase das größte Potenzial für Fehlerentstehung besteht.

Jeder dieser Wertschöpfungsschritte, in die ein Lieferant eingebunden ist, ist in Abb. 3.7 markiert und wird im Anschluss ansatzweise mit seinen Aufgabenstellungen und Problemen beschrieben.

**Produktkonstruktion**

In der Produktkonstruktionsphase des OEM wird der Lieferant bereits eingebunden. Im Allgemeinen wird der Lieferant beauftragt, entweder Einzelteile, Baugruppen oder ganze Systeme zu entwickeln. Für diesen Lieferumfang beschreibt der OEM im Allgemeinen die technischen Rahmenbedingungen, die funktionalen Anforderungen, technische funktionale Zielwerte und ggf. konstruktive Gegebenheiten. Dies wird dann in vertraglichen Unterlagen zusammengestellt und dient als Basis zur Vertragserfüllung. Preis- und Zeitbedingungen werden hier nicht weiter betrachtet werden.

Die Problematik, die hier häufig entsteht, ist, dass der OEM sich oft auf die Beschreibung der konstruktiven und technischen Umgebungsbedingungen und Anforderungen beschränkt. Häufig werden funktionale Leistungsparameter gar nicht oder unzureichend festgelegt.

Hier wird oft übersehen, dass das vom Lieferanten zu entwickelnde und zu liefernde Bauteil oder System eine technische Funktion zu leisten hat, die präzise vom OEM beschrieben werden muss, damit es in das technische Konzept des Gesamtproduktes passt. Damit ist dem Lieferanten oft eine freie Auslegung der funktionalen Leistungsmerkmale möglich, die im schlechtesten Fall nicht in das Gesamtprodukt passen. Dies führt unweigerlich zu technischen Abweichungen auf Gesamtproduktebene und schließlich zu Problemen beim Kunden. Dadurch sind Missverständnisse mit dem OEM und konsequente Nachkorrekturen unausweichlich.

**Produktverifikation**

In der Produktverifikationsphase wird das fertig konstruierte Produkt auf Funktionalität verifiziert und in Tests bestätigt. „Verifiziert" heißt in diesem Zusammenhang, dass das Produkt in Form von Prototypen auf seine technischen Eigenschaften im realen Testumfeld getestet wird, um eine Bestätigung des geforderten Leistungsverhaltens gegenüber den Anforderungen zu erhalten. Das klingt im Prinzip einfach, aber die Problematik steckt hier im Detail, was gerne übersehen wird.

In dieser Verifikationsphase soll nicht nur die Funktionalität des Produktes überprüft werden, sondern auch das Erreichen der festgelegten Zielwerte, ebenso wie das Auftreten von möglichen funktionalem Fehlverhalten in Gegenwart von sogenannten Störfaktoren. Dieses Zusammenspiel zwischen Störfaktoren und Fehlverhalten wird häufig nicht analysiert und auch nicht in den Verifikationstests reflektiert. Dieser Umstand führt oft dazu, dass Produktfehler beim Verifikationstest nicht erkannt und letztlich an den Kunden freigegeben werden.

Oft werden diese Tests zunächst mit Teilen oder Baugruppen durchgeführt, die erst nach der Konstruktionsfreigabe zur Verfügung stehen, was viel zu spät ist, falls man signifikante Fehler entdeckt. Wie diese Schwäche zu beheben ist, wird nachfolgend beschrieben.

**Produktfreigabe**

Der Lieferant wird in die Phase der Produktfreigabe insofern eingebunden, dass er für seine Bauteile und Systeme die Grundlagen für die Produktionsfreigabeentscheidung nachweisen muss. Diese Freigabeentscheidung basiert auf den Ergebnissen der Verifikationstests, die jedoch mit Risiken behaftet sein können, so wie oben beschrieben. Im Ernstfall sind die Ergebnisse der Verifikationsphase nicht belastbar, da wesentliche Testmerkmale nicht richtig durchgeführt wurden. Ein mit Fehlern behaftetes Kaufteil des Lieferanten muss nach dem Einbau in das Gesamtprodukt nicht konsequenterweise gleich zum Ausfall führen und erkannt werden. Ein mögliches Fehlverhalten kann zunächst unerkannt bleiben und sich erst später beim Kunden äußern. Auch hier besteht die Gefahr, dass die Freigabe zur Produktion auf schlechten und fehlerhaften Verifikationsergebnissen beruht.

**Produktionsplanung**

In dieser Planungsphase muss der Lieferant erklären, wie er die Produktion aufbauen will, um die vom OEM geforderte Produktionsqualität zu liefern.

In unserem Zusammenhang wird jedoch die Produktionsplanung nicht weiter betrachtet.

**Produktion und Montage**

Während dieser Phase hat der Lieferant nachzuweisen, wie gut die Produktion die Bauteile nach den Vorgaben der Zeichnung herstellt, oder auch nicht. In diesem Zusammenhang sind die Abweichungen vom Nominal der Zeichnung interessant. Hier greifen die Methoden der produktionsbegleitenden Qualitätskontrolle, die in unserem Zusammenhang aber nicht weiter betrachtet werden.

**Qualitätskontrolle**
In dieser Phase wird die Produktionsqualität überprüft. Entweder nach einzelnen Produktionsschritten, am Ende der Produktion oder bei der Montage, bevor das Produkt zum Kunden (OEM) geht. Hier ist es besonders wichtig, alle möglichen Fertigungsfehler am Produkt zu finden. Gelingt das nicht, so geht ein fehlerhaftes Produkt zum OEM. Oft ist man hier im falschen Glauben, dass sich auch Konstruktionsfehler in der Produktion finden lassen. Auch dieser Zusammenhang wird hier nicht weiter betrachtet.

**Materialhandling**
Dieser Punkt wird hier nicht weiter untersucht.

**Logistik**
Dieser Punkt wird hier nicht weiter untersucht.

In den meisten Phasen dieser vereinfacht dargestellten Wertschöpfungskette können zahlreiche Fehler entstehen, die zu fehlerbehafteten Produkten führen und damit konsequenterweise Garantie- und Kulanzkosten beim Kunden erzeugen. Diese Fehler sollten nachhaltig von vornherein vermieden werden. Dies erfolgt durch eine umfangreiche Qualitätsvorausplanung.

Dies ist besonders wichtig, wenn Bauteile und Systeme über Lieferanten mit eigenen Konstruktionsdienstleistungen zugekauft werden. Hier liegen die Qualitätsprozesse dieser Kaufteile außerhalb des Einflussbereiches des OEM, was die Aufgabe der Vorausplanung umso wichtiger erscheinen lässt.

In Bezug auf die Zusammenarbeit bei der Aufgabe der Qualitätsvorausplanung zwischen den OEMs und den Zulieferern gibt es Ergebnisse aus der bereits erwähnten Einkaufsleiterstudie, die zeigen, wie der Lieferant eingebunden wird (vgl. Abb. 3.8). Auf diese Frage antwortete knapp die Hälfte der Unternehmen (82 Nennungen), dass der Lieferant nicht für eine Qualitätsvorausplanung verpflichtet wird. Bei 37 % der Unternehmen (61 Nennungen) wird der Lieferant für eine Qualitätsvorausplanung verpflichtet, dabei gaben 31 Unternehmen an, in welcher Form dies erfolgt. Am häufigsten wurden die Qualitätssicherungsvereinbarung (8-mal) und APQP (4-mal) genannt.

Branchenbezogen werden die Unterschiede sehr deutlich. 67 % der Automobilhersteller/ Automobilzulieferer verpflichten die Lieferanten zu einer Qualitätsvorausplanung, 46 % der Unternehmen im Bereich Elektrotechnik/Feinmechanik und nur 17 % im Anlagen- und Maschinenbau.

Eine Analyse nach Unternehmensgröße zeigt, dass umso eher eine Verpflichtung von Lieferanten zu einer Qualitätsvorausplanung vorliegt, je größer das Unternehmen ist: von 24 % der Unternehmen mit 200–499 Mitarbeitern über 30 % der Unternehmen mit 500–999 Mitarbeitern bis hin zu 48 % der Unternehmen mit mehr als 1000 Mitarbeitern.

Eine Untersuchung bezogen auf das Einkaufsvolumen zeigt, dass 92 % der Unternehmen mit einem Einkaufsvolumen von 10–24 % die Lieferanten zu einer Qualitätsvorausplanung verpflichten, jedoch nur 26 % der Unternehmen mit einem Einkaufsvolumen von 25–39 % (vgl. Tab. 3.2).

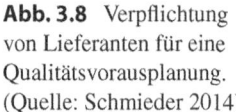

**Abb. 3.8** Verpflichtung
von Lieferanten für eine
Qualitätsvorausplanung.
(Quelle: Schmieder 2014)

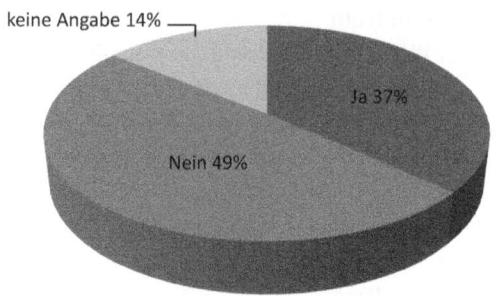

Auch eine Gegenüberstellung der Wertschöpfungsstufen lässt klare Unterschiede erkennen. Die Einzelteilehersteller verpflichten rund 26 % der Zulieferer, Hersteller von Enderzeugnissen 43 % und Hersteller von Baugruppen sogar 61 % der Lieferanten. Von lediglich 9 Rohstoffherstellern wurde die Frage verneint.

Die Bedeutung einer Zusammenarbeit bei der Qualitätsvorausplanung zwischen OEM und Lieferant konnte in einer weiteren Frage anhand einer Skala (1 = sehr wichtig, 3 = neutral, 5 = unwichtig) bewertet werden (vgl. Abb. 3.9). Fast zwei Drittel (63 %) der befragten Unternehmen halten eine Zusammenarbeit für sehr wichtig bis wichtig, 26 % (44 Nennungen) sind neutral bzw. unschlüssig und 10 % (16 Nennungen) sehen die Zusammenarbeit als eher unwichtig bis unwichtig an.

Ein Branchenvergleich lässt erkennen, dass die Automobilhersteller/Automobilzulieferer zu 91 % eine Zusammenarbeit zwischen OEM und Lieferant als sehr wichtig bis wichtig ansehen, hingegen sind es 62 % im Bereich Elektrotechnik/Feinmechanik und 39 % der Unternehmen aus dem Anlagen- und Maschinenbau (vgl. Abb. 3.10). Mit einem Mittelwert von 1,51 im Bereich Automobilhersteller/Automobilzulieferer spiegelt sich die Priorität dieses Aspektes wider. In der Branche Elektrotechnik/Feinmechanik liegt der Mittelwert bei 2,11 und beim Anlagen- und Maschinenbau nur noch bei 2,56.

Eine Analyse nach der Unternehmensgröße zeigt, dass Unternehmen ab 500 Mitarbeitern eine Zusammenarbeit bei der Qualitätsvorausplanung zwischen OEM und Lieferant überwiegend als sehr wichtig ansehen. Lediglich 20 % sind es bei den Unternehmen mit 200 bis 499 Mitarbeitern (vgl. Tab. 3.3).

**Tab. 3.2** Einkaufsvolumen-bezogene Verpflichtung von Lieferanten zu einer Qualitätsvorausplanung. (Quelle: Schmieder 2014)

| Einkaufsvolumen (%) | Zustimmung (%) |
|---|---|
| 10–24 | **92** |
| 25–39 | **26** |
| 40–49 | 48 |
| 50–59 | 43 |
| 60–69 | 33 |
| 70–80 | 40 |
| Über 80 | 67 |

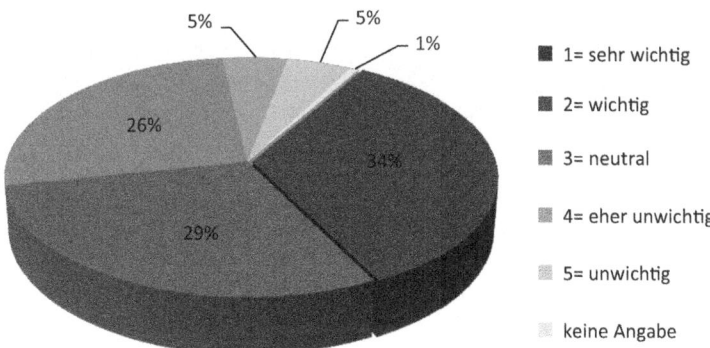

5%  5%  1%
26%  34%  29%

- 1= sehr wichtig
- 2= wichtig
- 3= neutral
- 4= eher unwichtig
- 5= unwichtig
- keine Angabe

**Abb. 3.9** Zusammenarbeit bei der Qualitätsvorausplanung zwischen OEM und Lieferant. (Quelle: Schmieder 2014)

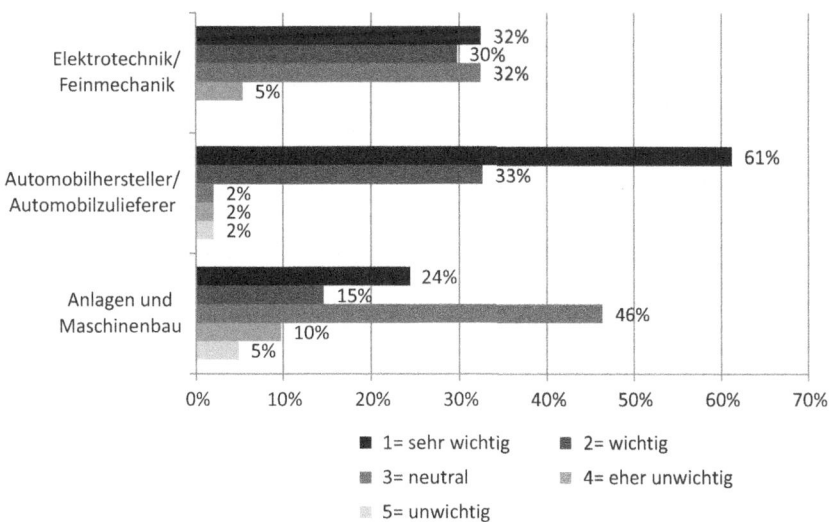

- 1= sehr wichtig
- 2= wichtig
- 3= neutral
- 4= eher unwichtig
- 5= unwichtig

**Abb. 3.10** Branchenbezogene Darstellung der Relevanz der Zusammenarbeit bei der Qualitätsvorausplanung zwischen OEM und Lieferant. (Quelle: Schmieder 2014)

**Tab. 3.3** Unternehmensgrößenbezogene Darstellung der Relevanz der Zusammenarbeit bei der Qualitätsvorausplanung zwischen OEM und Lieferant. (Quelle: Schmieder 2014)

| Unternehmensgröße | Mittelwert | 1 = sehr wichtig (%) | 2 = wichtig (%) | 3 = neutral (%) | 4 = eher unwichtig (%) | 5 = unwichtig (%) |
|---|---|---|---|---|---|---|
| 200–499 MA | **2,40** | 20 | 38 | 29 | 9 | 4 |
| 500–999 MA | **2,03** | 40 | 30 | 23 | 0 | 7 |
| Mehr als 1000 MA | **2,12** | 41 | 24 | 25 | 3 | 7 |

**Tab. 3.4**  Einkaufsvolumenbezogene Darstellung der Relevanz der Zusammenarbeit bei der Qualitätsvorausplanung zwischen OEM und Lieferant. (Quelle: Schmieder 2014)

| Einkaufsvo-lumen (%) | Mittelwert | 1 = sehr wichtig (%) | 2 = wichtig (%) | 3 = neutral (%) | 4 = eher unwichtig (%) | 5 = unwich-tig (%) |
|---|---|---|---|---|---|---|
| 10–24 | **2,75** | 17 | 25 | **42** | 0 | 17 |
| 25–39 | **2,35** | 24 | 29 | **41** | 0 | 6 |
| 40–49 | **2,04** | **41** | 22 | 30 | 7 | 0 |
| 50–59 | **2,07** | **45** | 20 | 20 | 9 | 5 |
| 60–69 | **1,89** | 33 | **44** | 22 | 0 | 0 |
| 70–80 | **2,13** | 20 | **60** | 7 | 13 | 0 |
| Über 80 | **3,00** | 0 | **67** | 0 | 0 | 33 |

Auch ein Vergleich bezüglich des Einkaufsvolumens zeigt deutliche Unterschiede auf
(vgl. Tab. 3.4). Gerade in Unternehmen mit einem Einkaufsvolumen von 40–59 % wird
überwiegend die Zusammenarbeit bei der Qualitätsvorausplanung zwischen OEM und
Lieferant als sehr wichtig angesehen (41 % bzw. 45 %). In Unternehmen ab einem Einkaufsvolumen von 60 % wird diese größtenteils als wichtig angesehen.

Bei einer Gegenüberstellung der Wertschöpfungsstufen lassen sich auch klare Unterschiede erkennen. Während 60 % der Baugruppenhersteller eine Zusammenarbeit bei der
Qualitätsvorausplanung zwischen OEM und Lieferant als sehr wichtig ansehen, sind dies
nur 37 % bei den Herstellern von Einzelteilen und 27 % bei den Herstellern von Enderzeugnissen (vgl. Tab. 3.5).

### 3.2.2  Was bedeutet Qualitätsvorausplanung?

Die Qualitätsvorausplanung findet in allen der oben beschriebenen Schritte statt, in
denen Lieferanten das Produkt unterstützen. Welche Schritte im Allgemeinen im Rahmen der Qualitätsvorausplanung erfolgen, wird hier kurz beschrieben und in den folgenden Kapiteln im Detail erläutert.

**Tab. 3.5**  Wertschöpfungsstufenbezogene Darstellung der Zusammenarbeit bei der Qualitätsvorausplanung zwischen OEM und Lieferant. (Quelle: Schmieder 2014)

| Wertschöp-fungsstufe | Mittelwert | 1 = sehr wichtig (%) | 2 = wichtig (%) | 3 = neutral (%) | 4 = eher unwichtig (%) | 5 = unwich-tig (%) |
|---|---|---|---|---|---|---|
| Rohstoffe | 3,67 | 0 | 22 | 33 | 0 | 44 |
| Einzelteile | 1,84 | 37 | 42 | 21 | 0 | 0 |
| Baugruppen | **1,56** | **60** | 23 | 16 | 0 | 0 |
| Enderzeug-nisse | 2,34 | 27 | 32 | 27 | 10 | 5 |

**Produktkonstruktion**

In der Produktkonstruktionsphase werden klassisch alle fehlervermeidenden Qualitätsmethoden wie die Konstruktions–FMEA (FMEA: Fehlermöglichkeit- und Einflussanalyse), Robustheitsanalyse, Testplanung usw. angewendet.

Diese Qualitätsmethoden dienen letztlich dazu, dass mögliche konstruktive Fehler bereits in der Konstruktionsphase bemerkt und analysiert werden, die hier frühzeitig vermieden werden können, ohne großen Aufwand zu verursachen.

Hier ist es insbesondere wichtig, dass die Absprache zwischen OEM und Lieferant zuverlässig im Detail erfolgt.

Im Sinne der Verantwortlichkeit sind die Verhältnisse meistens klar über die Zukaufverträge geregelt. Für die Durchführung der Konstruktions-FMEA ist immer der verantwortlich, der die Konstruktion ausführt. Leider entspricht die Art und Weise der Durchführung und des Aufbaues der damit verbundenen Konstruktions-FMEA nicht immer der Vorstellung des OEMs. Oft liegt hier eine Verständnisdifferenz darin vor, welche Funktionen des Bauteils zu betrachten und zu definieren sind, die der Lieferant letztlich zu liefern hat. Hier ist meistens das größte Missverständnis zwischen OEM und Zulieferer beheimatet.

Häufig sieht der Lieferant gerne alle vom OEM festgelegten Anforderungen an das Produkt als entsprechende Funktionen. Diese interpretierten Funktionen sind meistens nicht die technischen Funktionen (Outputs), die der OEM bzw. letztlich der Kunde benötigt, um das Gesamtprodukt zu betreiben. Andererseits beschreibt der OEM diese technischen Outputs auch häufig zu ungenügend und setzt oft vieles als gegeben voraus. Letztlich entsteht dieses Missverständnis auf beiden Vertragsseiten. Die Anwendung der Qualitätsmethoden kann bei diesen Problematiken Abhilfe schaffen, wie nachfolgend beschrieben.

Weitere Details sind in Abschn. 3.5, „Robuste Produkte", aufgeführt.

**Produktverifikation**

Die Produktverifikation ist die wichtigste und auch letzte Phase, um mögliche Konstruktionsfehler oder -schwächen zu erkennen, bevor die Konstruktion zur Produktion freigegeben wird. Darum muss diese Phase besonders intensiv vorbereitet werden.

Hier ist sicherzustellen, dass die Prototypen der geplanten Konstruktion auf Herz und Nieren getestet werden. Aber der Fokus der Planung liegt in der realistischen Reflexion der zukünftigen Anwendung beim Kunden und der Simulation der möglichen Umgebungsbedingungen. Ebenfalls müssen die Tests in der Lage sein, jedes mögliche Fehlverhalten des Bauteils aufdecken zu können, und das über die gesamte Lebensdauer.

Das Risiko in dieser Verifikationsphase liegt darin, dass im schlimmsten Fall funktionales Fehlverhalten des Produktes nicht erkannt wird, obwohl es vorliegt.

Der Konstrukteur verlässt sich darauf, dass die Verifikationstests jegliches Fehlverhalten registrieren und entsprechend Alarm schlagen. Ist das der Fall, dann muss der Konstrukteur noch mal an der Zeichnung Korrekturen einpflegen.

Sollte der Test jedoch kein Fehlverhalten aufzeigen, dann geht der Konstrukteur davon aus, dass der Test bestanden ist und kein Fehlverhalten während des Testablaufes vorlag.

Damit steht einer Freigabe nichts mehr im Wege.

Sollte jedoch der Testaufbau technisch gar nicht in der Lage gewesen sein, das Fehlverhalten zu erkennen, obwohl ein Fehlverhalten vorlag, dann entscheidet der Konstrukteur auf Basis einer falschen Aussage und gibt ein fehlerbehaftetes Produkt zur Produktion frei.

Der Vorausplanung für die Verifikationsphase muss daher besondere Aufmerksamkeit geschenkt werden, damit alle möglichen Fehlverhalten in der Testphase definitiv erkannt werden.

**Produktfreigabe**

Die Produktfreigabe basiert auf den Testergebnissen, sie dienen dem Konstrukteur als Grundlage der Freigabeentscheidung.

Die Testergebnisse sind jedoch nur so gut wie der Testaufbau selbst. Die Grundlage für die Testergebnisse sind die während der Testdurchführung erfassten Daten. Mit diesen Daten sind die funktionalen Leistungsmerkmale gemeint, die während der gesamten Lebensdauer des Produkts erfasst werden. Die Datenerfassung sollte dem Konstrukteur aufzeigen, wie sich die Leistungsmerkmale über die Lebensdauer verändern. Ebenfalls sollte die Datenerfassung aufzeigen, ob das Produkt sensibel oder robust gegen Störfaktoren ist oder nicht. Verändern sich beispielsweise die Leistungsdaten durch den Einfluss von Temperaturschwankungen, Feuchtigkeit oder Staub? Nur wenn die während der Testdurchführung erfassten Daten aussagefähig genug sind, um eine mögliche Veränderung der Leistungswerte des Bauteils zu dokumentieren, kann der Entwickler fundierte Entscheidungen treffen.

**Produktionsplanung**

Die Produktionsplanung hat die Hauptaufgabe, nicht nur die Produktionsabläufe zu planen, sondern auch mögliche Herstellungsfehler vorab zu analysieren, sodass sie frühzeitig vermieden werden können.

Darüber hinaus wird frühzeitig festgelegt, welche Merkmale des Produkts so wichtig sind, dass sie in der Produktion geprüft oder kontrolliert werden müssen.

Hier kommt wieder die Entwicklungsabteilung ins Spiel. Auch der Konstrukteur kann unabhängig von der Produktionsplanung, auch durch Zuhilfenahme der Konstruktions-FMEA, signifikante oder kritische Merkmale festlegen, die er unbedingt im Herstellungsprozess kontrolliert oder überprüft haben muss, um eine einwandfreie Funktion des Produktes sicherstellen zu können. Das macht insbesondere dann Sinn, wenn die Fertigungsvarianz (innerhalb der Toleranzgrenzen) bereits eine Veränderung der Produktfunktionen erzeugen kann. Hier kann der Konstrukteur durchaus die Produktionsplanung anweisen, seine Merkmale mit aufzunehmen, und eine Überprüfung durch die Qualitätskontrolle erzwingen.

Diese Vorgehensweise sollte besonders zwischen dem OEM und den Zulieferern abgestimmt werden. Hier kann sowohl der OEM dem Lieferanten Merkmale zur Kontrolle zuordnen, als auch der Lieferant dem OEM bei der Endmontage der Lieferantenkomponenten.

Dieses Zusammenspiel und die Abstimmung der zu kontrollierenden Merkmale zwischen dem Lieferanten und dem OEM wird meistens wenig genutzt, ist aber sehr hilfreich, um spätere Funktionsvarianzen zu vermeiden.

## 3.3  Operative Qualitätsmethoden

In diesem Abschnitt werden im Wesentlichen die kontinuierliche Überwachung des Qualitätsstandards in der Produktion mithilfe von statistischer Prozesskontrolle (SPC, Abschn. 3.3.1) und die gezielte Problemlösung in Produktionsprozessen durch Six Sigma (Abschn. 3.3.2) behandelt.

### 3.3.1  Statistische Prozesskontrolle

Im operativen Tagesgeschäft müssen zwei Voraussetzungen erfüllt sein, um einen Produktionsprozess unter Qualitätsaspekten überwachen zu können:

- Die Anforderungen des Kunden müssen in kritische Qualitätsmessgrößen übersetzt und mit Spezifikationen belegt sein.
- Es muss eine sinnvolle, regelmäßige Überwachung der kritischen Qualitätsmessgrößen in der Produktion stattfinden.

Dann ist man in der Lage, die Leistung des Produktionsprozesses mit den Anforderungen der Kunden zu vergleichen. Man kann die Fähigkeit des Prozesses bestimmen, die Kundenforderungen zu erfüllen. Da dies auf Grundlage statistischer Verfahren stattfinden kann, spricht man von statistischer Prozesskontrolle (SPC).

In der Praxis sind viele Schritte erforderlich, um einen SPC-Ansatz aufzubauen.

1. Kundenanforderungen müssen ermittelt werden, Spezifikationen festgelegt werden. Dieser Schritt soll hier nicht näher erläutert werden.
2. Für die kritischen Qualitätsmessgrößen müssen geeignete Messverfahren gefunden werden. Es muss Messmittelfähigkeit sichergestellt werden.
3. Es muss ein geeignetes Verteilungsmodell gefunden werden und über Regelkarten muss geprüft werden, ob der Prozess statistisch unter Kontrolle ist.
4. Schließlich kann abschließend die Prozessfähigkeitsanalyse durchgeführt werden.

Auf die Punkte 2 bis 4 wird im Folgenden näher eingegangen.

### 3.3.1.1 Messmittelfähigkeit

Ein Messmittel wird als fähig bezeichnet, wenn es bestimmte Voraussetzungen erfüllt. Die Forderungen an ein Messsystem können in fünf Punkte unterteilt werden:

1. Genauigkeit: Ein Messsystem liefert Ergebnisse, die nur geringfügig von einem bekannten Standardwert abweichen.
2. Wiederholbarkeit: Eine Person, die eine Messung mehrfach durchführt, erzielt Messergebnisse, die sich nur wenig unterscheiden.
3. Reproduzierbarkeit: Verschiedene Personen erhalten das gleiche Messergebnis, wenn die betreffende Einheit gemessen wird.
4. Stabilität: Im Laufe der Zeit ist nur eine geringe Schwankung der Ergebnisse feststellbar bei Messungen, die von einer Person auf die gleiche Art und Weise durchgeführt wurden.
5. Adäquate Auflösung: Die Auflösung ermöglicht das Erkennen kleinster Veränderungen im Messergebnis.

Es geht also bei der Bewertung von Messsystemen nicht nur um die Messgeräte selbst, sondern auch um die dazugehörige Verfahrensanweisung sowie den Bediener und seine möglichen Einflüsse auf das Messergebnis.

Bei Messsystemen für stetige Daten gibt es Verfahren zur Bestimmung der Genauigkeit. Die sogenannte Messsystemanalyse Typ 1 untersucht die Genauigkeit von Messsystemen. Alternativ kann auch die Linearität des Systems gleich mituntersucht werden. Wiederholbarkeit, Vergleichbarkeit und Auflösung können mithilfe der sogenannten Gage R&R (auch Messsystemanalyse Typ 2) untersucht werden. Um einen Eindruck von der Stabilität zu bekommen, müssen diese Verfahren in zeitlichen Abständen regelmäßig angewandt werden. Die Verfahren nutzen bei der Beurteilung von Messsystemen statistische Analyseverfahren wie die Varianzanalyse.

Auch bei attributiven Qualitätskriterien muss sichergestellt werden, dass das Prüfsystem geeignet ist. Hierzu gibt es Verfahren zur Ermittlung der Prüferübereinstimmung bei attributiven Daten. Auch diese beruhen auf statistischen Auswertungen. Weiterführende Informationen finden sich in VDA 5, ISO 22514–7, MSA 4.

### 3.3.1.2 Verteilungsmodelle und Regelkarten

Zunächst stellt sich die Frage, welches Verteilungsmodell geeignet ist zur Beschreibung der Messwertverteilung. Die Annahme für die weitere Erläuterung ist, dass die Daten normalverteilt sind.

Es gibt zahlreiche Regelkarten für die unterschiedlichsten Anwendungsfälle. Hier wird beispielhaft die Einzelwertregelkarte für normalverteilte, stetige Daten vorgestellt.

Abb. 3.11 zeigt eine Normalverteilung. Normalverteilte Daten haben den Vorteil, dass mithilfe zweier Parameter, Mittelwert und Standardabweichung, eine Aussage über die Verteilung aller Messwerte getroffen werden kann. Denn normalverteilte Daten haben die Eigenschaft, dass in einem Fenster von $\pm$ einer Standardabweichung um den Mittelwert

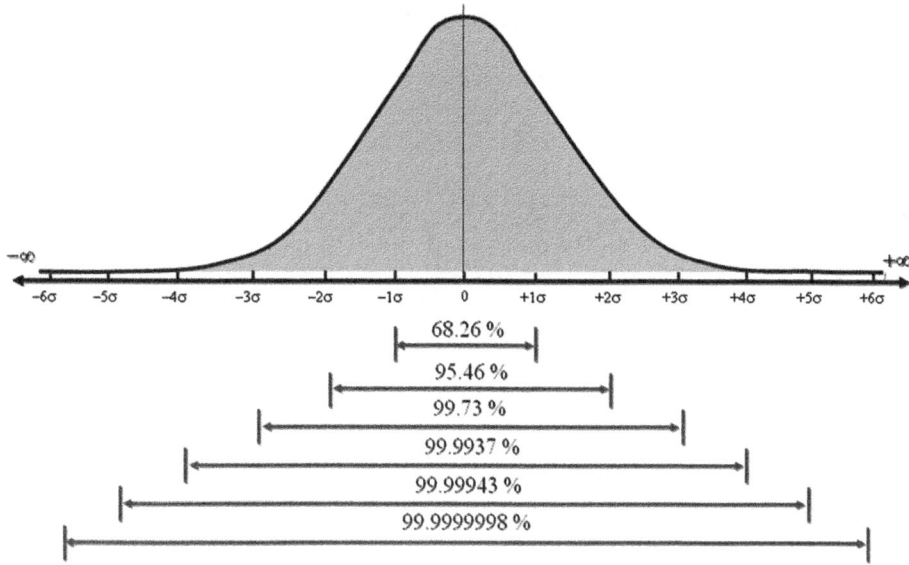

**Abb. 3.11** Normalverteilter Datensatz. (Quelle: eigene Darstellung)

68 % aller Messwerte liegen. In einem Fenster von ± zwei Standardabweichung liegen 95 % aller Messwerte und im Fenster ±drei Standardabweichung liegen 99,73 % aller Messwerte. Auf dieser Tatsache baut die Einzelwerteregelkarte auf. Ein Messwert jenseits dreier Standardabweichungen ist eher unwahrscheinlich und wird als Signal für ein besonderes Vorkommnis gewertet. Und damit als Signal für einen Prozess, der statistisch nicht unter Kontrolle ist.

Zeichnet man die Daten im Zeitverlauf auf, kann man dem Zeitreihendiagramm sogenannte Eingriffsgrenzen hinzufügen, die bei ±drei Standardabweichung liegen (Abb. 3.12, UEG = untere Eingriffsgrenze, OEG = Obere Eingriffsgrenze). Ein Datenpunkt jenseits der Eingriffsgrenzen ist ein Signal für einen Prozess, der statistisch nicht unter Kontrolle ist.

Darüber hinaus gibt es weitere statistische Regeln, die als Signal dafür gelten, dass ein Prozess nicht unter Kontrolle ist. So deuten z. B. sechs aufeinanderfolgende Punkte auf- oder absteigend einen Trend an, neun hintereinanderliegende Punkte auf nur einer Seite der Mittellinie eine Prozessverschiebung.

Regelkarten dienen also dazu, allgemeine Prozessschwankungen von besonderen Ursachen zu unterscheiden. Bei besonderen Prozessproblemen gilt es, abstellende Maßnahmen einzuleiten und den Prozess damit statistisch unter Kontrolle zu bringen. Von der Frage, ob der Prozess statistisch unter Kontrolle ist, hängt die weitere Vorgehensweise bei der Prozessfähigkeitsbetrachtung ab. Ist der Prozess nicht statistisch unter Kontrolle und/oder lässt sich keine Normalverteilung als Verteilungsmodell der Daten zugrunde legen, sind spezielle Verfahren zur Prozessfähigkeitsermittlung in den Normen

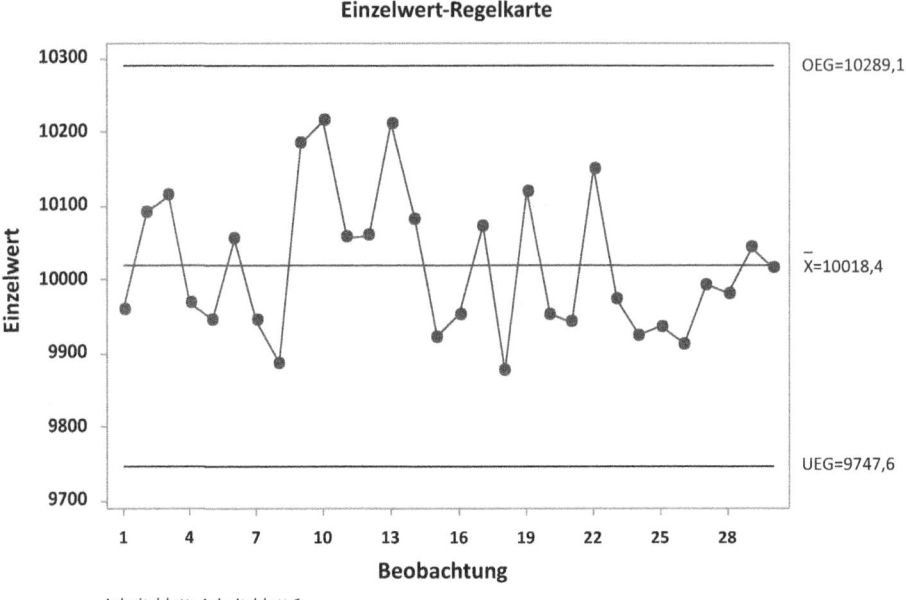

**Abb. 3.12** Einzelwertregelkarte mit UEG = Untere Eingriffsgrenze, OEG = Obere Eingriffsgrenze. (Quelle: eigene Darstellung)

festgelegt, insbesondere ist DIN ISO 22514-2[5] relevant. Im Weiteren wird angenommen, dass der Prozess statistisch unter Kontrolle ist.

### 3.3.1.3  Prozessfähigkeit

Ein Prozess ist dann fähig, wenn er die Anforderungen der Kunden zu erfüllen vermag. Eine einfache Prozessfähigkeitsberechnung kann dann durchgeführt werden, wenn der Prozess statistisch unter Kontrolle und damit vorhersagbar ist und wenn eine geeignete Verteilung identifiziert wurde, an die die Daten angenähert werden können. Beispielhaft soll die Prozessfähigkeit hier an einem normalverteilten Datensatz gezeigt werden.

Zu Prozessfähigkeitsberechnungen gibt es verschiedene Ansätze. So kann z. B. die Fehlerrate in „Parts per Million" (ppm) angegeben werden. Auch die Berechnung des Sigma-Werts ist eine Möglichkeit (siehe Abschn. 3.3.2). Sehr weit verbreitet ist auch die Berechnung diverser Prozessfähigkeitsindices (z. B. Cp). Beispielhaft soll der Cp-Wert kurz erläutert werden. Der Cp-Wert ist folgendermaßen definiert:

$$Cp = \frac{(OSG - USG)}{6\sigma}$$

---

[5]DIN ISO 22514-2:2015-06 (2015).

Diese Definition ist sinnvoll, wenn die Daten zwischen beiden Spezifikationsgrenzen zentriert sind. In der Praxis ist das oft nicht der Fall, dann kann eine andere Definition gewählt werden.

Aus dieser Formel ergibt sich für die in Abb. 3.13 eingezeichneten roten Spezifikationsgrenzen ein Cp-Wert von 1,0 und für die grünen Spezifikationsgrenzen ein Cp-Wert von 1,33.

Weiterführende Informationen finden sich in einschlägigen Normen. Zu beachten ist, dass es keinen einheitlichen Standard für die Definition einzelner Indizes gibt. Daher müssen sich Kunde und Lieferant immer auf eine Definition für die Prozessfähigkeitsindizes und deren Berechnung einigen.

### 3.3.2  Six Sigma

Wenn z. B. aus der Produktüberwachung mittels SPC erkennbar wird, dass der Produktionsprozess noch keine zufriedenstellenden Ergebnisse liefert (z. B. der Cp-Wert zu niedrig ist), müssen Gegenmaßnahmen ergriffen werden. Diese können unterschiedlich ausgestaltet werden. Je nach Unternehmenskultur und Problemart können KAIZEN-Workshops durchgeführt oder Qualitätszirkel aufgesetzt werden. Man kann für Problemfälle den PDCA-Zyklus durchlaufen oder mithilfe von 8D-Reports Probleme bearbeiten (siehe Abschn. 4.4). Auch die A-3-Methode kann für überschaubare Probleme

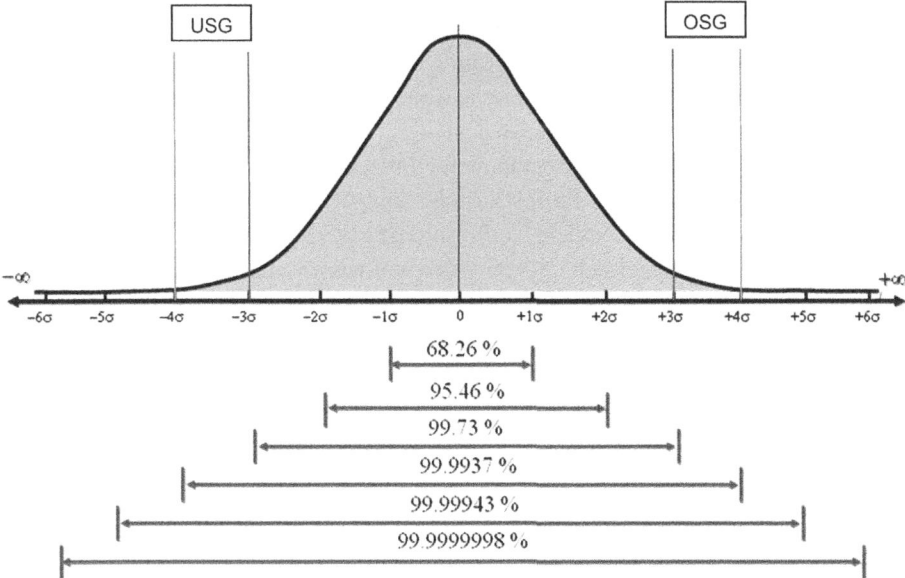

**Abb. 3.13** Normalverteilung mit zwei verschiedenen Spezifikationsgrenzen. (Quelle: eigene Darstellung)

eine hilfreiche Vorgehensweise sein. Hier wird Six Sigma als Ansatz zur Prozessverbesserung erläutert, da Six Sigma ein recht umfangreicher Werkzeugkoffer mit vielen verschiedenen Ansätzen ist, der universell eingesetzt werden kann.

Six Sigma ist eine projektorientierte Prozessverbesserungsmethode für kundenrelevante Qualitätsforderungen von Produkten, Dienstleistungen oder Geschäftsprozessen. In einigen Unternehmen wird Six Sigma in einer weiter gefassten Definition als Managementmethode und Qualitätsphilosophie verstanden.

Der Kundenwunsch und die Kundenanforderungen stehen beim Six-Sigma-Ansatz im Fokus. Dabei kann es sich sowohl um interne als auch um externe Kunden handeln. Daher bietet sich Six Sigma als Hilfsmittel zur Schnittstellendefinition in einem Lieferanten-Kunden-Verhältnis geradezu an. Six Sigma hilft, Kundenanforderungen zu spezifizieren und den Zusammenhang zwischen Produkt, Produktqualität, Kundenzufriedenheit, Umsatz und Gewinn klar herauszuarbeiten. Zu Beginn (80er und 90er Jahre des vergangenen Jahrhunderts) wurde Six Sigma hauptsächlich in produzierenden Unternehmen angewandt. Später hat die Methode auch immer mehr Anwendung in der Dienstleistung, im Finanzsektor sowie bei der Optimierung von unternehmensinternen administrativen Prozessen und Geschäftsprozessen gefunden.

Six Sigma wurde im Wesentlichen bei Motorola und GE entwickelt. Es entwickelte sich eine Qualitätsinitiative, maßgeblich getrieben von Mikel Harry und Bill Smith, der der Methode den Namen „Six Sigma" gab. 1986 veröffentlichte Mikel Harry das DMAIC-Phasenmodell. Die Projektleiter hießen zunächst „SPC Experts", wurden dann aber als „Green Belt" oder „Black Belt" bezeichnet. Motorola war mit Six Sigma so erfolgreich, dass das Unternehmen 1988 als erster den Malcolm Baldrige National Quality Award gewann. Weltweit bekannt wurde Six Sigma dann durch bemerkenswerte Erfolge bei General Elektric (GE). 1996 wurde die Methode von Jack Welch bei GE eingeführt. Es folgten zahlreiche amerikanische Konzerne und schließlich fand die Methode auch außerhalb Amerikas immer mehr Beachtung.

Six Sigma als Unternehmensprogramm für Prozessverbesserungen bringt messbare Vorteile, insbesondere bei der Prozessleistung und der Steigerung der Qualität. Ein Resultat dieser Vorteile sind deutliche Verbesserungen des Betriebsergebnisses.

Die geschickte Zusammenstellung von statistisch-wissenschaftlichen Methoden, konsequentem Projektmanagement und Change Management macht Six Sigma stark.

Wichtige Merkmale der Six-Sigma-Methode sind:

- Fokus auf den Prozess als Ursache für Qualitätsprobleme am Produkt. Daher ist es wichtig zu klären, welcher Prozess zu optimieren ist und wo der Prozess anfängt und aufhört.
- Fokus auf die Kundenperspektive zur Bewertung der Prozessqualität. Daher gilt es zu klären, wer der Kunde des Prozesses ist, wann der Prozess aus Kundensicht gut ist und – daraus abgeleitet – was geeignete Qualitätsmerkmale und Messgrößen für den Prozess sind.

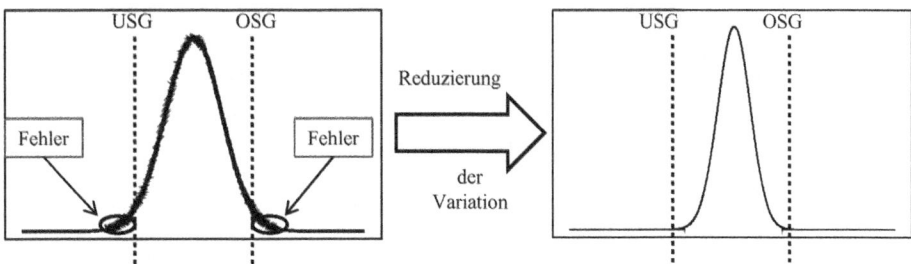

**Abb. 3.14**  Das Prinzip von Six Sigma. (Quelle: eigene Darstellung)

**Abb. 3.15**  Six-Sigma-
Prozess. (Quelle: eigene
Darstellung)

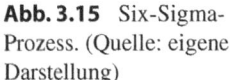

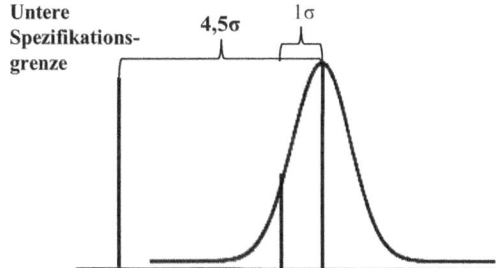

Der Name Six Sigma basiert auf dem Null-Fehler-Ansatz und der Philosophie, nicht nur den Mittelwert eines Prozesses auf einen Zielwert einzustellen, sondern auch die Streuung im Prozess zu reduzieren, um ihn besser zwischen der oberen Spezifikationsgrenze (OSG) und der unteren Spezifikationsgrenze (USG) einzupassen. Ziel ist, Prozesse so weit zu optimieren, dass man einen nahezu fehlerfreien Prozess erhält. Messgröße für die Prozessqualität ist dabei das Sigma-Niveau, das sich von der Normalverteilung ableitet. Ein Prozess mit großer Streuung wird mehr Fehler produzieren als ein Prozess mit kleiner Streuung (Abb. 3.14). Die Standardabweichung, auch mit dem Buchstaben „Sigma" (griech. σ) bezeichnet, ist also das zentrale Maß für die Prozessqualität.

Beispielhaft sei ein Prozess mit einer unteren Spezifikationsgrenze betrachtet (Abb. 3.15). Wenn die Standardabweichung durch Optimierungsmaßnahmen so klein gehalten werden kann, dass die Differenz Mittelwert – USG das 4,5-fache der Standardabweichung beträgt, wird der Prozess nur noch eine Fehlerrate von 3,4 ppm erzeugen. Da im Six-Sigma-Ansatz historisch bedingt noch eine Mittelwertverschiebung von 1,5 Standardabweichungen berücksichtigt wird, entspricht diese Fehlerrate von 3,4 ppm einem Sigma-Niveau von 6 – das Ziel „Six Sigma" ist erreicht.

Aus diesen Überlegungen leitet sich die folgende Tabelle als Gegenüberstellung des Sigma-Niveaus eines Prozesses und der PPM-Rate ab (Abb. 3.16).

Die Methode fokussiert bei der Optimierung auf den Prozess als Ursache für Qualitätsprobleme am Produkt. Dazu müssen einige Fragen geklärt werden. Wer ist der Kunde des Prozesses? Wo fängt der Prozess an, wo hört er auf? Wann ist der Prozess gut? Was sind geeignete Messgrößen? Was sind Qualitätsmerkmale eines Prozesses?

**Abb. 3.16** Sigma-Niveau
und Fehlerrate in Parts per
Million (ppm). (Quelle: eigene
Darstellung)

| | Sigma (σ) | PPM | |
|---|---|---|---|
| | 2 | 308.537 | |
| | 3 | 66.807 | |
| | 4 | 6.210 | |
| | 5 | 233 | |
| Sigma-Niveau | 6 | 3,4 | Defekte pro 1 Mio. |
| | | | Möglichkeiten |

Six-Sigma verwendet zur Projektbearbeitung das DMAIC-Phasenmodell: Zunächst definiert man das Problem („Define"), dann ermittelt man das Problemausmaß („Measure"), danach werden die Ursachen ergründet („Analyze"), Verbesserungsideen entwickelt („Improve") und diese schließlich nachhaltig umgesetzt („Control"). Der Lebenszyklus eines Six-Sigma-Projekts wird daher auch mit DMAIC bezeichnet. Abb. 3.17 gibt einen Überblick über diese fünf Phasen und die Kernfrage, die jeweils in dieser Phase beantwortet werden muss.

### 3.3.2.1 Das DMAIC-Phasenmodell

**Die Define-Phase**
Ziel der Define-Phase eines Six-Sigma-Projekts ist es, das Projekt klar und unmissverständlich zu definieren, den zu optimierenden Prozess klar abzugrenzen und das Problem mit diesem Prozess eindeutig zu beschreiben. Dazu kommen folgende Werkzeuge zum Einsatz:

- Projektauftrag (auch: Aufgabenblatt, Teamcharter, Projectcharter): Der Projektauftrag ist ein klassisches Dokument zur Projektdefinition mit spezifischem, messbarem, terminiertem Ziel, Definition des Projektumfangs, den zu liefernden Projektergebnissen, Messgrößen für den Projekterfolg, Budget, Zeitplan, beteiligte Personen, etc. Bei Erstellung der Projektdefinition ist also besondere Sorgfalt darauf zu verwenden, eine klare Vorstellung davon zu bekommen, wer der Kunde des Prozesses ist. Gegebenenfalls können auch mehrere Kunden identifiziert werden.

**Abb. 3.17** Das DMAIC-Phasenmodell. (Quelle: eigene Darstellung)

- SIPOC: Die Abkürzung „SIPOC" steht für: Supplier – Input – Process – Output – Customer. Es handelt sich um eine grafische Übersichtsdarstellung von dem zu optimierenden Prozess. Die SIPOC definiert auch Startpunkt und Endpunkt des Prozesses. Siehe Abb. 3.18.
- VOC/CTQ: Steht für Voice of the Customer/Critical to Quality. Kernbestandteil ist die Befragung der Prozesskunden und Ableitung von kritischen Prozessmessgrößen aus der Kundenrückmeldung. Eine besondere Bedeutung kommt dabei dem CTQ-Baum (Critical to Quality) zu. Mithilfe des CTQ-Baums können wenig spezifische Kundenanforderungen konkretisiert werden bis hin zur Entwicklung von Spezifikationen. Stellen Sie sich vor, Sie verbringen einen lauen Sommerabend in der schönen Kölner Altstadt, gehen in eines der zahlreichen Brauhäuser und bestellen beim Wirt ein „leckeres Kölsch". Dann ist genau das geschehen, was in vielen Projekten auch passiert: eine unspezifische Definition der Ziele. Was ist ein leckeres Kölsch? Eine solche unspezifische Zieldefinition muss mithilfe eines CTQ-Baums in messbare Projektziele übersetzt werden. Vielleicht wäre eine konkrete Kundenforderung z. B. die Temperatur des Bieres. Eine Temperatur zwischen $5°$ und $8\,°C$ könnte eine resultierende Spezifikation sein.
- Außerdem gehören geeignete Maßnahmen zum Stakeholdermanagement zur Define-Phase eines Six-Sigma-Projektes.

**Die Measure-Phase**
Ziel der Measure-Phase eines Six-Sigma-Projekts ist es, ein klares Verständnis von der Größenordnung des Prozessproblems zu bekommen. Am Ende der Measure-Phase steht

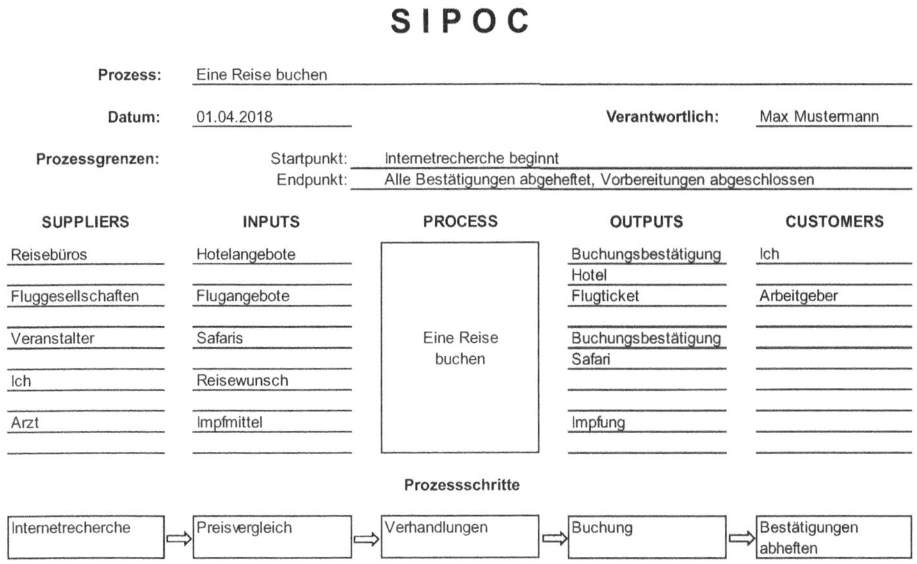

**Abb. 3.18** SIPOC. (Quelle: eigene Darstellung)

eine Bewertung des Prozesses im Hinblick auf die in der Define-Phase herausgearbeiteten CTQs. Dies kann z. B. über die klassischen Prozessfähigkeitsindizes oder das Sigma-Niveau geschehen. Dazu kommen folgende Werkzeuge zum Einsatz.

- Output-/Inputsammlung z. B. in Form von einem Ishikawa-Diagramm (Fischgräten-Diagramm, C&E-Diagramm) oder einer Ursachen-/Wirkungsmatrix (auch C&E-Matrix genannt). Damit wird ein erster Überblick über vermutete Ursache-Wirkungs-Zusammenhänge im betrachteten Prozess geschaffen.
- Priorisierungswerkzeuge wie z. B. die Fehlermöglichkeits- und Einflussanalyse (FMEA)
- Datenerhebungsplan: Zur strukturierten Erfassung aller erforderlichen Daten
- Messsystemanalyse (für Messwerte und Attribute): Um die Eignung der vorgesehenen Messmittel sicherzustellen. Besondere Aufmerksamkeit sollte man in der Measure-Phase der Frage widmen, was in welcher Form und mit welchen Messsystemen gemessen werden kann.
- Bereits frühzeitig vor der Datenerfassung sollte man sich auch Gedanken machen, wie letztendlich die Daten ausgewertet werden sollen. Häufig können Merkmale eines Prozesses auf unterschiedliche Art und Weise erfasst werden, was dann in der Analyse-Phase konsequenterweise zu unterschiedlichen Statistiken führt.
- Grafische Auswertungen wie Histogramm, Boxplot, Zeitreihendiagramm (Verlaufsdiagramm), Regelkarte, Pareto-Diagramm, Multivari-Chart (Haupteffekt und Wechselwirkung), Streudiagramm (auch XY-Diagramm genannt), Matrixplot.
- Statistische Werkzeuge zur Beurteilung der Prozessqualität, gemessen an den CTQs: Verteilungstest (z. B. Normalverteilungstest); Datentransformationen, Prozessfähigkeitsanalyse und Sigma-Niveau-Berechnung (Sigma-Level).

**Die Analyse-Phase**

Ziel der Analyse-Phase eines Six-Sigma-Projekts ist es, die Ursachen des Prozessproblems zu ermitteln. Am Ende der Analyse-Phase steht eine Bewertung aller möglichen Ursachen im Hinblick auf ihren Beitrag zum Gesamtproblem. Die Werkzeuge der Analyse-Phase können grob in grafische Analysewerkzeuge und statistische Analysewerkzeuge unterteilt werden:

Die grafische Prozessanalyse wird mithilfe von Ablaufdiagrammen oder Zuständigkeitsdiagrammen erstellt. Hier werden zunehmend auch Werkzeuge aus dem Lean Management verwandt, wie z. B. die Wertstromanalyse, die Makigami-Analyse oder das Spaghetti-Diagramm. Eine besonders wichtige Rolle spielen die grafischen Analysewerkzeuge bei Prozessoptimierungen in der Dienstleistung, im Finanzsektor sowie in unternehmensinternen administrativen Prozessen und Geschäftsprozessen.

Statistische Analysewerkzeuge umfassen Hypothesentest (z. B. Test auf Varianzgleichheit, t-Test, Varianzanalyse, Chi-Quadrat-Test), Korrelations- und Regressionsanalysen sowie den Werkzeugkoffer der statischen Versuchsplanung (auch: Design of Experiments, DoE). Eine besonders wichtige Rolle spielen die statistischen Analysewerkzeuge bei Prozessoptimierungen im Produktionsumfeld. Skalenniveau und Art der Verteilung bestimmen, welche statistischen Werkzeuge sinnvoll angewandt werden können. Das arithmetische Mittel ist nur bei symmetrischen Datensätzen ein geeignetes Maß für die Mitte einer Verteilung. Bei nicht-symmetrischen Datensätzen ist der Median zu bevorzugen. Sind stetige Daten erzeugt worden, kommen z. B. t-Test und ANOVA infrage. Auch Zähldaten können als quasi stetig betrachtet werden, wenn der Wert Null selten vorkommt und die Verteilung viele verschiedene Werte enthält.

**Die Improve-Phase**
Ziel der Improve-Phase eines Six-Sigma-Projekts ist es, die Lösung des Prozessproblems zu konkretisieren. Dazu kommen folgende Werkzeuge zum Einsatz:

- Kreativitätstechniken: Neben dem klassische Brainstorming auch Zufallstechniken wie die Katalogmethode (Zufallsquelle ist ein Katalog), die Reizwortanalyse (z. B. Lexikon-Technik: Zufallsquelle ist ein Lexikon) oder die Bildermethode (Zufallsquelle ist ein beliebiges Bild). Auch Rollenspiele wie die Walt-Disney-Methode oder die „sechs Denkhüte" oder auch Fragetechniken wie die 5W-Methode können helfen. In der Improve-Phase ist es wichtig, die Kreativität im Team intensiv herauszufordern. Es zeigt sich hier, dass radikal kreative Denkansätze zu ganz neuen Lösungen führen können. Stellen Sie die Notwendigkeit von Prozessschritten in Ihrer Makigami-Analyse immer wieder infrage. Warum brauchen wir diesen Prozessschritt? Brauchen wir ihn wirklich? Wer nutzt das erstellte Dokument? Was wäre, wenn es dieses Dokument nicht mehr gäbe? Was wäre, wenn es diesen Prozessschritt nicht mehr gäbe? Ist der Kunde wirklich bereit dafür zu bezahlen? Steigert dieser Schritt wirklich die Qualität des Prozessergebnisses? Auch Fragetechniken wie die 5W-Methode können hier helfen.
- Monte-Carlo-Simulation: Zur Simulation der veränderten Prozessabläufe
- Risikobewertung z. B. mittels FMEA für Lösungsrisiken
- Umsetzungsplan
- Pilotversuche inklusive Datenanalyse und Prozessfähigkeitsanalyse (siehe auch Measure)
- Werkzeuge zur Entscheidungsfindung: Bei der Auswahl der besten Lösung aus mehreren Optionen helfen Werkzeuge wie Entscheidungsmatrix, paarweiser Vergleich oder Nutzwertanalyse.

Das Ergebnis der Improve-Phase sollte ein verbesserter Prozessablauf sein, der in geeigneter Form visualisiert wird. Das kann z. B. über eine weitere Makigami-Darstellung geschehen, die den Sollprozess abbildet und dabei häufig sehr eindrucksvoll die Verbesserung gegenüber dem Ausgangsprozess deutlich macht: Eine reduzierte Anzahl von Übergaben, eine reduzierte Anzahl von Dokumenten und Datenträgern, eine reduzierte Anzahl von Prozessbeteiligten, weniger Prozessschritte und natürlich – sofern gemessen – eine gesteigerte Zykluseffizienz, mehr wertschöpfende Aktivitäten, und hoffentlich keine als problematisch markierten Prozessschritte und Übergaben mehr.

**Die Control-Phase**

Ziel der Control-Phase eines Six-Sigma-Projekts ist es, die Lösung nachhaltig zu veran-
kern und zu dokumentieren. Dazu kommen folgende Werkzeuge zum Einsatz:

- Lösungsbewertung: Datenanalyse, Hypothesentests, Prozessfähigkeit
- Regelkarten: Zur langfristigen Datenauswertung
- Regel-(Control-)Plan
- Prozess-Qualitätsmanagement: z. B. mit QK-Prozessdiagrammen, bewährt hat sich
  hier insbesondere, eine Prozessdarstellung (Makigami, Ablaufdiagramme, Zustän-
  digkeitsdiagramme oder auch Darstellungen im BPMN-Format) mit Regelgrößen zu
  kombinieren und einen Plan zu erstellen, was zu tun ist, wenn signifikante Abwei-
  chungen vom Prozess auftreten.
- Projektabschlussbericht mit Standardisierung und Projektdokumentation
- Erfahrungsbericht.

### 3.3.2.2  Die Projektauswahl

Eine kritische Hürde zur erfolgreichen Anwendung von Six Sigma ist die Auswahl der
richtigen Projekte. An dieser Hürde scheitern viele Implementierungen. Das ideale Projekt erfüllt folgende Kriterien:

- Das Projekt beinhaltet die Bearbeitung eines klar abgegrenzten Prozesses mit eindeu-
  tigem Anfangs- und Endpunkt.
- Man kann definieren, was ein Fehler an diesem Prozess ist, das Auftreten des Fehlers
  kann gezählt werden, die Datensammlung ist einfach.
- Der Prozess durchläuft mindestens einmal am Tag einen kompletten Zyklus.
- Es gibt die erforderliche Unterstützung in der Organisation, die Vorgesetzten unter-
  stützen das Projekt und stellen die erforderlichen Ressourcen zur Verfügung.
- Das Projekt ist relevant für interne oder externe Kunden und hat strategische Priorität.
- Der zu bearbeitende Prozess wird nicht in absehbarer Zeit von einer anderen Initiative
  verändert.

### 3.3.2.3  Rollen und Aufgaben in einer Six Sigma Organisation

In einer Six-Sigma-Organisation können folgende Rollen unterschieden werden:

- Leadership-Team: Kreis von Führungskräften, die das Projektportfolio zusammenstel-
  len, Projekte priorisieren, starten und stoppen, Projektleiter auswählen und Projekten
  zuteilen, Ressourcen steuern und Hindernisse aus dem Weg räumen.
- Champion: Verantwortlicher Leiter der Six-Sigma-Implementierung.
- Master Black Belt (MBB): Trainer und Coach für Green Belts und Black Belts.
  Unterstützt Leadership-Team bei der Projektauswahl und Champion bei der Imple-
  mentierungsstrategie. Führt Trainings und Zertifizierungen durch.
- Sponsor: „Vertragspartner" der Projektmanager. Vorgabe von Rahmenbedingungen
  für das Projekt, Unterstützung des Projektleiters als Auftraggeber, Zustimmung oder

Ablehnung bei Entscheidungen, Freigabe von Mitteln und Freistellung von Teammitgliedern.

- Green Belt (GB): Projektleiter für Projekte mit mäßiger Komplexität. Ausbildungsumfang: 8–10 Tage. Teilweise wird der Trainingsumfang stark reduziert (z. B. auf 4 Tage). Die Qualität solcher Ausbildungen ist sehr kritisch zu prüfen.
- Black Belt (BB): Projektleiter für Projekte mit großer Komplexität. Ausbildungsumfang: 16–20 Tage. Auch hier wird der Trainingsumfang manchmal stark reduziert, was auch beim Black Belt kritisch zu sehen ist. Aufbautrainings vom Green Belt zum Black Belt können sinnvoll sein, um bei der Ausbildung schrittweise vorzugehen. Vor allem im Bereich der statistischen Werkzeuge ist der Black Belt wesentlich umfassender ausgebildet.
- Einige Unternehmen vergeben auch Titel wie White Belt oder Yellow Belt für Mitarbeiter, die in geringem Umfang ein einführendes Training bekommen haben. Solche Mitarbeiter eignen sich besonders für die Mitarbeit in Six-Sigma-Projekten, können aber keine eigenen Projekte leiten.

Die Rollen können alternativ auch etwas anders zugeschnitten werden. So unterscheidet beispielsweise die ISO 13053 zwischen einem Champion, der eine Art Schirmherr oder Sponsor der Six-Sigma-Implementierung ist, und einem Deployment Manager, der die Umsetzungsverantwortung trägt.

### 3.3.2.4 Zertifizierungskriterien

Zertifizierungskriterien sind nicht einheitlich definiert und werden von vielen Unternehmen selbstständig festgelegt. Als Konsens kann gelten, dass ein Green Belt oder Black Belt zur Zertifizierung ein entsprechendes Training absolviert haben muss, eine entsprechende Prüfung erfolgreich abgelegt hat und mindestens ein Projekt mit gutem Ergebnis bearbeitet haben muss. Im deutschsprachigen Raum bemüht sich der European Six Sigma Club Deutschland e. V. (ESSC-D) um eine Standardisierung der Ausbildung und Zertifizierungsrichtlinien auf hohem Niveau. Beispielhaft sind hier die Zertifizierungskriterien für GB dargestellt: Der erfolgreiche Abschluss von Projekten wird durch den Auftraggeber bewertet. Für diese Bewertung sind folgende Punkte heranzuziehen:

- Wurden messbare Ergebnisse erreicht?
- Zeigt der Green Belt generell Unterstützung von Verbesserungsinitiativen?
- Teilt der Green Belt das erlangte Wissen mit anderen?
- Wendet der Green Belt die Werkzeuge bzw. die Methodik im täglichen Arbeitsablauf an?
- Unterstützt er die Identifizierung weiterer Verbesserungspotenziale?

Die sachlich/fachlich richtige Anwendung der Werkzeuge wird durch einen Master Black Belt bewertet. Für diese Bewertung gibt es 8 Kategorien der Werkzeuge und Methoden. Für eine erfolgreiche Zertifizierung müssen 6 der 8 Werkzeugkategorien angewendet sein. Hierbei ist mindestens ein erfolgreich abgeschlossenes Projekt mit entsprechender Dokumentation und Präsentation vorzulegen. Weitere Anwendungen aus anderen Projekten oder aus dem täglichen Arbeitsablauf werden dann mitbewertet.

1. Projektstrategie: Die DMAIC-Methodik muss erkennbar und in ihren einzelnen Stufen durchlaufen worden sein.
2. Prozessfolgepläne bzw. Flussdiagramme wurden erstellt: Hierzu gehören sowohl SIPOC als auch detaillierte Flussdiagramme sowie die Sammlung von Einflussfaktoren (Inputs) und Ergebnissen (Outputs).
3. Ursache- und Wirkungsanalysen wurden durchgeführt: z. B. Ishikawa oder U&W-Matrix.
4. Die sinnvolle Handhabung von Kennzahlen ist erkennbar: Hierzu gehören die grafischen und statistischen Auswertungen.
5. Bewertung von Messmitteln: Entweder eine Gage-R&R-Studie oder eine attributive Übereinstimmungsanalyse muss vorgelegt worden sein.
6. FMEA bzw. Risikoanalyse: Eines von beiden muss genutzt worden sein.
7. Statistische Testmethoden: Mindestens eine der Testmethoden muss benutzt worden sein. Hierzu gehören t-Test, Varianzanalyse, Median-Tests, Regression, Chi-Quadrat-Test, Proportion Test und Logistische Regression sowie DoE.
8. Regel- und Kontrollstrategie: Um die Stetigkeit einer eingeführten Verbesserung zu gewährleisten, muss eine sinnvolle Regelschleife eingeführt worden sein.

### 3.3.2.5 Six Sigma im internationalen Normenwerk

Im internationalen Normenwerk der ISO gibt es aktuell folgende Normen, die sich mit Six Sigma befassen:

- ISO 13053-1:2011-09:[6] Quantitative methods in process improvement – Six Sigma – Part 1: DMAIC methodology. Diese Norm beinhaltet:
  - Die Grundlagen von Six Sigma
  - Die Definition der verschiedenen Rollen in einer Six-Sigma-Organisation
  - Die Mindestforderungen an die Six-Sigma-Ausbildung, die allerdings von vielen Praktikern kritisch gesehen werden, da sie sehr niedrig angesetzt wurden.
  - Projektauswahl
  - Der DMAIC-Zyklus
- ISO 13053-2:2011-09:[7] Quantitative methods in process improvement – Six Sigma – Part 2: Tools and techniques. Diese Norm beinhaltet vor allem einige konkretere Angaben zu ausgewählten Six-Sigma-Werkzeugen.
- ISO 18404:2015-12:[8] Quantitative methods in process improvement – Six Sigma – Competencies for key personnel and their organisations in relation to six sigma and lean implementation. Diese Norm beschäftigt sich mit den Kompetenzen der verschiedenen Ausbildungsstufen.

---

[6]ISO 13053-1:2011-09 (2011).
[7]ISO 13053-2:2011-09 (2011).
[8]ISO 18404:2015-12 (2015).

### 3.3.2.6 Erfolgskriterien für die Einführung von Six Sigma

Der Erfolg einer Six-Sigma-Einführung hängt von zahlreichen Faktoren ab, die im Wesentlichen wie folgt zusammengefasst werden können:

- Eine hohe Akzeptanz im Führungskreis des Unternehmens ist kritische Bedingung und korreliert mit einer hohen Gesamtakzeptanz im Unternehmen. Das Motiv für die Einführung muss verdeutlicht werden.
- Six Sigma muss in die Gesamtstrategie eingebunden werden: Wie passt Six Sigma zu den anderen Initiativen und Methoden des Unternehmens? Wie wirkt Six Sigma z. B. zusammen mit dem KVP-Ansatz, der Lean-Management-Initiative, etc., die es vielleicht im Unternehmen schon gibt?
- Ein Zusammenhang zu den Unternehmenszielen muss hergestellt werden. Wichtig ist, zu klären und darzustellen, welchen Beitrag die Six-Sigma-Projekte zu den Unternehmenszielen liefern.
- Ein Projekt sollte nicht nur um des Projektes willen durchgeführt werden. In der Regel fehlen die Ressourcen, Projekte zu Ende zu führen, die keine strategische Relevanz haben.
- Kritisch ist auch die Auswahl der Mitarbeiter, die als Six Sigma Belt ausgebildet werden sollen. Die guten Mitarbeiter und nicht diejenigen, die man am ehesten während der Ausbildung entbehren kann, werden erfolgreiche Green oder Black Belts sein.
- Die Six-Sigma-Ausbildung muss sorgfältig auf das Unternehmen und die durchzuführenden Projekte abgestimmt werden und die Qualität und Dauer der Ausbildung muss stimmen. Für die Projektleiter muss erkennbar sein, wie sie das Erlernte auf die eigenen Projekte anzuwenden haben.
- Ein wichtiges Kriterium sind auch die Entwicklungsmöglichkeiten. Die Tätigkeit als Six-Sigma-Projektleiter muss Perspektiven eröffnen und darf keine Einbahnstraße sein.
- Erwartungen müssen gesteuert werden, man darf nicht zu schnell zu viel verlangen. Wie jede Initiative verlangt auch Six Sigma nach Geduld und Konsequenz über einen angemessenen Zeitraum!
- Eine zentrale Führung und Steuerung des Programms mithilfe eines Lenkungskreises und Kennzahlen hilft schließlich bei der nachhaltigen Verankerung im Unternehmen.
- Wie bei jedem Veränderungsprozess gibt es auch bei der Einführung von Six Sigma eine Grundregel: Eine gute, fundierte und intensive Kommunikation ist die Grundvoraussetzung für Akzeptanz.

## 3.4 Fehlervermeidung – Konstruktion

### 3.4.1 Was heißt Fehlervermeidung in der Konstruktion?

Die Grundidee zu diesem Gedanken ist, dass Fehler am Produkt vermieden werden sollen, bevor sie zum Kunden gelangen, und zwar dort, wo sie unmittelbar entstehen.

In diesem Zusammenhang gibt es zwei wesentliche Bereiche, in denen die Produktfehler entstehen können. Zum einen in der Produktkonstruktion und zum anderen in der Produktherstellung.

Grundlegende Produktausfälle beim Kunden werden, wie bereits in obigen Kapiteln beschrieben, entweder schlecht konstruiert oder schlecht hergestellt. In diesem Zusammenhang fokussiert man sich ausschließlich auf die Konstruktionsphase.

Die Konstruktionsphase kann prinzipiell in 4 Einzelphasen unterteilt werden, wie in Abb. 3.19 dargestellt. Diese Phasen werden im Allgemeinen in der dargestellten Sequenz projektbezogen abgearbeitet, das heißt von der Produktdefinition über die Produktkonzeption und die Produktkonstruktion bis hin zur Produktverifikation.

In jeder der vier Phasen können schwerwiegende Fehler gemacht werden, die zu ernsthaften Qualitätsproblemen beim Kunden führen können. Diese Phasen werden nachfolgend kurz beschrieben. Jedoch steht nachfolgend die Phase der Produktkonstruktion im Vordergrund.

**Produktdefinition**
In der ersten Phase wird die Produktdefinition festgelegt, die auf der Basis der ermittelten Kundenerwartungen beruht.

Hier werden die gestalterischen Anforderungen, die technischen Funktionen und die funktionalen Leistungsmerkmale des Produktes definiert. Je mehr sich diese Anforderungen

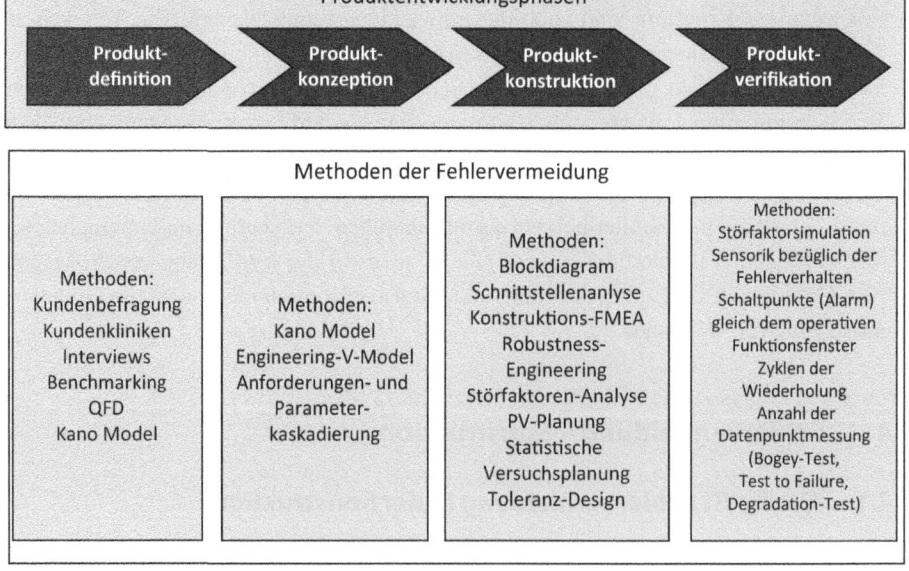

**Abb. 3.19** Produktentwicklungsphasen. (Quelle: eigene Darstellung)

an die vorab ermittelten Kundenerwartungen annähern, umso größer ist die Chance, dass das Produkt vom Kunden mit Erfolg genutzt wird.

## Produktkonzeption

In der Produktkonzeption werden die konstruktiven und leistungsbezogenen Anforderungen aus der o. g. Definitionsphase auf die Systeme und Komponenten bis hin zu den Einzelteilen des Produktes heruntergebrochen und festgelegt.

## Produktkonstruktion

In der Konstruktionsphase werden die Anforderungen an die einzelnen Systeme und Bauteile aus der Konzeptionsphase durch konstruktive Merkmale dargestellt. Diese Merkmale werden letztlich auf der Konstruktionszeichnung festgehalten. Sie beinhalten für jedes Einzelteil die Materialangaben sowie dimensionale Angaben und Form & Lage – Daten. Letztlich lassen sich alle Teile auf der Einzelteilebene des Produktes durch diese drei Merkmale beschreiben.

Die Problematik liegt nun darin, dass genau diese Angaben ggf. fehlerhaft sein könnten und der Konstrukteur sich dessen nicht bewusst ist.

Um dies zu verhindern werden nachfolgend grundlegende Qualitätsmethoden und Vorgehensweisen dargestellt, die dem Konstrukteur helfen, mögliche Fehler noch während der Auslegungsphase zu vermeiden und zu erkennen.

## Produktverifikation

In dieser Verifikationsphase hat der Konstrukteur die letzte Möglichkeit, alle funktionalen Leistungen und Attribute seines Produktes mit Prototypenteilen durch Bestätigungstests zu verifizieren, bevor die Zeichnung letztlich zur Produktion freigegeben wird. Damit ist dies die letzte Chance, konstruktive Fehler zu erkennen. Alle Fehler, die hier nicht mehr erkannt werden, gehen ausnahmslos in die Produktion und werden dort auch professionell hergestellt und letztlich an den Kunden verschickt.

Unter den jeweiligen Entwicklungsphasen in Abb. 3.19 sind die wichtigsten Qualitätsmethoden aufgeführt. Nachfolgend werden nun die Qualitätsmethoden der Konstruktionsphase genauer betrachtet.

Um die Qualitätsmethoden der Konstruktionsphase besser verstehen zu können, ergibt es Sinn, sich zunächst den Informationsablauf anzusehen. Der Informationsablauf der Konstruktionsphase kann vereinfacht wie in Abb. 3.20 dargestellt werden. Nachfolgend werden die einzeln dargestellten Felder beschrieben.

Als Eingabe (oder Input) in die Konstruktionsphase wird das Pflichtenheft mit funktionalen Anforderungen auf System-, Baugruppen- und Komponentenebene mit physikalischer Beschreibung benötigt (linkes Feld).

Ebenfalls ist die Festlegung aller Systeme, Baugruppen und Komponenten notwendig, über alle Zusammenbauebenen.

Ist dieser Input in der richtigen Güte verfügbar, kann letztlich die Konstruktionsphase durchlaufen werden.

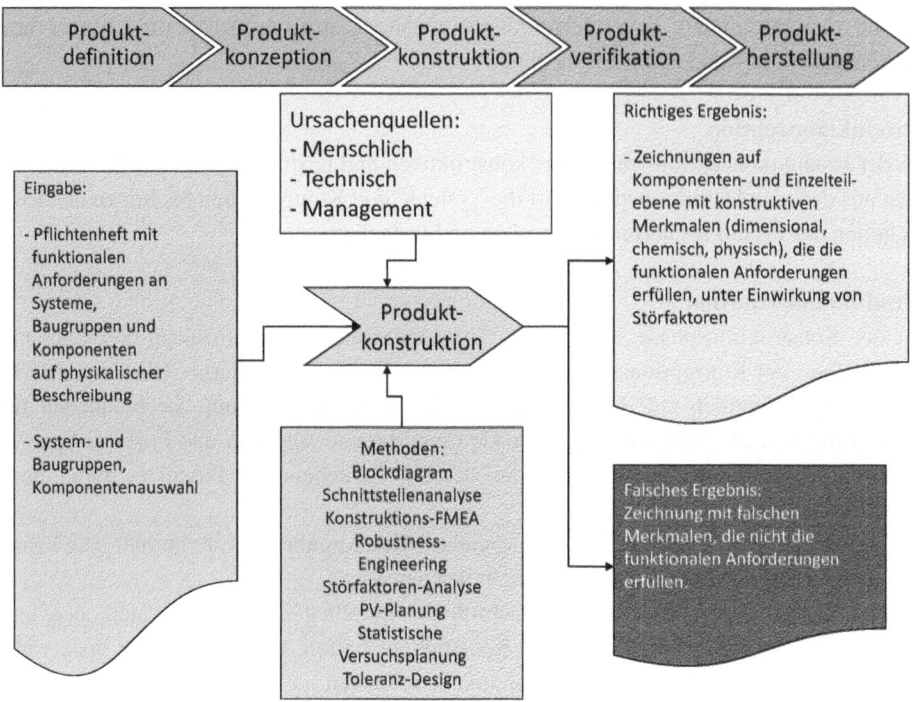

**Abb. 3.20** Informationsablauf der Konstruktionsphase. (Quelle: eigene Darstellung)

Erfolgt die Konstruktionsphase fehlerfrei, so ist das richtige (IO) Ergebnis (Output) die fertige Zeichnung für alle benötigten Einzelteile mit allen konstruktiven (dimensionalen, chemischen, physischen) Merkmalen (Feld rechts oben).

Alle Zeichnungen aller Einzelteile ergeben letztlich das Produkt, das die vorher festgelegten Eigenschaften erzeugt.

Ein fehlerhaftes Ergebnis ist eine Zeichnung, die Konstruktionsfehler beinhaltet. Das klingt zwar sehr vereinfacht, aber meistens lassen sich diese Fehler nicht auf den ersten Blick erkennen. Das wiederum bedeutet, dass sich der Konstrukteur eines Fehlers in seiner Zeichnung nicht bewusst ist und ihn darum auch nicht sucht (Feld rechts unten).

Hier stellt sich die Frage: Woher weiß der Konstrukteur, dass er keinen Fehler in der Zeichnung gemacht hat? Um diese Frage leichter beantworten zu können, lassen sich Qualitätsmethoden vorab anwenden, um die Fehlermöglichkeiten zu vermeiden, wie nachfolgend beschrieben (unteres mittleres Feld).

Die möglichen Ursachen von Konstruktionsfehlern können sehr unterschiedlicher Natur sein. Häufig lassen sich diese Ursachen aber in menschliche und technische Ursachen sowie auch in Managementfehler zusammenfassen (oberes mittleres Feld).

Von den wichtigsten Ursachen für konstruktive Fehler sind nachfolgend einige aufgezeigt, wie:

- veränderte Einsatzgebiete des Produktes, des Systems oder der Komponente
- geänderte Kundenanforderungen und Leistungserwartungen
- veränderte Nutzungsbedingungen und Belastungen
- neue Störfaktoren und Einflussgrößen
- Vernachlässigung von Grenzmustereinflüssen und Produktionsvarianz
- veraltete Verifikationstests, die das neue Nutzungsverhalten nicht widerspiegeln und Störfaktoren nicht reflektieren, und Akzeptanzkriterien, die sich nicht mit den Fehlverhalten decken
- mangelhafte Analyse oder Ignoranz von Störfaktoren
- Anforderungsdenken des Entwicklers anstatt Funktionsdenken
- mangelhafte Schnittstellenanalyse und -betrachtung am Übergang zu anderen Systemen und Komponenten
- mangelhafte Kommunikation mit Entwicklungskollegen über die technischen Schnittstellenanforderungen
- mangelhafte technische Fehlverhaltensanalyse
- mangelhafte Ursachenanalyse und entsprechende Vermeidungsmaßnahmen und Prozeduren
- mangelhafte Konstruktionsregeln und Erfahrung
- usw.

Um dem Einfluss dieser oben genannten Ursachen entgegenzuwirken bzw. sie gleich vorab zu vermeiden, bietet das Qualitätsmanagement einige wirkungsvolle Qualitätsmethoden an, von denen die wichtigsten nachfolgend beschrieben werden (siehe Abb. 3.21).

Alle unten aufgeführten Qualitätsmethoden dienen dem Zweck, dem Konstrukteur bei der Analyse und Vermeidung von möglichen Fehlern zu helfen. Die Methoden helfen dabei, in einen tieferen Detaillierungsgrad einzutauchen und so zu verhindern, dass Ursachendetails übersehen werden.

Der erste Schritt der Analyse bezieht sich auf die Untersuchung der technischen Umgebung des Bauteils bzw. Systems, für das der Entwickler verantwortlich ist. Diese Untersuchung beschreibt alle Schnittstellen zunächst in einer grafischen Darstellung, zum leichteren Verständnis. Diese Darstellung wird auch als Block- oder Rahmendiagramm bezeichnet. Interessant sind hier die technischen Verbindungen zu den benachbarten Bauteilen, die durch Pfeile dargestellt werden. Nachfolgend einige zusammengefasste Informationen.

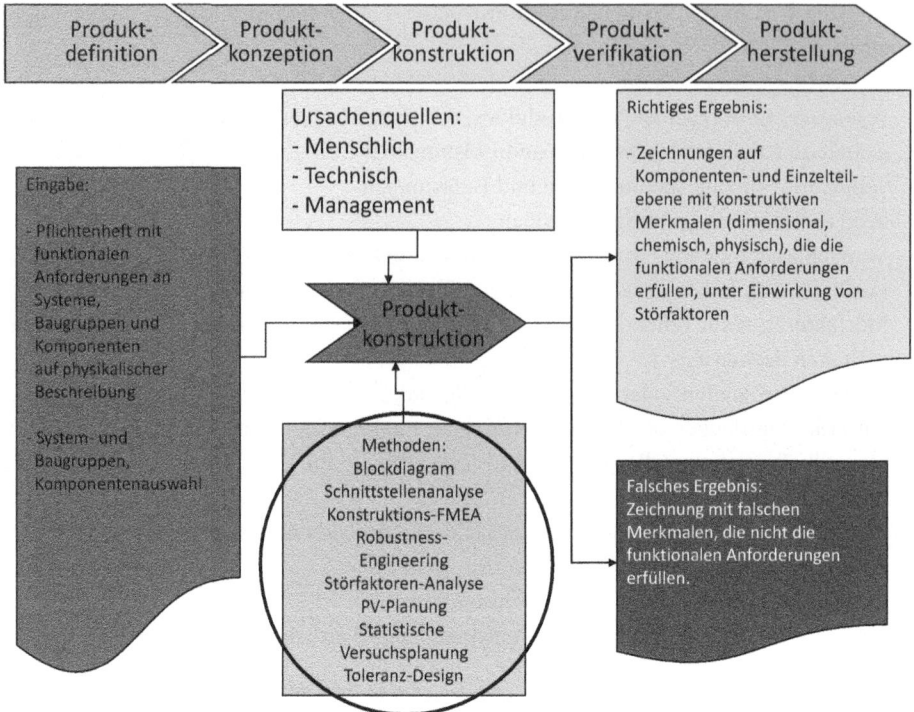

**Abb. 3.21**  Informationsablauf der Konstruktionsphase. (Quelle: eigene Darstellung)


**Qualitätsmethode: Blockdiagramm**

- Bezeichnung: Blockdiagramm (Rahmendiagramm oder Blackbox)
- Zeitpunkt: Konstruktionsphase
- Ziel der Methode: Abgrenzung der technischen Verantwortlichkeit zu allen relevanten benachbarten Bauteilen und -systemen und Darstellung der physikalischen Schnittstelle (in Einheiten und Werten) für alle relevanten Betriebsbedingungen.
- Vorgehensweise: Analyse und Darstellung der „inneren" und „äußeren" Bauteile und Komponenten, abhängig von der Betrachtungsabgrenzung (bzw. Verantwortlichkeit) und deren Beziehungen untereinander.
- Erwartetes Ergebnis: Grafisch leicht verständliche Übersicht der Abgrenzung zur inneren- und äußeren Systemdarstellung.
- Tipps und Tricks: In der grafischen Darstellung sollte der Weg der Transferfunktionen zu erkennen sein, dem Sinne nach: „Was geht rein" und „was geht raus" aus dem System?

Das Blockdiagramm dient der Kommunikation der Verantwortlichkeiten und technischen Schnittstellenbeschreibungen.

Der nächste Schritt ist es, diese im Rahmendiagramm (Abb. 3.22) aufgeführten Schnittstellen mit physikalischen Werten und Einheiten zu versehen. Das klingt im Prinzip einfach, aber häufig zeigt sich, dass die Konstrukteure auch der benachbarten involvierten Komponenten diese Werte nicht oder nur ungenügend kennen. Das birgt die Gefahr, dass der verantwortliche Konstrukteur die physikalischen Belastungen, die auf sein Bauteil einwirken, nicht kennt und das Bauteil konsequenterweise nicht dafür auslegen kann.

Nachfolgend einige zusammengefasste Informationen.

**Qualitätsmethode: Schnittstellenanalyse**
- Bezeichnung: Schnittstellenanalyse
- Zeitpunkt: Konstruktionsphase
- Ziel der Methode: Festlegung der funktionalen, physischen und technischen Übergänge in den jeweiligen Schnittstellen zu benachbarten Systemen und Komponenten. Diese Analyse basiert auf dem Blockdiagramm.
- Vorgehensweise: Analyse der technischen Verbindungen und physikalischen Leistungsübergänge, sowohl innerhalb des verantwortlichen Systems, als auch außerhalb zu benachbarten Systemen.
- Erwartetes Ergebnis: Erkenntnisse über alle technischen Eingangs- und Ausgangsgrößen, mit denen das eigene System beaufschlagt wird oder die es selber an Umgebungskomponenten abgibt.
- Tipps und Tricks: Anwendung des PEIM-Modells (Physik, Energie, Information, Material) mit der Klassifizierung der Schnittstellennotwendigkeit (−2 bis +2).

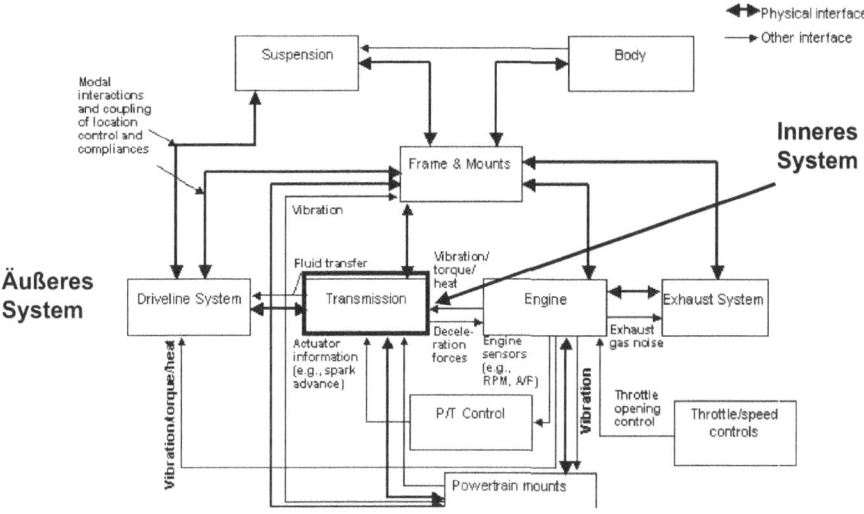

**Abb. 3.22** Rahmendiagramm. (Quelle: von Regius 2005)

Sind die technischen Schnittstellen auf physikalischen Grundlagen beschrieben, ist der nächste Schritt die Definition der technischen Funktionen. Die technische Funktionsbeschreibung folgt in diesem Zusammenhang immer den technischen Grundlagen, die das Bauteil oder die Komponente ausübt. Damit ist gemeint, dass der physikalische Output mit Zahlenwerten und ISO-Einheiten beschrieben werden kann und damit eindeutig messbar ist.

Technische Bauteile können eigentlich nur 2 Funktionskategorien ausüben:

1. Umwandeln: Der physikalische Output und Input sind in den ISO-Einheiten different, oder
2. Durchleiten: Der physikalische Output ist gleich dem Input.

Diesen Bedingungen lassen sich im Prinzip alle technischen Bauteile zuordnen:

Zur Funktion 1 zählen Bauteile wie z. B. ein Haartrockner, der elektrische Energie [V/A] in ein heißes Luftvolumen [°C & m$^3$] umwandelt, oder ein Elektromotor, der elektrische Energie [V/A] in Drehzahl [1/1000] und Drehmoment [Nm] umgewandelt.

Zur Funktion 2 zählen Bauteile wie z. B. Schläuche die entweder feste, flüssige oder gasförmige Stoffe von A nach B durchleiten können, oder elektrische Leitungen, die elektrische Energie von A nach B transportieren können.

Diese Art der Funktionsdefinition ist insofern wichtig, da sie messbar sein muss. Damit ist die Produktfunktion vergleichbar mit der technischen Leistungsspezifikation.

Viele Produktentwickler definieren die Funktion gerne nach dem Kundengebrauch oder der Anwendung: Beispielsweise könnte man die Funktion eines Haartrockners als „trocknet die Haare" bezeichnen. Hier besteht aber das Problem, dass das Ergebnis nicht messbar ist und der Entwickler nicht den Trocknungsgrad der Kundenhaare messen kann. Das liegt auch außerhalb seines konstruktiven Einflusses.

Oder einen Staubsauger den man mit der Funktion „reinigt die Wohnung" bezeichnen kann. Auch das stimmt nicht. Der Staubsauger wandelt lediglich die elektrische Energie in einen Luftvolumenstrom, gemessen in Kubikmeter pro Zeiteinheit, um. Die Wohnung reinigen muss aber der Kunde selber. Er beinhaltet noch nicht einmal die Filterwirkung, denn den Filter muss der Kunde noch nachträglich kaufen und einsetzen.

Nachfolgend einige zusammengefasste Informationen.

**Qualitätsmethode: Funktionsdefinition**
- Bezeichnung: Funktionsdefinition
- Zeitpunkt: Konstruktionsphase
- Ziel der Methode: Definition der technischen Funktionsweise mithilfe von messbaren physikalischen Größen und Einheiten, unter Beachtung der physikalischen Domäne, z. B. Umwandeln von elektrischer Leistung in pneumatische Leistung, z. B. Luftstrom (Funktion eines Gebläses).
- Vorgehensweise: Beschreibung und Darstellung der physikalischen Umwandlung der Eingangsgrößen zu den Ausgangsgrößen, auf der Basis des Energieerhaltungssatzes,

etc. Die Funktionsbeschreibung muss physikalische Zielwerte und Einheiten beinhalten, die messbar sind.

- Erwartetes Ergebnis: Technische Beschreibung der Produktfunktionen mit messbaren Größen in mehreren Darstellungsformen (Text, Tabelle, Formel, Grafik).
- Beispiele: Umwandeln von elektrischer Leistung [W] in erwärmten Luftstrom [°C und $m^3$/h] (Haartrockner).
- Tipps und Tricks: Beachte, dass die Verwendung des Produktes durch den Kunden nicht gleichzusetzen ist mit der technischen Funktion (Haartrockner versus Heißluftgebläse)

Um weitere Einflussgrößen zu analysieren, die ggf. den geforderten funktionalen Output beeinflussen, kann das Parameterdiagramm (Abb. 3.23) angewendet werden.

Von besonderer Bedeutung sind hier die 5 Störgrößenkategorien, die im Detail untersucht werden sollten, wenn von diesen ein möglicher Einfluss auf die Funktion erwartet wird.

Diese Einflussgrößen können mögliche Ursachen sein für funktionales Fehlverhalten oder für einen kompletten Funktionsausfall.

Nachfolgend einige zusammengefasste Informationen.

**Qualitätsmethode: Parameterdiagramm**
- Bezeichnung: Parameterdiagramm
- Zeitpunkt: Konstruktionsphase
- Ziel der Methode: Ermitteln des technischen Inputs und Outputs für die Entstehung von möglichen Fehlerverhalten und Nebeneffekten, unter der Anwesenheit von Störfaktoren.

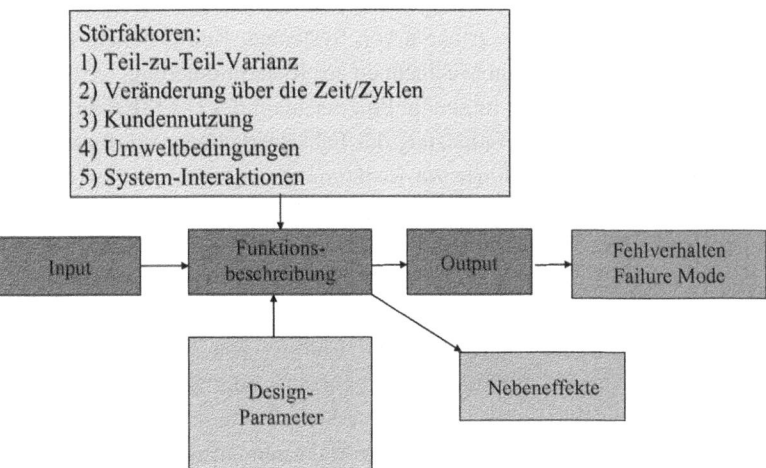

**Abb. 3.23** Informationsablauf der Konstruktionsphase. (Quelle: von Regius 2005)

- Vorgehensweise: Beschreibung der technischen Transferfunktionen auf der physikalischen Ebene, mit allen möglichen Nebeneffekten. Klar trennen zwischen Funktions- und Designdomänen.
- Erwartetes Ergebnis: Grafische Übersicht mit allen relevanten Informationen der Transferfunktionen und deren Störfaktoren und Nebeneffekten unter der Berücksichtigung der Designparameter.
- Beispiele: Umwandlung von elektrischer Leistung in heißen Luftstrom, mit der Erzeugung von Geräuschen und Vibrationen, mit physikalischen Größen und Einheiten und Konstruktionsparametern, z. B.: Motorgröße, Gehäusematerialien, Wandstärken, usw. Störfaktoren: Staubbefall, Feuchtigkeit.
- Tipps und Tricks: Aufbau des Parameterdiagramms auf Basis der physikalischen Größen und Einheiten, die messbar sind.

Wenn alle oben genannten vorbereitenden Qualitätsmethoden abgeschlossen sind, kann das wichtigste und auch detaillierteste Qualitätswerkzeug angewendet werden: die Konstruktions-FMEA. Diese Methode stellt alle bisherigen Informationen der Funktionsdefinition mit den möglichen Fehlverhalten und den Störfaktoren als Ursachen in einen technischen kausalen Zusammenhang.

Ebenfalls bietet die Konstruktions-FMEA die Grundlage, um sicherzustellen, dass alle technischen Fehlverhalten während der Verifikationsphase erkannt werden. Damit besteht die Chance für den Konstrukteur, die Fehler noch vor der Freigabe zu korrigieren.

Nachfolgend einige zusammengefasste Informationen.

**Qualitätsmethode: Konstruktions-FMEA**
- Bezeichnung: Konstruktions-FMEA
- Zeitpunkt: Konstruktionsphase
- Ziel der Methode: Analyse von möglichen funktionalen Fehlerarten, Auswirkungen, Ursachen, sowie Verifikationsverfahren von Systemen, Komponenten und Bauteilen. Zuordnung und Verfolgung von Maßnahmen zur Risikominderung.
- Vorgehensweise: Die Analyse folgt dem Prozessablauf der D-FMEA-Erstellung.
- Erwartetes Ergebnis: Risikoabschätzung des Fehlerverhaltens und dessen Auswirkungen, mit notwendigen Maßnahmen zur Risikominderung durch Fehlerentdeckung und -vermeidung.
- Tipps und Tricks: Die Funktionen und das Fehlverhalten nach dem Modell des operativen Fensters mithilfe von physikalischen Einheiten und Werten definieren.

Eine weitere Analysemethode untersucht den Einfluss von sogenannten Störfaktoren. Das sind Einflussgrößen, die die Funktion des Bauteils oder Systems negativ beeinflussen können. Diese Störfaktoren sind an anderer Stelle in diesem Buch beschrieben. Der Konstrukteur muss verstehen, welche dieser Störfaktoren auf das Bauteil wirken können und welche Beeinflussung das auf die Funktionen haben kann. Ist dieser Zusammenhang verstanden, kann der Konstrukteur seine Konstruktion „robust" dagegen auslegen.

In diesem Zusammenhang bedeutet „robust", dass die Funktionen des Bauteils oder Systems immer einwandfrei sind, unabhängig davon, welche Störfaktoren auftreten. Beispielsweise reagiert eine Gasfeder an der Autoheckklappe extrem sensibel auf Temperaturschwankungen. Die Federkennlinie verändert sich stark unter dem Einfluss von kalten und warmen Außentemperaturen. Dieses Bauteil ist also nicht robust gegen Temperatureinflüsse.

Nachfolgend einige zusammengefasste Informationen.

**Qualitätsmethode: Robust Engineering**
- Bezeichnung: Robust Engineering
- Zeitpunkt: Konstruktionsphase
- Ziel der Methode: Analytischer Aufbau des Fehlerverhaltens unter der Relevanz von Störungsfaktoren. Verständnis dafür entwickeln, unter welchen Störfaktoren das System reagiert und seine Leistungsausgabe verändert.
- Vorgehensweise: Detaillierte Analyse aller möglichen Fehlverhalten, Einflussgrößen, Störfaktoren und der Freigabetests.
- Erwartetes Ergebnis: Aufzeigen der wichtigsten Abhängigkeiten zwischen Störfaktoren und Fehlverhalten, sowie Simulation von Störfaktoren in den Freigabetests
- Ziel: Das Produkt solange rekonstruieren, bis es robust gegen alle kritischen Einflussfaktoren ist und keine Fehlverhalten mehr aufzeigt.
- Tipps und Tricks: Sicherstellen, dass nicht nur der Störfaktor im Freigabetest simuliert wird, sondern auch die Fehlverhalten auf gleicher physikalischer Basis erkannt werden.

## 3.4.2 Fazit

Alle oben gezeigten Methoden dienen hier lediglich dem Überblick, um zu zeigen, dass es ausreichend wirkungsvolle Qualitätsmethoden gibt, die helfen, ein „robustes" Produkt zu konstruieren. Für eine detaillierte Anwendung dieser Methoden wird auf weiterführende Literatur verwiesen.

Letztlich liegt die Entscheidung immer noch beim Konstrukteur, ob er sein zukünftig hergestelltes Produkt auf der Grundlage seiner Konstruktion für robust hält oder nicht.

Diese Entscheidung kann er aber nur treffen, wenn er signifikante Störfaktoren und -ursachen analysiert hat und deren möglichen Einfluss auf die Funktionsweise seiner Konstruktion in Versuchen und Tests nachgewiesen hat. Sollte die Konstruktion sich nicht als „robust" herausstellen, dann besteht immer noch die Möglichkeit, die drei Konstruktionsfaktoren Material, Dimension, Form & Lage zu korrigieren, um eine unbeeinflussbare Funktion zu gewährleisten.

Für den Einkauf und die Zusammenarbeit mit Lieferanten sind diese Qualitätsmethoden und Vorausplanungen von besonderer Bedeutung.

Beide Partner, der Kunde sowie der Lieferant, sollten die Konstruktionsvorschläge frühzeitig analysieren und beurteilen, ob alle möglichen Störfaktoren und -ursachen der Arbeitsumgebung berücksichtigt wurden.

Auch, wenn der Zulieferer letztlich für die Güte der Konstruktion verantwortlich ist, wird empfohlen, dass sich der Kunde die Qualitätsvorausplanung des Lieferanten und die Testergebnisse über den „Robustheitszustand" der ersten Prototypentests zeigen lässt und die Entscheidung der Freigabe mitunterstützt. Sollte sich das Produkt später jedoch als „un-robust" im Markt erweisen, haben letztlich beide Partner den Ärger. Darum macht eine gemeinsame Begutachtung durchaus Sinn.

Die Erwartungshaltung des Kunden an die Qualitätsvorausplanung und die Demonstration der Qualitätsmethoden sowie der Nachweis der „robusten" Konstruktion sollten in den Lieferverträgen entsprechend geregelt sein, damit jede der involvierten Parteien weiß, was sie zu liefern hat.

## 3.5   Robuste Produkte und Produktentwicklung

Generell lässt sich definieren, dass „robuste" Produkte die Eigenschaft haben, unter allen möglichen Verwendungsbedingungen und Nutzungsanwendungen immer noch einwandfrei zu funktionieren, ohne jegliche funktionale Abweichungen. D. h. der Kunde verfügt immer über die gleiche und konstante Leistung des Produktes, ohne jegliche Veränderung über die geplante Nutzungsdauer hinweg.

Dieses Produktverhalten wird in erster Linie in der Produktentwicklung festgelegt und ist insbesondere durch die verwendeten Materialien und Dimensionen erreichbar.

Robustheit im Detail bedeutet: Unabhängig davon, womit das Produkt negativ beeinflusst wird, verhält es sich immer gleich. Egal, ob es heiß oder kalt ist, trocken oder feucht, Dauernutzung oder Gelegenheitsnutzung, usw.: Die Funktionalität bleibt immer gleich und unverändert.

In der Vergangenheit wurden Produkte gerne „vererbt", weil sie nicht kaputtgingen. Dieses Verhalten hat sich in der Wahrnehmung des Kunden heute spürbar geändert. Vermutlich lässt sich das darauf zurückführen, dass man heute viel genauer die Materialeigenschaften, Dimensionen und Formen des Produktes berechnen und simulieren kann als früher. Daher ist man früher eher auf „Nummer sicher" gegangen und hat das Produkt einfach kräftiger ausgelegt als eigentlich nötig. Dieser Ansatz lässt sich durch die Kosten- und Erlössituationen kaum noch realisieren.

Diese Auslegung der „Robustheit" erfolgt jedoch immer noch in der Produktentwicklung. Sollten auch hier einzelne Teile oder Komponenten von Zulieferern konstruiert und hergestellt werden, so geht der Anspruch, ein sogenanntes „robustes" Produkt zu entwickeln und herzustellen, auch an den Lieferanten über.

Um dem Anspruch der Produktrobustheit gerecht zu werden, müssen sowohl das Unternehmen (OEM) als auch der Lieferant wissen, welche möglichen Einflussgrößen während des Produktlebens auf das Produkt treffen können und welche möglichen Fehlverhalten dadurch beim Kunden entstehen können.

Sind bereits ähnliche Produkte beim Kunden vorhanden, dann ist es hilfreich, sich
das Kundenfeedback im Sinne der Produkterfahrung anzusehen, ebenso wie das Repa-
raturverhalten. Die Analyse des Fehlverhaltens und der Anwendungsbedingungen beim
Kunden helfen oft, die anwendungsspezifischen Betriebsbedingungen zu erkennen und
zu verstehen.

Letztlich wird das Produkt immer eine Veränderung des Leistungsverhaltens weg von
der Zielvorgabe zeigen, entweder in geringem oder sehr starkem Ausmaß, bis hin zum
Totalausfall.

Beschäftigt man sich intensiver mit dem Fehlverhalten von Produkten, so lassen sich
letztlich fünf verschiedene Fehlverhalten beschreiben:

1. Der Totale Ausfall der Leistung: Das Produkt hat seine Funktion komplett eingestellt.
2. Der teilweise Funktionsverlust: Das Produkt funktioniert zwar noch, aber mit verrin-
   gerter Leistung. Diese Veränderung entsteht oft plötzlich.
3. Der abnehmende Leistungsverlust: Das Produkt verringert seine Leistung über die
   Nutzungsdauer, jedoch nicht plötzlich, sondern langsam und schleichend. Die Veränderung ist für den Kunden wahrnehmbar.
4. Der intermittierende Leistungsverlust: Das Produkt arbeitet plötzlich mit weniger
   oder gar keiner Leistung, dann wieder eiwandfrei, und dann wieder schlechter, usw.
   Die Leistung wechselt zwischen diesen beiden Zuständen, ohne jegliches Beitragen
   des Kunden. Dieses Fehlverhalten wird oft bei elektrischen Produkten wahrgenommen, z. B. durch einen sogenannten Wackelkontakt.
5. Die ungewollte Funktion: Das Produkt fängt ganz normal zu arbeiten an, allerdings
   ohne dass der Kunde es angeschaltet hat oder irgendeine Energiezufuhr besteht. Diese
   Möglichkeit klingt im ersten Moment recht unrealistisch, ist aber durchaus möglich.
   Das unerwartete Zünden von Airbags ohne Aufprall ist das beliebteste Beispiel in diesem Zusammenhang. Dieser Zustand ist eigentlich recht selten, aber umso kritischer,
   weil der Kunde damit nicht rechnet und nicht darauf vorbereitet ist, es vorab zu verhindern. Dieser Fehler kann schwerwiegende Auswirkungen (auch Lebensgefahr) auf den
   Kunden haben, wie auch enorme Haftungsrisiken für den Hersteller oder Lieferanten.

Die nächste wichtige Fragestellung ist, welche Ursachen dieses Fehlverhalten auslösen
können. Auch hierfür gibt es verschiedene Möglichkeiten, die als sogenannte „Störfaktoren" bezeichnet werden. Störfaktoren beeinträchtigen das Leistungsverhalten des Produktes, wenn es letztlich beim Kunden in Betrieb ist. Diese Störfaktoren können eine
mögliche Abweichung des Leistungsverhaltens erzeugen, das letztlich vom Kunden
wahrgenommen und reklamiert wird.

Diese möglichen Störfaktoren lassen sich in 5 Kategorien aufteilen:

**1. Teil-zu-Teil-Varianz**
Dieser Störfaktor ist besonders relevant bei großen Stückzahlen des betreffenden Produkts
und reflektiert die Varianz der Herstellung. Das bedeutet, dass die einzelnen Teile des Produktes in ihren Dimensionen variieren können, dabei jedoch innerhalb der Toleranzgrenzen

bleiben, welche die Produktentwicklung festgelegt hat. Damit befinden sich letztlich alle von der Fertigung verbauten Teile innerhalb der Toleranz und sind damit in Ordnung, variieren aber um den Nominalwert. Auf das einzelne Teil gesehen ist diese Varianz eigentlich irrelevant, aber wenn sehr viele Teile das fertige Produkt ergeben, dann kann diese Einzelteilvarianz durchaus zu einer negativen Beeinflussung von Funktionen führen. Die Frage, die sich daraus ergibt, ist: Hat es letztlich eine Auswirkung auf das Leistungsverhalten des Produktes, wenn die Einzelteile im ungünstigsten Fall an den Toleranzgrenzen verbaut werden? Wenn beispielsweise ein Getriebe unkontrolliert mit Teilen am Größtmaß oder am Kleinstmaß (aber immer innerhalb der Toleranzgrenzen) zusammengebaut wird, kann das ggf. eine erhöhte Reibung zur Folge haben und damit Auswirkungen auf das Verschleißverhalten und die Dauerhaltbarkeit. Daraus kann sich ergeben, dass sich bei einer Massenproduktion von Produkten die Leistungsverhalten durchaus von Produkt zu Produkt unterscheiden können.

**2. Verschleiß über die Zeit**
Dieser Störfaktor bezieht sich auf das Verschleißverhalten und die Dauerhaltbarkeit des Produktes. Dieses Verschleißverhalten kann über die Nutzungsdauer und durch das Nutzungsverhalten des Kunden durchaus eine Veränderung der Leistung bewirken und zu Reklamationen führen.

**3. Kundennutzungsverhalten**
Das Produkt wird beim Einsatz des Kunden dessen Nutzungsverhalten ausgesetzt. Dieses Nutzungsverhalten variiert von Kunde zu Kunde und lässt sich nur schwer voraussehen. Die Nutzung kann durchaus von einer Gelegenheitsnutzung (Reisefön) bis hin zur Dauernutzung (Haartrockner im Friseursalon) variieren. Dieses Nutzungsverhalten muss dem Hersteller vorab bekannt sein, damit das Produkt daraufhin konstruiert werden kann. Die Schwierigkeit liegt jedoch genau in dieser Abschätzung oder Ermittlung des Nutzungsverhaltens. Es kann so stark variieren, dass der Hersteller im Prinzip alle Möglichkeiten berücksichtigen muss. Kundenbefragungen helfen hier zwar weiter, sind aber oft nicht präzise genug und hängen stark von der Einschätzung des Kunden ab.

**4. Umwelteinflüsse**
Dieser Einfluss ist fast selbsterklärend. Das Produkt wird bei der Nutzung den aktuellen Umwelteinflüssen ausgesetzt. Dies ist bei Produkten für den Außenbereich von besonderer Bedeutung. Unter den Umwelteinflüssen sind beispielsweise Hitze, Sonneneinstrahlung und -erwärmung, Kälte, Feuchtigkeit, Trockenheit, Umweltpartikel, Staub, Salze, usw. von Bedeutung. Der Hersteller muss verstehen, wie sich das Produkt unter diesen Umwelteinflüssen und auch beim Wechsel zwischen diesen verhält, und ob es ggf. eine Veränderung im Leistungsverhalten aufzeigt.

Der Konstrukteur muss nun verstehen, wie sein Produkt auf diese 4 Kategorien der Störfaktoren reagiert und ob es ggf. ein oder mehrere Fehlverhalten aufweisen kann.

Dafür muss er analysieren und abschätzen, welcher Störfaktor für ihn relevant ist und welches mögliche Fehlverhalten sein Produkt erzeugen kann. Ist das bekannt, so kann er entsprechende Maßnahmen in die Konstruktion einfließen lassen.

Der Konstrukteur hat letztlich folgende Möglichkeiten, um Fehlverhalten als Reaktion auf Störfaktoren zu verhindern:

### Zum Störfaktor 1: Teil-zu–Teil-Varianz

Bei der Toleranzauslegung muss der Konstrukteur sicherstellen, dass die zu montierenden Einzelteile, selbst wenn sie am Toleranzbereich verbaut werden, keinen Einfluss auf eine Funktionsveränderung des Gesamtproduktes haben. In diesem Zusammenhang geht es nicht darum, dass die Fertigung die Teile immer innerhalb der Toleranz herstellt, denn davon muss der Konstrukteur ausgehen. Da der Konstrukteur aber die Toleranzbreite auf der Zeichnung festlegt, kann die Fertigung sie auch schlimmstenfalls vollständig ausnutzen. Um den Einfluss der maximalen Toleranzausnutzung auf die Funktionsabweichung zu überprüfen, bleibt dem Konstrukteur nur die Durchführung von Funktionstests mit Grenzmusterteilen. Diese Vorgehensweise ist ideal, aber aufwendig. Darum wird die Wirkung der Grenzmusterteile vernachlässigt und vorwiegend mit Teilen getestet, die nahe dem Nominalwert liegen.

### Zum Störfaktor 2: Verschleiß über die Zeit

Der Konstrukteur muss in diesem Zusammenhang das Nutzungsverhaltens des Kunden kennen. Daraus lassen sich dann die Nutzungszyklen (Nutzungswiederholung) oder der Zeitfaktor festlegen. Um die Haltbarkeit des Produktes auf dieses Nutzungsverhalten anzupassen, bleibt letztlich nur die Wahl des richtigen Materials und ggf. eine kräftigere Auslegung der Teiledimensionen.

### Zum Störfaktor 3: Kundennutzungsverhalten

Diese Analyse des Kundengebrauchs ist extrem schwierig. Der Kunde wird kaum erklären, wie er das Produkt im Detail verwendet, schon gar nicht, wenn er es mal kaputt gemacht hat. Hier muss der Konstrukteur leider viele Annahmen machen, um ein realistisches Gebrauchsverhalten zu beschreiben. Wo dann die Grenze zwischen normalem Kundengebrauch und Missbrauch liegt, ist leider nicht eindeutig zu festlegbar, sondern eher fließend zu beurteilen. Es ist daher auch im Sinne des normalen Kundengebrauches, dass ein Haartrockner auch mal aus der Höhe eines Waschbeckens auf den Boden fällt oder der Kunde den Stecker des Haartrockners am Kabel aus der Steckdose zieht. Das ist ein „normales" Verhalten, das der Entwickler bei der Auslegung der Konstruktion zu berücksichtigen hat. Auch hier hat er die Möglichkeit, das Produkt durch geeignetes Material und entsprechende Dimensionierung so zu beeinflussen, dass es auch diese Grenzfälle überlebt.

**Zum Störfaktor 4: Umwelteinflüsse**

In diesem Zusammenhang muss der Entwickler verstehen, welche Umwelteinflüsse das Produkt während der Nutzung bei Kunden beaufschlagen. Dies sind ggf. signifikante Umwelteinflüsse wie beispielsweise heiße oder kalte Temperaturen, Schnee, Eis, Staub, Trockenheit oder Feuchtigkeit, Sonneneinstrahlung, UV, Ozon, usw. Die realistischen Grenzwerte der möglichen Umwelteinflüsse am Einsatzort müssen dem Entwickler bekannt sein, um das Produkt durch entsprechende Materialauswahl und Dimensionierung angemessen widerstandsfähig zu machen.

In diesem Zusammenhang ist eine detaillierte Absprache zwischen dem Lieferanten und dem OEM von Bedeutung.

**Welche Aufgaben hat der OEM in diesem Zusammenhang?**

Der OEM hat hier die Aufgabe, dem Lieferanten über das Lastenheft mitzuteilen, welches Kundennutzungsverhalten (bezogen auf Nutzungszyklen und Nutzungszeit und welche Umweltbedingungen am Einsatzort für das Produkt angenommen werden.

Es kann nicht vorausgesetzt werden, dass dies dem Lieferanten umfänglich bekannt ist, daher müssen diese Faktoren eindeutig bestimmt und vermittelt werden.

**Welche Aufgaben hat der Lieferant in diesem Zusammenhang?**

Der OEM kann erwarten, dass der Lieferant weiß, dass eine Produktionsvarianz einen Einfluss auf das funktionale Leistungsverhalten haben kann. Auch dann, wenn er nur Einzelteile des Gesamtproduktes liefert. Diese sollte der Lieferant umfänglich vorab analysieren und durch Grenzmusterverifikation nachweisen, dass kein Einfluss besteht.

Ebenfalls kann der OEM voraussetzen, dass der Lieferant einen umfänglichen Nachweis darüber erbringt, dass die von ihm gelieferten Teile oder Komponenten auch für die vorgesehene Nutzungsdauer in Bezug auf das Verschleiß- und Alterungsverhalten geeignet sind.

Zusammenfassend lässt sich feststellen, dass auf beiden Seiten, beim OEM und beim Lieferanten, Definitions- und Abstimmungsbedarf vorliegt, um sicherzustellen, dass das fertig konstruierte Produkt beim Kunden keine funktionalen Abweichungen durch Störfaktoren erleidet. Die damit verbundene Robustheit muss durch entsprechende konstruktive Maßnahmen vermieden und durch Verifikationstests vor der Konstruktionsfreigabe eindeutig nachgewiesen werden, um ein Risiko von möglichen Garantie- und Kulanzleistungen nachhaltig zu vermeiden.

## 3.6   Standardisierte Entwicklungsprozesse – DFSS

Die in Abschn. 3.3 beschriebene Vorgehensweise nach DMAIC ist sinnvoll, wenn ein bestehender Prozess optimiert werden soll. Geht es aber darum, einen neuen Prozess zu entwickeln, der auf Anhieb ein hohes Sigma-Niveau erreichen soll, sollte die Vorgehensweise nach DMAIC modifiziert werden. Die Anwendungsfelder für eine solche modifizierte Vorgehensweise können grob in zwei Kategorien unterteilt werden: Die Entwicklung neuer administrativer Prozesse bzw. Geschäftsprozesse und die Entwicklung neuer Produkte und der damit verbundenen Produktionsprozesse. Letzteres bedeutet also die Integration der Six-Sigma-Philosophie und der Six-Sigma-Werkzeuge und Vorgehensweisen in den Produktentstehungsprozess. Während sich für das klassische Six Sigma im Wesentlichen ein Phasenmodell (DMAIC) durchgesetzt hat, sind für die Prozessentwicklung zahlreiche Phasenmodelle im Einsatz. Das ist zum Teil darin begründet, dass Six Sigma in der Regel in einen bestehenden Produktentstehungsprozess integriert werden muss und dieser sich von Unternehmen zu Unternehmen unterscheidet.

### 3.6.1   Phasenmodelle für Design for Six Sigma

Beispiele für DFSS-Phasenmodelle sind in Tab. 3.6 dargestellt.

Die Vielfalt der unterschiedlichen Phasenmodelle kann verwirrend sein, insbesondere auch, weil die Anzahl der Phasen je nach Modell zwischen 3 und 6 schwanken kann. Die meisten Phasenmodelle folgen aber einer relativ einheitlichen Logik und lassen sich in fünf generische Schritte aufgliedern:

1. In der ersten Phase werden die Projekte definiert, Rahmenbedingungen abgesteckt und Ziele gesetzt.
2. In der zweiten Phase werden die Kundenforderungen ermittelt und in messbare und priorisierte Kriterien (Critical to Quality, CTQ) übersetzt. In Modellen mit vier Phasen ist dieser Schritt oft noch in die erste Phase integriert.

**Tab. 3.6**   Diverse Phasenmodelle für DfSS mit 3–6 Projektphasen. (Quelle: eigene Darstellung)

| Modelle | | Phasen | | | | |
|---|---|---|---|---|---|---|
| **Modelle** | DMADV | Define | Measure | Analyse | Design | Verify |
| | DMADOV | Define | Measure | Analyse | Design, Optimise | Verify |
| | DMAIDV | Define | Measure | Analyse, Innovate | Design | Verify |
| | DCCDI | Define | Customer Analysis | Conceptual Design | Design | Implement |
| | DMEDI | Define | Measure | Explore | Develop | Implement |
| | PIDOV | Plan | Identify | Design | Optimise | Verify |
| | DIDOV | Define | Identify | Design | Optimise | Verify |
| | DICOV | Define | Identify | Characterise | Optimise | Verify |
| | ICOV | Identify | | Characterise | Optimise | Verify |
| | IDOV | Identify | | Design | Optimise | Verify |
| | DCOV | Define | | Characterise | Optimise | Verify |
| | RCI | Requirements | | Concepts | Improvement | |

3. In der dritten Phase wird das Konzept für das Design entwickelt.
4. In der vierten Phase wird das Konzept detailliert, im Falle einer Produktentwicklung werden Prototypen gebaut.
5. In der letzten Phase werden nach Tests letzte Korrekturen vorgenommen und der Prozess implementiert und überwacht. Auch die Phasen vier und fünf werden manchmal wie die Phasen eins und zwei kombiniert.

Unabhängig vom verwendeten Phasenmodell ist der besondere Mehrwert eines Vorgehens nach DfSS, dass man sich im Produktentstehungsprozess an eine strikte Systematik hält und sehr stringent von der Kundenanforderung über Spezifikationen zu einem anforderungsgerechten Produkt kommt.

Im Folgenden werden die Inhalte der einzelnen Projektphasen beispielhaft am Phasenmodell DICOV (Define – Identify – Characterize – Optimze – Verify) kurz erläutert.

Zu Beginn in der **Define-Phase** kommen zunächst allgemeine Werkzeuge des Projektmanagements zur Anwendung. So wird zuerst der Projektauftrag (Project Charter, Project Brief) geschrieben. Dieser legt den Projektumfang und die Projektziele sowie alle weiteren erforderlichen Rahmenbedingungen präzise fest.

Ebenfalls mit den üblichen Werkzeugen des Projektmanagements werden Zeit- und Terminplan erstellt. Auch das im Projektmanagement übliche Risikomanagement wird von Beginn an aufgesetzt und gepflegt. Wie bei jedem Projekt gehören auch Projektteam- (interne) und externe Stakeholder-Kommunikationspläne ab der Define-Phase zu einem erfolgreichen DFSS-Projekt.

Wichtig ist auch die Festlegung von Quality Gates und Quality-Gate-Inhalten in der Define-Phase. Diese Quality Gates müssen natürlich im Einklang mit dem Produktentstehungsprozess stehen.

Ziel der **Identify-Phase** ist es, die Kundenanforderungen zu verstehen und den gesamten Entwicklungsprozess daran auszurichten. Identify ist also die erste konkrete Schnittstelle im Einkaufsprozess. Dazu kommen verschiedene Werkzeuge zum Einsatz, die helfen, die Stimme des Kunden in konkrete Anforderung an das Produkt zu übersetzen. Hier spielen „Voice of the Customer", „Critical to Quality" und „Quality Function Deployment" bzw. „House of Quality" eine große Rolle. Auch die Fehlermöglichkeits- und Einflussanalyse (FMEA) wird in dieser frühen Projektphase bereits eingesetzt. In dieser Projektphase kommt die System-FMEA zum Einsatz.

In der **Characterize-Phase** wird die Arbeit mit dem „House of Quality" fortgesetzt. Es werden die Häuser 2 und 3 erstellt und damit kritische Designparameter und kritische Prozessparameter ermittelt. Es entstehen Design-Scorecards für die Teile und den Prozess, die auch die Toleranzen enthalten. Der Herstellprozess wird entwickelt. Als weitere Varianten der FMEA können Konstruktions-FMEA, Prozess-FMEA und Design Review on Failure Mode (DRBFM) erstellt werden. Wie auch in einem klassischen Six-Sigma-Projekt nach DMAIC müssen alle verwendeten Messsysteme fähig sein. Zum Nachweis wird die Messsystemanalyse (MSA) eingesetzt. Zur Optimierung des Produktionsprozesses können Regressionsanalyse und statistische Versuchsplanung eingesetzt werden. Ein weiterer Fokus ist darauf zu richten, dass die Herstellbarkeit der Produkte gegeben ist (Design for Manufacturing and Assembly).

In der **Optimize-Phase** wird das Konzept detailliert und Prototypen gebaut. Mithilfe von Regressionsanalysen und Varianzanalysen (ANOVA, DoE) können weitere Optimierungen getestet werden. Es werden Parameter-Optimierung betrieben, Prognosen erstellt und gegebenenfalls weitere Optimierungen zur robusten Gestaltung der Produkte und Prozesse umgesetzt.

In der **Verify-Phase** steht die Verifikation des Designs durch Validierungstests im Vordergrund. Prozessfähigkeiten werden ermittelt und Toleranzprüfungen vorgenommen. Der zweite Schwerpunkt in dieser Phase ist die Komplettierung aller notwendigen Dokumentationen.

## 3.6.2  Besonderheiten bei Design for Six Sigma

Bei DfSS kommen alle Werkzeuge zum Einsatz, die auch aus Six-Sigma-Projekten zur Prozessoptimierung (also dem Standard-Six-Sigma nach DMAIC) zur Anwendung kommen. Es gibt allerdings auch zusätzliche Werkzeuge, die entweder bei DMAIC-Projekten nicht eingesetzt werden oder dort nur eine weniger bedeutende Rolle spielen.

Ein wichtiger Unterschied zwischen DMAIC und DfSS ist, dass bei DfSS noch mehr Fokus auf die „Stimme des Kunden" gelegt wird. Die Hauptaufgabe der ersten Projektphasen besteht darin, die Anforderungen des Kunden zu verstehen und weiter zu verarbeiten. Dies wird im Folgenden näher erläutert.

Wenn man die Kundenanforderungen verstehen will, spielt das Kano-Modell eine wichtige Rolle. Der japanische Wissenschaftler Noriaki Kano hat Kundenanforderungen in verschiedene Kategorien unterteilt. Im Wesentlichen unterscheidet Kano:

**Basismerkmale** Hierbei handelt es sich um Merkmale, die üblicherweise nicht erwähnt werden, weil der Kunde sie für selbstverständlich hält. Erst wenn sie nicht vorhanden sind, fällt das Fehlen auf und er wird sich beschweren. So wird z. B. niemand erwähnen, dass er vier Räder und ein Lenkrad erwartet, wenn er gefragt wird, welche Eigenschaften ein neu anzuschaffender Pkw haben sollte. Kritisch werden Basisanforderungen in einem Produktentwicklungsprozess dann, wenn Kunde und Lieferant unterschiedliche Auffassungen von Selbstverständlichkeiten haben.

**Leistungsmerkmale** Leistungsmerkmale sind solche Merkmale, die nicht selbstverständlich sind, die aber bei zunehmender Erfüllung zu gesteigerter Kundenzufriedenheit führen. In der Regel sind technische Neuentwicklungen zunächst Leistungsmerkmale, werden aber im Laufe der Zeit zu Basismerkmalen. Als Beispiel kann im Pkw der Sicherheitsgurt genannt werden, der in den siebziger Jahren noch Leistungsmerkmal war, heute aber selbstverständlich ist.

**Begeisterungsmerkmale** Ähnlich wie bei den Basisanforderungen wird der Kunde Begeisterungsmerkmale nicht direkt erwähnen. Denn in der Regel handelt es sich um absolute technische Neuheiten, von denen sich bisher noch niemand vorstellen konnte, dass sie möglich und machbar sind. Ihren Namen haben Begeisterungsmerkmale aufgrund der Tatsache, dass mit ihrem Vorhandensein ein Kunde begeistert werden kann.

Mit dem Wissen um das Kano-Modell ausgerüstet, beginnt man in der Identify-Phase, die Kundenanforderungen zu erheben und in verwertbare Informationen umzuwandeln. In einfachen Fällen kann die Stimme des Kunden (Voice of the Customer, VoC) mithilfe des CTQ-Baums in konkrete Messgrößen und Spezifikationen überführt werden. Gegebenenfalls kommen dann Priorisierungswerkzeuge zum Einsatz (wie z. B. ein paarweiser Vergleich), die eine relative Bewertung aller Kundenanforderungen ermöglichen.

Um komplexe Systeme einer ähnlichen Art und Weise durchleuchten zu können, ist die Technik des Quaility Function Deployments entwickelt worden. Dabei wird das so genannte „House of Quality" erstellt. Der Name des Werkzeugs ist dadurch begründet, dass die verwendeten Vorlagen optische Ähnlichkeiten mit der Skizze eines Hauses aufweisen. Das Ziel ist auch hier, die „Stimme des Kunden" in die technische Produkt- und Prozessgestaltung zu integrieren.

Dabei werden bis zu vier „Häuser" erstellt, die hierarchisch aufeinander aufbauen und nacheinander die priorisierten Produktmerkmale, die priorisierten Produktfunktionen, die priorisierten Gestaltungsmerkmale und Prozessanforderungen sowie die Prozessparameter überführen. Diese vier Häuser entstehen dann im Laufe des weiteren Projektablaufs und gehören teilweise thematisch zu den Folgephasen. Weiterführende Informationen dazu finden sich z. B. bei Back und Weigel.[9]

## 3.7  APQP- Fertigungsqualität

### 3.7.1  Vorgehensweise und Instrumente nach APQP

Zur Vereinheitlichung der Sicherung der Lieferantenqualität wurde 1994 von den drei amerikanischen Automobilkonzernen Chrysler, Ford und General Motors gemeinsam das Advanced Product Quality Planning (APQP) in Form eines Referenzhandbuchs entwickelt. Damit sollen die Lieferanten zur Einführung der APQP-Techniken für ihre verschiedenen Prozesse im Design, in der Entwicklung und in der Produktion verpflichtet werden. Vor Einführung von APQP hatten alle drei OEMs eigene Richtlinien, um die Einführung von Qualitätssicherungsverfahren bei ihren Lieferanten zu gewährleisten. Dies verursachte bei den Lieferanten durch die Unterschiede erheblichen Mehraufwand.[10]

---

[9]Back und Weigel (2014).
[10]Vgl. Stamatis (1994).

Bei APQP handelt es sich um ein Referenzhandbuch der QS-9000-Norm. Sie wurde zwar bereits 2006 durch die Harmonisierung von der ISO/TS-16949-Norm abgelöst, ist aber bis heute gültig und international anerkannt. Selbst in der ISO/TS 16949 wird auf APQP verwiesen und dieser Prozess als Nachweis einer Qualitätsplanung vollständig akzeptiert.

Das APQP-Handbuch, das von Chrysler, Ford und General Motors gemeinsam entwickelt wurde, enthält Richtlinien zur Produktqualitätsvorausplanung und zur Erstellung und Handhabung von Kontrollplänen. APQP ist ein definierter Prozess, der eine standardisierte Sammlung von Methoden und Arbeitsschritten enthält, um sämtliche Kundenanforderungen zu erfüllen. Es ist eine Methode der Produkt- und Prozessentwicklung, die Werkzeuge wie FMEA (Fehlermöglichkeits- und Einflussanalyse), MSA (Messmittelfähigkeitsanalyse), PPAP (Produktionsteil-Abnahmeverfahren) und SPC (Statistische Prozesslenkung) enthält.

Das fortwährende Streben nach kontinuierlicher Verbesserung veranschaulicht die Darstellung der Produktqualitätsplanung auf Basis des PDCA-Zyklus. Dieser Zyklus bildet auch die Grundlage für APQP. Wenn Erfahrungen aus einem bereits existierenden Projekt als erworbenes Wissen im nächsten Projekt verwendet werden, führt dies zum Erfolg.

### 3.7.1.1 Grundlagen der Produktqualitätsvorausplanung

Die Produktqualitätsvorausplanung (APQP) ist eine strukturierte Methode zur Definition und Einleitung von notwendigen Ablaufschritten, um sicherzustellen, dass ein Produkt den Kundenanforderungen entspricht. Ziel der Produktqualitätsvorausplanung ist es, die Kommunikation mit allen beteiligten Personen sicherzustellen, um zu gewährleisten, dass alle erforderlichen Schritte innerhalb der Zeitvorgaben vollständig ausgeführt werden. Eine wirksame Qualitätsplanung hängt von der Verpflichtung und Bereitschaft der obersten Leitung (Geschäftsführung) des Unternehmens ab, den erforderlichen Aufwand zu betreiben.

Wichtige Vorteile einer Produktqualitätsvorausplanung sind:

- Konzentration auf Entwicklung und Produktion hochwertiger und komplexer Produkte
- Reduktion von Fehlern (und damit Fehlerkosten) in der Entwicklung
- fördert die Zusammenarbeit
- Reduktion der Entwicklungszeit für neue Produkte
- das Erfahrungswissen wird für Folgeprojekte verfügbar
- Erleichterung der Dokumentation der Produkt- und Prozess-Spezifikationen
- Verbesserung und Vereinfachung der Kundenfreigabe
- Projektplanung und -lenkung wird standardisiert
- zielgerechter Einsatz der Mittel zur Erfüllung der Kundenanforderungen
- frühzeitiges Erkennen von erforderlichen Änderungen
- verspätete Änderungen vermeiden
- termingerechte Lieferung eines Qualitätsproduktes mit niedrigen Kosten.

In der Regel besteht bei der Entwicklung ein hoher Zeitdruck. Dies kann dazu führen, dass die Entwicklungs- und Produktionsprozesse nicht ausgereift sind. Durch spätere Änderungen in der Entwicklung entstehen nicht kalkulierte Kosten sowie Nacharbeiten und Reklamationen. Ein zentrales Problem ist häufig die mangelhafte Spezifikation des Produktes durch nicht vollständig spezifizierte Anforderungen sowie Spezifikationen, die zu eng ausgelegt sind.

Die Qualitätsvorausplanung ist die Grundlage für die potenzielle Fehlervermeidung und ständige Verbesserung.

### 3.7.1.2  Zielsetzung

Zu Beginn der Entwicklungstätigkeiten sind die Ziele des Entwicklungsprojektes zwischen den Verantwortlichen (Kunden, Lieferanten, Unterlieferanten) zu definieren. Dadurch soll erreicht werden, dass zu niedrigsten möglichen Kosten die bestmögliche Qualität sichergestellt wird. Dazu werden einheitliche Formblätter und standardisierte Verfahren bereitgestellt, damit eine einheitliche Anwendung des APQP garantiert ist. Mit der Investition mithilfe von APQP bereits in der Planungsphase können hohe Kosten in der Produktionsphase vermieden werden. Vor allem aufwendige spätere Änderungen können umgangen oder zumindest reduziert werden.

### 3.7.1.3  Einrichtung des Teams

Im ersten Schritt wird beim Lieferanten bei der Produktqualitätsvorausplanung einem bereichsübergreifenden Team klare Verantwortung zugewiesen. Neben dem Qualitätsmanagement sind weitere Abteilungen einzubeziehen, um eine effektive Qualitätsplanung sicherzustellen. Das Ausgangsteam sollte aus Vertretern der Entwicklung, der Produktion, der Materialprüfung, des Einkaufs, des Qualitätsbereiches, des Kundendienstes, von Unterauftragnehmern und des Kunden bestehen.

### 3.7.1.4  Festlegung des Anwendungsbereichs

In der frühen Phase des Projektes ist es für das Produktqualitätsplanungsteam wichtig, die Bedürfnisse, Erwartungen und Anforderungen der Kunden herauszufinden.

Das Team muss mindestens folgende Aufgaben wahrnehmen:

- Ernennung eines Projektleiters für das Team, der den Prozess überwacht
- Festlegen der Aufgaben und Verantwortlichkeiten jedes beteiligten Bereiches
- Festlegung der Forderungen des Kunden (Erwartungen)
- Festlegung der Bereiche, Personen oder Unterlieferanten, die den Teams angehören
- Bewertung der Herstellbarkeit der vorgesehenen Entwicklung, der Leistungsforderungen und des Herstellungsprozesses
- Feststellen der Kosten, Zeitplanung und Beschränkungen, die berücksichtigt werden müssen
- Bestimmen der von Kunden erforderlichen Unterstützung
- Feststellen des Dokumentationsverfahrens

### 3.7.1.5 Zeitplan für die Produktqualitätsvorausplanung

Eine erste organisatorische Tätigkeit des Projektteams sollte die Entwicklung eines Zeitplans sein. Dabei sollten bei der Auswahl die zeitlich zu planenden und aufzuzeichnenden Schritte wie Produktart, Komplexität und Kundenerwartungen berücksichtigt werden. Alle Teammitglieder sollten mit jedem Ereignis, jeder Maßnahme und mit dem Zeitablauf einverstanden sein. Ein gut organisierter Zeitablaufplan sollte Aufgaben, Zuordnungen und/oder andere Ereignisse darstellen.

Der Zeitplan liefert dem Projektteam auch einen einheitlichen Rahmen zur Verfolgung des Projektfortschritts und definiert inhaltliche Festlegungen für Meetings. Um die Beurteilung des Projektstatus zu erleichtern, muss jeder Aktivität ein Datum für den Beginn und den Abschluss zugeordnet werden. Anhand dieser Festlegungen kann der aktuelle Projektstatus dargelegt werden (z. B. prozentualer Erledigungsstand). Eine effektive Aufzeichnung des Status unterstützt die Überwachung des Projektes, wobei der Schwerpunkt auf den hervorgehobenen Aspekten liegt, die eine besondere Aufmerksamkeit erfordern (z. B. Meilensteine).

## 3.7.2 Fünf-Phasen-Modell

Um die kontinuierliche Kontrolle des Projektfortschritts sicherzustellen, werden Meilensteine bzw. Phasen festgelegt an denen festgelegte Aktivitäten abgeschlossen sein müssen. Diese sind entsprechend der Entwicklungsmethodik in unterschiedliche Arbeitsumfänge gegliedert. Nach VDA 4.3. sind dies insgesamt 7 Meilensteine, im VDA-Reifegradmodell 7 Reifegradstufen.

Die APQP-Qualitätsvorausplanung besteht aus fünf Phasen:[11]

- Phase: Planung und Festlegung des Projekts
- Phase: Verifizierung Produktdesign und -entwicklung
- Phase: Verifizierung Prozessdesign und -entwicklung
- Phase: Produkt- und Prozessvalidierung
- Phase: Rückmeldung, Bewertung und Korrekturmaßnahmen

Für jede dieser Phasen sind bestimmte Eingangs- und Ausgangsgrößen definiert. Zum Erreichen des gewünschten Ergebnisses sind je nach Phase gezielte Tätigkeiten erforderlich.

### 3.7.2.1 APQP Schritt für Schritt

Zuerst werden die fünf APQP-Phasen definiert und dargestellt. Darauf folgt die Zusammenstellung der Eingangs- und Ausgangsgrößen (In- und Outputs) jeder Phase zu jeder Phase. Dadurch wird klar, welche Vorgaben und Daten in der jeweiligen Phase notwendig

---

[11]Vgl. Thisse (1998, S. 73–79).

sind, damit bestimmte Ausgangsgrößen für die nachfolgende Phase erzeugt werden können, denn der Output der Vorphase dient als Input der nachfolgenden Phase.

### 3.7.2.2 Erläuterungen der APQP-Phasen

Zunächst werden die fünf APQP-Phasen detailliert vorgestellt und beschrieben. Jede einzelne Phase erfüllt einen bestimmten Zweck und hat das Ziel, gewisse Eingangsgrößen für die nachfolgende Phase zu definieren.

**Phase 1: Planung und Festlegung des Projekts**

In der ersten Phase des Projektes des APQP-Prozesses werden die Erwartungen und Bedürfnisse des jeweiligen Kunden bestimmt, um ein Qualitätsprogramm (Projekt) zu planen und zu definieren. Alle Tätigkeiten werden mit dem Ziel der Kundenzufriedenheit ausgeführt. Diese erste Stufe des Produktqualitätsplanungsprozesses stellt sicher, dass die Bedürfnisse des Kunden klar verstanden wurden.

Die auf den Prozess anwendbaren Vorgaben und Ergebnisse können gemäß dem Produktionsprozess, den Bedürfnissen und den Erwartungen des Kunden variieren. Die Planung beinhaltet die Analyse des Marktbedarfs sowie das Grobkonzept für das Produkt und für die Produktion. Für die Lieferantenbeziehung werden folgende Dokumente erstellt:[12]

- Lastenheft mit Zeichnungen bzw. Spezifikationen und deren Ausgabebestand
- Statusreport sowie der Projektzeitplan

Für den Kunden sollten neben dem Statusreport auch die einzelnen Dokumente mit dem jeweiligen Stand der Ausgabe gelistet verfügbar sein.

**Phase 2: Verifizierung Produktdesign und -entwicklung**

In der zweiten Phase erfolgt die Verifizierung des Produktdesigns und der Produktentwicklung. Alle Aktivitäten aus der ersten Phase müssen abgeschlossen sein, damit die zweite Phase begonnen werden kann. Es werden die Schritte des Planungsprozesses beschrieben, in dem die Besonderheiten und Merkmale für das Design in ihrer nahezu endgültigen Form entwickelt werden. Die Schritte schließen den Bau von Prototypen mit ein, um zu verifizieren, dass das Produkt die Forderungen des Kunden erfüllt. Ein herstellbares Design muss zu den erwarteten Produktionsmengen und den Produktionsplänen passen und die Erfüllung der technischen Forderungen sicherstellen.

Für die Lieferantenbeziehung werden folgende Dokumente erstellt:[13]

- Design-FMEA und -verifizierungsplan
- Prototypen-Control-Plan

---

[12]Vgl. Brückner (2011, S. 193).
[13]Vgl. Brückner (2011, S. 193).

- Zeichnung und weitere Spezifikationen und technischen Anforderungen
- Herstellbarkeitserklärung und Zeitplan

Für den Kunden sollten die gleichen Dokumente sowie die Prototypen verfügbar sein.

**Phase 3: Verifizierung Prozessdesign und -entwicklung**
In der dritten Phase werden die Hauptmerkmale zur Entwicklung eines Produktionssystems und der zugeordneten Prüfpläne (Control Plans) beschrieben. Grundlage ist der erfolgreiche Abschluss der ersten und zweiten APQP-Phase. Diese Phase dient der umfassenden Entwicklung eines effektiven Produktionssystems. Dieses muss stets sicherstellen, dass Forderungen, Bedürfnisse und Erwartungen des Kunden erfüllt werden.
Für die Lieferantenbeziehung werden folgende Dokumente erstellt:[14]

- Statusreport und Prozess-FMEA
- Zeichnungen, Spezifikationen, Schulungsnachweise, Prozess- und Arbeitsanweisungen und Verpackungsvorschriften
- Vorserien-Control-, Projektzeit- und -ablaufplan, Werkstrukturplan, Maschinenstellplan sowie Ermittlungsplan zur Prüfmittel- und Prozessfähigkeit sowie deren Fähigkeitsnachweise

Für den Kunden sollten

- Statusreport und Prozess-FMEA
- Vorserien-Control- und Werkstrukturplan
- Fähigkeitsnachweise für Prüfmittel- und Prozessfähigkeit

verfügbar sein.

**Phase 4: Produkt- und Prozessvalidierung**
In der vierten Phase sollte das Produktionsqualitätsplanungsteam während der Versuchsproduktion validieren, dass die Vorgaben gemäß Prüfplan und zusätzlich der Prozessablaufplan eingehalten werden und das Produkt die Forderungen des Kunden erfüllt. Ziel der Phase ist es, mögliche Probleme vor dem regulären Serienstart zu identifizieren und zu lösen.
Für die Lieferantenbeziehung werden folgende Dokumente erstellt:

- Statusreport und Serien-Control-Plan
- Zeichnungen, Spezifikationen, Fähigkeitsnachweise für Prüfmittel- und Prozessfähigkeit

---

[14]Vgl. Brückner (2011, S. 195).

Für den Kunden sollten

- Statusreport und Serien-Control-Plan
- Fähigkeitsnachweise für Prüfmittel- und Prozessfähigkeit

verfügbar sein.

**Phase 5: Rückmeldung, Bewertung & Korrekturmaßnahmen**
Die Qualitätsplanung endet nicht mit der Validierung und Einrichtung des Prozesses. In der Serienphase, wo alle systematischen und zufälligen Einflüsse auftreten, können die Ergebnisse ausgewertet werden. Zu diesem Zeitpunkt kann auch die Effektivität dieser Tätigkeiten im Rahmen der Produktqualitätsplanung ermittelt werden. Der Prüfplan (Control Plan) für die Serie ist in dieser Stufe die Basis für die Bewertung des Produktes. Dazu müssen kontinuierliche und attributive Daten bewertet werden. Für die Lieferantenbeziehung werden folgende Dokumente erstellt:[15]

- Ergebnisse des Produktionsversuchsverlaufs(Nullserie)
- Prüfmittelfähigkeits- und vorläufige Prozessfähigkeitsuntersuchung
- Qualitätsplanungs- und Produkteilfreigabe nach PPAP
- Tests zur Produktbestätigung, Bewertung der Verpackung,
- Serien-QM-Plan

Für den Kunden sollten

- Erstmusterbericht und
- Serien-QM-Plan

verfügbar sein.[16]

Tab. 3.7 zeigt, dass Ergebnisse der vorhergehenden Phase jeweils Voraussetzung für die nachfolgende Phase sind.

APQP leistet im Hinblick auf das Qualitätsmanagement im Einkauf einen herausragenden Beitrag durch den hohen Standardisierungsgrad und die lückenlose Sicherstellung des Informationsflusses zwischen Produzenten und seinem Lieferanten sowie auch zum Kunden des Produzenten.

---

[15]Vgl. Brückner (2011, S. 198).
[16]Vgl. Brückner (2011, S. 198).

**Tab. 3.7** Zusammenhang der Phasen des APQP-Konzepts. (Quelle: vgl. Brückner 2011, S. 187–198)

| Phase 1 | Phase 2 Output von Phase 1 = Input von Phase 2 | Phase 3 Output von Phase 2 = Input von Phase 3 | Phase 4 Output von Phase 3 = Input von Phase 4 | Phase 5 Output von Phase 4 = Input von Phase 5 | Phase 5 Output |
|---|---|---|---|---|---|
| Stimme des Kunden | Konstruktionsziele | Konstruktions-FMEA | Verpackungsnormen | Produktionsversuchslauf (Nullserie) | Reduzierung der Streuung |
| Geschäftsplan/ Marketingstrategie | Zuverlässigkeits- und Qualitätsziele | Fertigungs- und montagegerechte Konstruktion | Bewertung des Produkts/ Prozess-QM-Systems | Prüfmittelfähigkeitsuntersuchungen | Steigende Kundenzufriedenheit |
| Produkt/Prozess-Benchmarkingdaten | Vorläufige Stückliste | Designverifizierung (Designverifizierungsplan) | Prozessfluss-diagramm | Vorläufige Prozessfähigkeitsuntersuchungen | Verbesserung der Liefertreue und des Kundendienstes |
| Produkt/Prozessannahmen | Vorläufiges Prozessflussdiagramm | Design-Review Status APQP Unterlieferanten | Werkstrukturplan (Layoutplan) | Produktionsteilfreigaben nach PAP | |
| Produktzuverlässigkeitsuntersuchungen | Vorläufige Liste der besonderen Produkt- und Prozessmerkmale | Prototypen-Control-Plan Technische Zeichnungen Technische Spezifikationen Materialspezifikationen | Merkmalsmatrix Prozess-FMEA | Tests zur Produktbestätigung | |
| Kundenangaben | Pflichten- und Lastenheft | Zeichnungs- und Spezifikationsänderungen | Vorserien-QM-Plan | Bewertung der Verpackung | |
| | | Forderung an neue Ausrüstung, Werkzeuge und Einrichtungen | Prozessarbeitsanweisungen | Serien-QM-Plan | |
| | | Besondere Produkt- und Prozessmerkmale | Plan der Prüfmittelfähigkeitsuntersuchungen | Abschluss und Freigabe der Qualitätsplanung | |

(Fortsetzung)

**Tab. 3.7** (Fortsetzung)

| Phase 1 | Phase 2 | Phase 3 | Phase 4 | Phase 5 | Phase 5 Output |
|---|---|---|---|---|---|
| | Output von Phase 1 = Input von Phase 2 | Output von Phase 2 = Input von Phase 3 | Output von Phase 3 = Input von Phase 4 | Output von Phase 4 = Input von Phase 5 | |
| | | Forderungen an Mess-, Prüf- und Testeinrichtungen | Plan der vorläufigen Prozessfähigkeitsuntersuchungen | Managementunterstützung | |
| | | Teamverpflichtung bezüglich Herstellbarkeit | Verpackungsspezifikationen | | |

# Lieferantenqualität im Markt

4

## 4.1 Kundenzufriedenheit (Feedback)

**Was ist Kundenzufriedenheit?**

Die Kundenzufriedenheit wird in der heutigen Industrie als Qualitätskriterium neben den Reparaturwerten im Sinne der Garantie immer wichtiger.

Im Allgemeinen hängen die Reparaturen mit der Kundenzufriedenheit zusammen. Aber leider nur in einer Richtung. Ein Funktionsausfall eines Produktes, der eine Reparatur erzeugt, reduziert eindeutig die Kundenzufriedenheit. Hier besteht ein Zusammenhang im negativen Sinne. Aber ein einwandfrei funktionierendes Produkt erzeugt im Umkehrschluss keine Zufriedenheitssteigerung, denn das war die Kundenerwartung an das Produkt. Mit einem „nur" funktionierenden Produkt gibt sich ein Kunde nur mäßig zufrieden, da er letztlich dafür Geld bezahlt hat und eine einwandfreie Funktion voraussetzt. Um hier eine Steigerung herbeizuführen, müsste mehr erfolgen als nur das zu liefern, was der Kunde erwartet.

Aus diesem Zusammenhang heraus ergibt es Sinn, die Kundenzufriedenheit zu erfassen, um daraus erkennen zu können, wie zufrieden der Kunde mit dem Produkt ist, und um ggf. Qualitätsstrategien daraus abzuleiten.

Der Hersteller sollte genau wissen, was seine Kunden zufrieden macht und was sie verärgert. Letztlich kann er die Zufriedenheit durch seine Produktqualität sowohl positiv als auch negativ beeinflussen.

**Wie lässt sich Kundenzufriedenheit messen?**

Kundenzufriedenheitsmessungen sind nach dem klassischen Begriff der „Messung" eigentlich nicht möglich, da es für Zufriedenheit keinen Maßstab gibt. Kundenzufriedenheit ist nur die Beurteilung eines Produkts oder einer Dienstleistung zum Zeitpunkt der

© Springer Fachmedien Wiesbaden GmbH, ein Teil von Springer Nature 2018
M. Schmieder et al., *Qualitätsmanagement im Einkauf*,
https://doi.org/10.1007/978-3-658-04755-9_4

Befragung. Die Güte der Beurteilung wie auch das Ergebnis sind stark davon abhängig, wie der Fragebogen und die Skalierung der Beurteilung aufgebaut sind.

Bei der Skalierung bzw. Einteilung der Zufriedenheitsstufen gibt es viele Möglichkeiten, die dem Kunden zur Befragung vorgelegt werden können. Es gibt Fragebögen mit den sog. Smilies von ☹ bis ☺, Zufriedenheitsbeschreibungen von „völlig unzufrieden" bis „völlig zufrieden" oder auch prozentuale Angaben der Zufriedenheitseinteilung. Da der Kunde sich letztlich damit schwer tun wird, seine Zufriedenheit generell zu beurteilen, wird er Fragen mit zu vielen Ankreuzmöglichkeiten eher meiden. Hier ist es daher sinnvoll, möglichst wenige Auswahlmöglichkeiten anzubieten: Je weniger Auswahlmöglichkeiten der Befragte hat, desto eindeutiger wird das Ergebnis sein. Ein langes Abwägen zwischen Antwortmöglichkeiten wird ihn eher zögern und vermutlich gegen die Mitte der Skalierung tendieren lassen. Wichtig beim Entwurf eines Fragebogens ist außerdem, dass man dem Kunden auch die Möglichkeit anbietet, freie verbale Aussagen zu machen. Diese Angaben sind kundenindividuell und persönlich und extrem wichtig, da sie eine konkrete Aussagekraft haben, im Gegensatz zu einem Kreuzchen auf einer Skalierung. Leider sind sehr wenige Kunden bereit, offene Fragen zu beantworten, da dies für ihn einen erhöhten zeitlichen Aufwand bedeutet. Aber wenn man hier Antworten bekommt, sollte man diese unbedingt nutzen und auswerten.

Eine weitere Möglichkeit zum Messen der Kundenzufriedenheit ist die Kennzahl des Promotorenüberhangs (Net Promoter Score, NPS). Der NPS ist das Maß für die Bereitschaft, ein Unternehmen, ein Produkt oder eine Dienstleistung weiterzuempfehlen.

Man berechnet die Differenz zwischen Promotoren (Fürsprechern) und Detraktoren (Kritikern) des Unternehmens. Der Anteil der Promotoren und Detraktoren wird ermittelt, indem einer repräsentativen Gruppe von Kunden die Frage gestellt wird: „Wie wahrscheinlich ist es, dass Sie dieses Unternehmen weiterempfehlen werden?" Üblicherweise wird auf einer Skala von 0 („unwahrscheinlich") bis 10 („extrem wahrscheinlich") geantwortet und gemessen. Die Kunden werden dann in drei Gruppen eingeteilt: die Fürsprecher (Promotoren), die Unentschiedenen und die Kritiker (Detraktoren). Promotoren sind die Kunden, die hohe Werte angeben haben (9 oder 10). Als Detraktoren werden die Kunden angesehen, die mit niedrigen Werten antworten. (0 bis 6). Kunden, die zwischen diesen Werten liegen sind die neutralen Unentschiedenen. Der Net Promoter Score berechnet sich nun nach der Formel NPS = Promotoren(%) − Detraktoren(%) und kann Werte zwischen −100 und +100 annehmen.

**Warum sollte Kundenzufriedenheit gemessen werden?**

Die Ergebnisse von Zufriedenheitsabfragen sind stark beeinflusst von der aktuellen Stimmungslage des Kunden – die Daten sind also stark verrauscht. Statistische Signifikanz ist daher selten zu finden. In der Erfassung der Kundenzufriedenheit geht es also weniger darum, exakte Werte der Zufriedenheit zu bekommen, sondern um eine über einen längeren Zeitraum erkennbare Veränderung. Voraussetzung dafür ist, dass die Zufriedenheitsabfrage immer wieder mit dem gleichen Fragebogen über eine große Anzahl Kunden und über einen längeren Zeitraum hinweg erfolgt. Je mehr Kunden befragt werden, umso belastbarer ist der Zufriedenheitswert.

Bei der Auswertung der Zufriedenheitsangaben sollte nicht der eigentliche Durchschnittswert der Zufriedenheit beurteilt werden, sondern vielmehr, ob sich die wahrgenommene Produktqualität über die Zeit beim Kunden verändert hat. Der Hersteller sollte dann unbedingt auf mögliche Veränderungen reagieren und daraus Entscheidungsprämissen für Verbesserungsprojekte ableiten. Eine über die Zeit erkennbare Zufriedenheitsveränderung kann durchaus eine Veränderung der Produktqualität reflektieren, aber auch eine veränderte Erwartungshaltung des Kunden an das gleiche Produkt. Auch hierauf muss der Hersteller mit einer Produktveränderung reagieren. Der Hersteller kann nicht davon ausgehen, dass der einmal erfasste Zufriedenheitswert für immer so bleibt. Das ist ein Trugschluss.

**Welche Rolle spielt der Hersteller?**
Der Hersteller sollte unbedingt die Kundenzufriedenheit seines Produktes erfassen, wenn er im Markt der Konsumgüterindustrie angesiedelt ist. Daraus lassen sich Trends der Produktqualität erkennen, sowohl über die Zeit als auch über die Einkommens- und Altersstrukturen der Kunden hinweg. Ebenfalls lassen sich auch Erwartungshaltungen aus den verbalen Aussagen der Kunden ableiten.

Langfristig sollte der Hersteller die Ergebnisse konstant erfassen und auswerten, um daraus eine Qualitätsstrategie ableiten zu können.

**Welche Rolle spielt der Lieferant?**
Wenn der Hersteller die Kundenzufriedenheit erfasst und auch die Möglichkeit hat, verbale individuelle Kundenaussagen auszuwerten, dann lassen sich auch Kundenmeinungen über Teilbereiche oder spezifische Komponenten des Produktes erkennen.

Ist das der Fall, so kann der Hersteller diese Aussagen an den Lieferanten weiterleiten, der für die Konstruktion und Herstellung der Komponente verantwortlich ist.

Es sollte vertraglich geregelt sein, dass der Lieferant das Produkt oder das Leistungsverhalten bei einem hohen negativen Kundenfeedback (oder auch bei einer zeitlichen Veränderung) zu überarbeiten und anzupassen hat.

**Welchen Beitrag kann der Lieferant dazu liefern?**
Der Lieferant kann hier Einfluss auf die Kundenzufriedenheit nehmen, durch gezielte konstruktive Maßnahmen, die die Produktqualität beeinflussen. Ebenfalls hat der Lieferant die Möglichkeit, das Leistungsverhalten dem Kundenfeedback anzupassen, wenn die Auswertungen Mängel erkennen lassen.

**Welche Verantwortlichkeit liegt beim Lieferanten?**
Abhängig von der Marktstruktur kann der Lieferant an der Kundenbefragung und Auswertung beteiligt sein oder eine solche auch federführend durchführen.

Es kann auch sein, dass der Lieferant dem Hersteller auf Basis der schlechten Zufriedenheitswerte oder einer zeitlichen Verschlechterung vorschlägt, das Produkt oder seine Komponenten zu verändern.

Letztlich sollten beide Parteien ein Interesse daran haben, dass das Produkt immer der aktuellen Kundenerwartung angepasst wird.

**Welche Risiken bringt die Kundenzufriedenheitsmessung mit sich?**
Bei der Auswertung von Kundenzufriedenheitsbefragungen sollten einige Hinweise im Sinne der Belastbarkeit der Ergebnisse berücksichtigt werden:

- Eine Kundenzufriedenheitsbewertung ist stark von der Tagesform des Kunden abhängig und reflektiert die verfügbare Erinnerung an das Produktverhalten zum Zeitpunkt der Bewertung.
- Je weiter die Produktnutzung in der Vergangenheit liegt, desto ungenauer (oft neutraler) ist das Ergebnis. Dieser Effekt lässt sich meistens nicht im Ergebnis erkennen.
- Eine Wiederholung der Befragung (heißt: gleicher Kunde, gleiches Produkt und gleicher Fragebogen) kann durchaus zu einem anderen Ergebnis führen. Ältere Kunden geben ungerne Bewertungen im stark Negativen oder stark Positiven ab und bewegen sich mehr im neutralen Bereich.
- Hingegen werden jüngere Kunden eher zu starken Ausschlägen tendieren, vermutlich getrieben von der Neugier, was mit dem abgegeben Ergebnis nun passiert.
- Die Ergebnisse von Kundenzufriedenheitsmessungen sind statistisch selten gut auswertbar, da viel zu sehr durch eine schwache Wiederholbarkeit und durch sehr geringe Rückläuferzahlen geprägt. Im Allgemeinen liegt die Rückläuferquote bei etwa 3 %.

**Zusammenfassung**
Es ist eben nicht damit getan, ein einmal konstruiertes Produkt für immer unverändert zu lassen und zu hoffen, dass es vom Kunden schon akzeptiert wird.

Kundenwünsche und Erwartungen verändern sich über die Zeit und die Hersteller, egal ob Hersteller oder Lieferant, müssen darauf durch konstruktive Veränderungen oder Veränderung des Leistungsverhaltens reagieren.

## 4.2    Garantie und Kulanzkosten

Nach Angaben des Kraftfahrtbundesamtes hat sich die Zahl der Rückrufaktionen in den letzten sechs Jahren nahezu verdoppelt. Diese Rückrufaktionen führen zu hohen Kosten- und Garantierückstellungen (Abb. 4.1).[1]

Ein wichtiger Teil der externen Fehlerkosten sind die Gewährleistungskosten sowie die Garantie- und Kulanzkosten.[2] Unter Gewährleistungskosten sind die Kosen zu verstehen, die aufgrund der gesetzlichen Sachmängelhaftung nach § 434 BGB in Verbindung

---

[1]Vgl. Rančak (2013, S. 17).
[2]Vgl. Rančak (2013, S. 14 f.).

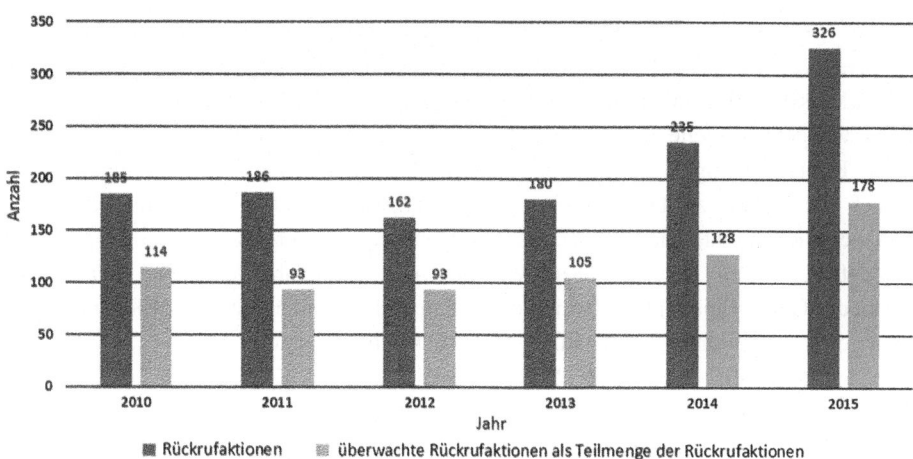

**Abb. 4.1** Anzahl der Rückrufaktionen von 2010 bis 2015. (Quelle: Kraftfahrt-Bundesamt 2016)

mit § 437 BGB entstehen. Danach ist der Verkäufer verpflichtet, das gelieferte Produkt zum vereinbarten Zeitpunkt der Übergabe an den Kunden frei von Mängeln zu überge-ben. Frei von Sachmängeln nach § 434 BGB ist eine Sache bzw. ein Produkt, wenn es bei der Übergabe (=Gefahrübergang):

- die vereinbarte Beschaffenheit hat (§ 434 BGB Abs. 1, Satz 1)
- sich für die nach dem Vertrag vorausgesetzte Verwendung eignet (§ 434 BGB Abs. 1, Satz 2 Nr. 1)
- sich für die gewöhnliche Verwendung eignet und eine Beschaffenheit aufweist, die bei Sachen der gleichen Art üblich ist und die der Käufer nach der Art der Sache erwarten kann (§ 434 Abs. 1 Satz 2 Nr. 2 BGB)
- keine Abweichung von Werbeangaben des Verkäufers oder des Herstellers gibt und
- keine fehlerhafte Montage oder Montageanleitung gegeben ist.

Liegt ein Sachmangel vor, so hat der Käufer nach § 437 BGB einen Anspruch auf:

- Nachbesserung (-erfüllung) oder Ersatzlieferung, danach
- Rücktritt vom Vertrag oder
- Kaufpreisminderung und eventuell
- Schadensersatz.

Die Gewährleistungsfrist beträgt nach § 438 Abs. 1 Nr. 3 BGB 24 Monate.

Eine Garantie hingegen ist ein vertraglich fixiertes Versprechen des Anbieters (=Verkäufers) gegenüber dem Käufer: Im Rahmen des Kaufvertrags verpflichtet sich der Hersteller dazu, die Garantie für die Funktionstüchtigkeit und die Haltbarkeit des Produk-tes zu übernehmen, bezogen auf eine gewisse Nutzungsphase. Er garantiert vertraglich, dass die gekaufte Ware zum Zeitpunkt des Gefahrübergangs und für eine bestimmte Dauer im Anschluss eine bestimmte Beschaffenheit aufweist (sog. Beschaffenheits- oder Haltbarkeitsgarantie). Innerhalb der vertraglich vereinbarten Garantiefrist muss der Hersteller Mängel der Sache unentgeltlich beseitigen.

Bei Kulanzleistungen erbringt der Hersteller bei technischen Beanstandungen unentgeltlich Leistungen, zu denen er weder gesetzlich verpflichtet ist, noch sich vertraglich dazu verpflichtet hat. Die Kulanz dient in Sonderfällen zur Wahrung einer positiven Geschäftsbeziehung, zu Kundenzufriedenheit und Kundenbindung. Die Inanspruchnahme der Gewährleistung, Garantie oder Kulanz führt beim Hersteller zu Kosten, die in Form von Rückstellungen in der Bilanz zu berücksichtigen sind.

In den Geschäftsberichten für 2014 bewegen sich die Rückstellungen dafür bei den Herstellern z. B. zwischen 1 % und 5 % des Umsatzes.[3]

Auch nach den OSB-Benchmarking-Studien von APQC betragen die Garantie- und Nacharbeitungskosten im Durchschnitt 1 % des Umsatzes. Dabei gibt es aber große Unterschiede zwischen den Top-Unternehmen (0,5 %), den Median-Unternehmen (1,0 %) und den Bottom-Unternehmen (2,3 %).

## 4.3    Beschwerdemanagement

**Was ist Beschwerdemanagement im Allgemeinen?**
Nach dem Kauf und Erhalt des Produktes wird sich zeigen, ob der Kunde mit dem Produkt zufrieden ist und es seinen Vorstellungen entspricht, oder ob er damit unzufrieden ist.

Eine mögliche Unzufriedenheit kann auf zwei Grundlagen basieren:

1. Der Kunde hat sich das falsche Produkt gekauft, ohne sich darüber beim Kauf bewusst gewesen zu sein, oder
2. das Produkt arbeitet nicht so, wie es die Beschreibung verspricht. Das kann sowohl direkt am ersten Tag der Benutzung passieren als auch im Laufe der üblichen Nutzungsdauer.

Ob sich der Kunde letztlich dafür entscheidet, sich beim Hersteller zu beschweren, liegt bei ihm.

Im Fall 1, beim Fehlkauf, weiß er durchaus, dass der Fehler bei ihm liegt und nicht beim Hersteller, und erhofft sich trotzdem Hilfe.

Im Fall 2 sieht er sich durchaus im Recht, hier eine Korrektur vom Hersteller zu erhalten, in welcher Form auch immer.

---

[3]Vgl. Diez (2006, S. 403).

Sollte der Kunde sich letztlich beim Hersteller offiziell beschweren, so muss der OEM aktiv darauf reagieren.

Sowohl bei Konsumgüterproduzenten als auch bei Dienstleistern können sich Kunden über das Produkt oder die Dienstleistung beschweren. Im folgend beschriebenen Zusammenhang konzentrieren sich die Überlegungen ausschließlich auf Beschwerden, die durch unzureichende Produktqualität entstehen. Beanstandungen wegen schlechter Servicequalität oder schlechter Lieferzeiten und Bedingungen werden hier nicht weiter betrachtet.

In Abb. 4.2 werden zwei Ebenen dargestellt, die die Beziehungen der Beteiligten im Falle einer eingegangenen Beschwerde untereinander beschreiben:

Die Beziehungsebene 1 zwischen dem Kunden und dem OEM symbolisiert die Entgegennahme und die Analyse der Kundenbeschwerden durch den OEM.

Die Beziehungsebene 2 zwischen dem OEM und dem Lieferanten bezieht sich auf die gemeinsame Analyse der Kundenbeschwerden, deren Ursachen und der gemeinsamen Findung von nachhaltigen Abstellmaßnahmen.

Bei einer Einkaufunternehmensstudie aus dem Jahre 2016 wurde die Frage nach der Zusammenarbeit und Einbindung zwischen OEM und Zulieferer in der Beziehungsebene 2 wie folgt beantwortet (siehe Abb. 4.3):

Bei über der Hälfte der Unternehmen (87 Nennungen) erfolgt ein gemeinschaftliches Beschwerdemanagement, bei dem der Lieferant mit eingebunden wird. Dabei gaben

**Abb. 4.2**  Beziehungsebenen. (Quelle: eigene Darstellung)

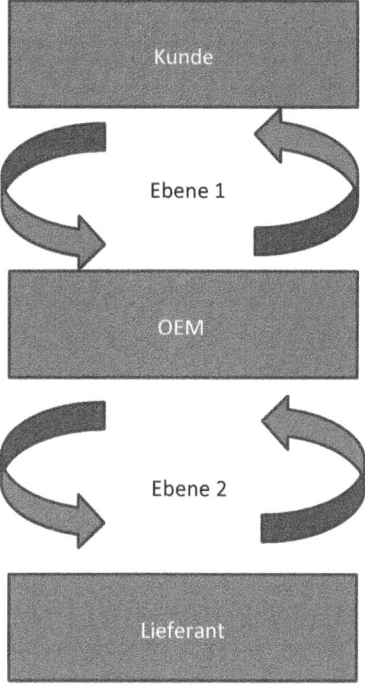

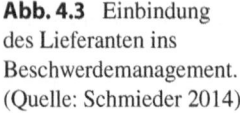

**Abb. 4.3**  Einbindung
des Lieferanten ins
Beschwerdemanagement.
(Quelle: Schmieder 2014)

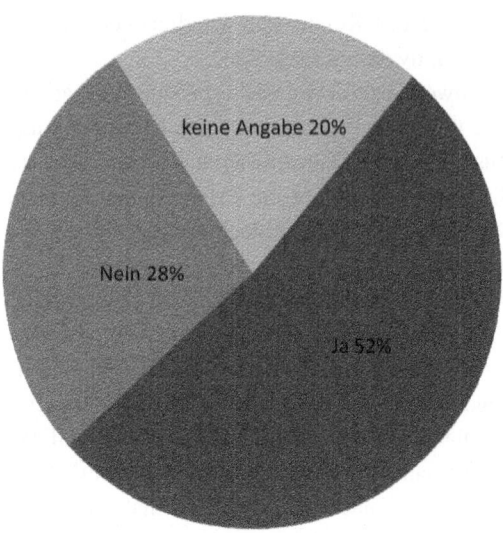

62 Unternehmen die Form an, am häufigsten wird der 8D-Report (29-mal) genannt sowie eine schriftliche Benachrichtigung (5-mal).

Ein Vergleich der Branchen zeigt, dass im Bereich Elektrotechnik/Feinmechanik 70 % der Unternehmen die Lieferanten ins gemeinschaftliche Beschwerdemanagement einbinden. Bei den Automobilherstellern/Automobilzulieferern sind es 53 % und nur 34 % im Anlagen- und Maschinenbau.

Nachfolgend (siehe Abb. 4.4 und 4.5) werden diese Beziehungen im Detail beschrieben.

**Ebene 1**

Ist man mit technischen Konsumgüterprodukten im Markt vertreten, so muss der OEM eine Plattform bieten, über die sich der Kunde entweder über das schlechte Produkt oder auch aufgrund seiner differenten Erwartungen an das Produkt beschweren kann. Das erfolgt im Allgemeinen über den verfügbaren Kundendienst, bei dem alle Reparaturen, Nachbesserungen, Beschwerden und Wünsche des Kunden eintreffen. Der Kundendienst spielt hier die zentrale Schlüsselrolle als Vermittler und Ansprechpartner zwischen dem Kunden und dem Hersteller. Der Kundendienst sollte die Beschwerde genau erfassen und auswerten, da sie eine wichtige Information über die Produktqualität darstellt und das Potenzial für Verbesserung aufzeigt.

Die Kundenbeschwerden sollten über einen längeren Zeitraum erfasst werden, um sie professionell auszuwerten. Diese Daten können Auskunft darüber geben, ob die Beschwerde ein Einzelfall ist und bleibt, oder ob sich sehr viele Kunden über dasselbe Problem beschweren. Hier sollte der OEM besonders aufmerksam werden, denn es könnte noch eine größere unbekannte Anzahl an weiteren Beschwerden eingehen, die schlimmstenfalls eine weitere Vermarktung des Produktes gefährden können.

**Abb. 4.4** Ebene 1. (Quelle: eigene Darstellung)

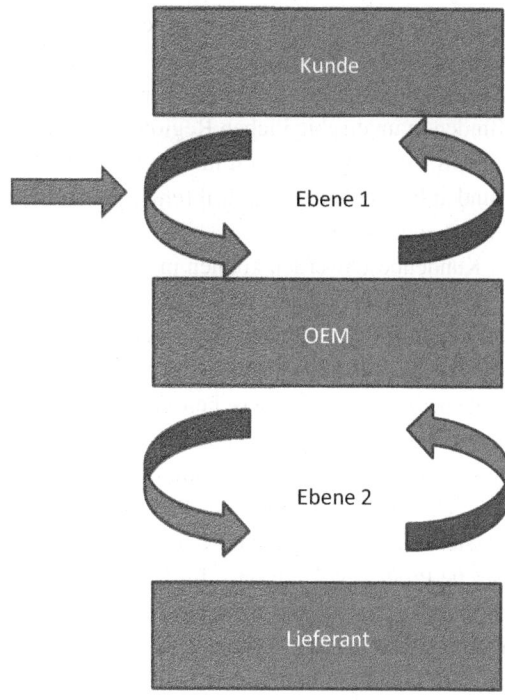

**Abb. 4.5** Ebene 2. (Quelle: eigene Darstellung)

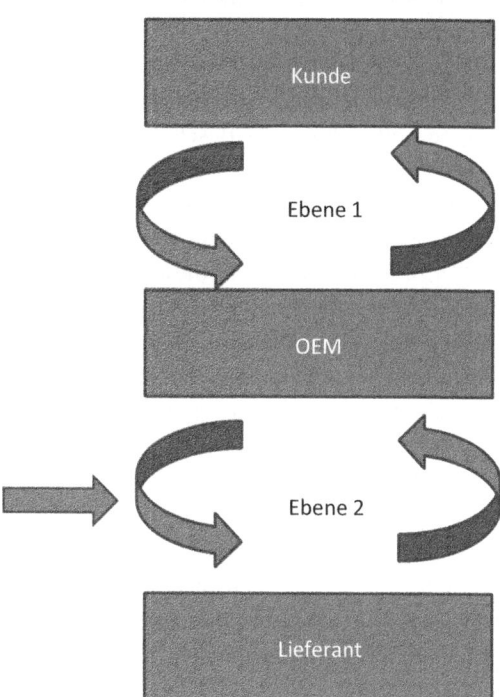

Auch Aussagen über saisonale oder regionale Einflüsse sind mit diesen Daten möglich. Saisonale Einflüsse können beispielsweise wetterbedingt sein (Sommer- oder Wintertemperaturen), regionale Einflüsse ein unterschiedliches Nutzungsverhalten der Kunden in unterschiedlichen Regionen. Beispielsweise möchten die Automobilkunden in den USA das Fahrzeug von innen verriegeln, wenn sie eingestiegen sind. Und asiatische Kunden lassen sich gerne in ihrem eigenen Fahrzeug fahren und sitzen meistens hinten. Das ist anders in Europa.

Kundenbeschwerden können in unterschiedlichen Abstufungen auftreten.

Die Kunden können sich über eine Funktion des Produktes beschweren, die den Vorstellungen des Kunden nicht entspricht. In diesem Falle kann der Kunde trotz seiner Beschwerde keinen Mangel des Produktes nachweisen. Die Ursache der Beschwerde liegt in der Differenz zwischen der Erwartungshaltung des Kunden und dem Produktfunktionsverhalten. Der Kunde hat vermutlich das falsche Produkt gekauft oder das Leistungsverhalten des Produktes nicht ausreichend gegen seine Erwartungshaltung geprüft. Da rechtlich kein Mangel am Produkt vorliegt und es einwandfrei funktioniert, ist der Hersteller nicht verpflichtet, den Mangel zu akzeptieren (der Kunde weiß, dass er das falsche Produkt gekauft hat). Im Sinne der Kundenzufriedenheit ist der Hersteller jedoch gut beraten, dem Kunden hier zu helfen und das Produkt zu tauschen oder ihn auf eine andere Weise bei dem Problem zu unterstützen. Der Kunde wird dieses positive Verhalten sehr würdigen und wahrscheinlich auch in Zukunft wieder als Kunde auftreten. Ein unkompliziertes Verhalten des Herstellers kann hier eine hohe Zufriedenheit beim Kunden im Sinne der Wertschätzung erzeugen, obwohl er mit dem Produkt (bzw. letztlich mit seiner Kaufentscheidung) unzufrieden war. Der Kunde könnte genau wegen dieser entgegenkommenden positiven Behandlung wiederkommen und diese auch im Freundeskreis kommunizieren. Diese Wirkung darf nicht unterschätzt werden.

Eine weitere Form der Beschwerde richtet sich gegen ein ausgefallenes bzw. defektes Produkt oder gegen eine eingeschränkte Funktion des Produktes. Das bedeutet konkret, dass das Produkt nicht mehr funktioniert oder sein bisheriges Leistungsverhalten so stark eingeschränkt ist, dass es dem Kunden negativ auffällt und er es nicht mehr akzeptiert. Der OEM hat unbedingt auf diese Reklamation zu reagieren, da der Kunde berechtigterweise über sein defektes Produkt verärgert ist. Juristisch ist der Kunde hier im Vorteil, solange sich der Reklamationszeitpunkt innerhalb der Garantie- bzw. Gewährleistungspflicht befindet, und kann dadurch eine Korrektur des Fehlers einfordern. Selbst außerhalb dieser juristischen Verpflichtung sollte der OEM dem Kunden möglichst weit entgegenkommen, auch wenn er hierzu letztlich nicht verpflichtet ist. Das ist die letzte Möglichkeit, eine angekratzte Glaubwürdigkeit des Produktes oder sogar der Marke wiederherzustellen. Aus der Sicht des Kunden wird diese Korrekturphase des OEMs besonders sensibel beobachtet – ob sie problemlos erfolgt oder mit Hürden für den Kunden abläuft. Aus der Sichtweise des Kunden kann der OEM das Problem durch einen schlechten Kundenservice nur noch vergrößern, sollte dem Kunden hier nicht umfassend geholfen werden: Ein „schlechtes" Produkt und dann noch ein „schlechter" Kundenservice erzeugen eine nachhaltige, noch schlechtere Wahrnehmung des Unternehmens, woraufhin der Kunde nicht nur in Zukunft das Unternehmen meiden wird, sondern seine schlechten Erfahrungen auch an seinen privaten Kontaktkreis oder über soziale Netzwerke kommuniziert. Dieser Reputationsschaden ist für den OEM unkalkulierbar und auch nicht beeinflussbar. Häufig lässt sich ein Kunde, der diese Erfahrung gemacht hat, auch nicht mehr zurückgewinnen und ist auf ewig weg.

Ein weiterer Aspekt darf hier nicht übersehen werden. Sollte sich ein Kunde über ein Produkt beschweren oder auch reklamieren, so sollte der OEM diese Reaktion eher positiv beurteilen, denn im Allgemeinen beschweren sich nur etwa 4 % aller unzufriedenen Kunden. Die restlichen 96 % sind ebenfalls verärgert, beschweren sich aber nicht und wechseln einfach das Produkt oder die Marke. Davon erfährt der OEM jedoch nichts und ist im guten Glauben, mit dem Produkt wäre alles in Ordnung. Erst durch den Rückgang der Nachfrage kann man darauf Rückschlüsse ziehen, dass mit dem Produkt ggf. etwas nicht stimmt. Nur: Dann ist es zu spät.

Von den Kunden, die sich beschweren, ist etwa die Hälfte bereit, neue Produkte vom OEM zu erwerben, wenn die vorherige Reklamation zu ihrer vollen Zufriedenheit problemlos abgewickelt wurde.

Sind die Ursachen für die Produktreklamationen bekannt, so sollten sie den Fachabteilungen des OEMs zugeordnet werden.

Hier wird speziell die Produktentwicklung angesprochen, die entweder

- die Erwartungshaltung des Kunden schlecht in funktionale Leistungsparameter des Produktes umgesetzt hat oder
- die konstruktiven Fehler in das Produkt hinein konstruiert hat, ohne sich darüber bewusst zu sein.

Letztlich muss auch die Produktion betrachtet werden, die ggf. das Produkt nicht nach der Spezifikation (Zeichnung) der Produktentwicklung hergestellt hat.

**Ebene 2**

Sollten in diesem Zusammenhang Baugruppen oder Einzelteile des Gesamtproduktes vom Lieferanten entwickelt oder geliefert worden sein, so muss hier der Lieferant mit in die Lösungsroutine einbezogen werden.

Auch hier muss man 3 Umfänge des Lieferantenauftrags betrachten:

Man muss unterscheiden, ob der Lieferant verantwortlich ist für die Definition der funktionalen Zielwerte, also das Umwandeln der Kundenerwartung in die technischen Leistungsparameter des Produktes, und/oder „nur" für die Konstruktion auf der Vorgabe der technischen Leistungsparameter, und/oder „nur" für die Produktion (Herstellung nach Zeichnungsvorgabe) des Produktes. Daraus ergeben sich unterschiedliche Arten der Aktivitäten in einem Beschwerdefall.

Ist der Lieferant für den gesamten Umfang verantwortlich, von der Definition der Leistungsparameter über die Konstruktion bis hin zur Produktion, so muss er sich vollständig um die Korrektur der Beschwerde kümmern. In diesem Fall muss der Lieferant

**Abb. 4.6** Übernahme
von Garantieleistungen
der Zulieferteile. (Quelle:
Schmieder 2014)

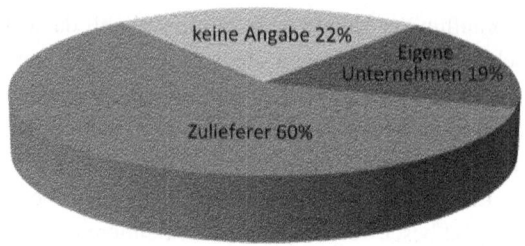

untersuchen, warum er die Erwartung des Kundenwunsches nicht korrekt getroffen und diese letztlich in Konstruktion und Herstellung fälschlich umgesetzt hat.

Ergibt die Ursachenanalyse der Kundenbeschwerde, dass das Produkt konstruktive Mängel aufzeigt, aber den Kundenerwartungen letztlich entspricht, so muss der Lieferant für den Umfang der Konstruktionsfehler geradestehen. Hier ist es letztlich wichtig, wiederum die Ursachen der Konstruktionsfehler zu erkennen, um die Wiederholung des Fehlers langfristig zu verhindern.

Ist der Lieferant „nur" verantwortlich für die Produktion des Produktes, so müssen die Teile des reklamierten Produktes daraufhin geprüft werden, ob sie der Zeichnung entsprechen oder nicht. Entsprechen sie nicht der Zeichnung, so hat der Lieferant die Teile außerhalb der Spezifikation hergestellt und fälschlicherweise in den Markt gebracht. In diesem Fall ist es wichtig zu klären, warum die Qualitätskontrolle in der Produktherstellung diese Abweichung nicht erkannt hat. Dieses Schlupfloch gilt es nachhaltig zu schließen.

Welchen Anteil der Lieferant an dem Produkt auch immer hat: In diesem Zusammenhang ist es wichtig, dass die Verträge detailliert beschreiben, wer (OEM oder Lieferant) welchen Anteil und Beitrag an der Korrektur der Beschwerde hat und wer welchen Kostenanteil bei anfallenden Garantie- und Kulanzleistungen übernimmt.

Bei der oben genannten Einkaufunternehmensstudie aus dem Jahre 2016 wurde eine Frage nach der Übernahme der Garantieleistungen für die Zulieferteile wie folgt beantwortet (siehe Abb. 4.6): Aus der Grafik ist ersichtlich, dass in 60 % der Unternehmen (100 Nennungen) beim Reklamationsfall die Garantieleistungen der Zulieferteile vom Zulieferer getragen werden. Lediglich bei 19 % (31 Nennungen) übernehmen die OEMs bei einem Reklamationsfall die Gewährleistung der Zulieferteile.

Untersuchungen nach Branche, Unternehmensgröße, Einkaufsvolumen sowie Wertschöpfungsstufe zeigten keine wesentlichen Unterschiede.

## 4.4   Technische Problemlösung

### 4.4.1   Allgemeine Problemstellung von Produktausfällen

Technische Probleme von Konsumgüterprodukten entstehen bei der Benutzung durch den Kunden immer wieder. Beispielsweise versagen Produkte ihre Funktion komplett oder arbeiten nur noch eingeschränkt. Das ist auf jeden Fall für den Kunden nicht zufriedenstellend und löst eine Verärgerung aus. Die Möglichkeiten des Fehlverhaltens sind hier sehr vielseitig.

Dieser Zustand des Produktversagens hat gleich mehrere Auswirkungen, für den Kunden, aber auch für das Unternehmen:

Auf der Seite des Kunden ist diese Situation ausgesprochen ärgerlich, da es wieder eine Kettenreaktion an Aufwand für ihn bedeutet, um eine entsprechende Reparatur einzuklagen und schließlich auch zu bekommen. Das Produkt funktioniert nicht und man muss weiteren Aufwand hineinstecken, um es wieder in den vorherigen, funktionierenden Zustand zu bringen. Nicht jeder Kunde ist aber dazu bereit. Im schlechtesten Fall fragt er sich, warum er für dieses Produkt überhaupt Geld bezahlt hat. Diese Situation belastet nicht nur die Kundenzufriedenheit in Bezug auf das Produkt und die Marke, sondern kann auch nachhaltige Folgeschäden in der Beziehung zum Unternehmen oder zur Marke erzeugen, die nicht abzuschätzen sind. Im schlechtesten Fall treibt es den Kunden in der Zukunft zum Mitbewerber. Die Folgen von fehlerhaften Produkten, wie z. B. Reputationsverlust, Vertrauensverlust und Loyalitätsverlust, sind für das Unternehmen kaum abschätzbar, und auch nicht monetär bewertbar, vom Verlust der Glaubwürdigkeit und dem Vertrauen in das Produkt und die Marke ganz zu schweigen.

Als Unternehmen sollte man immer bestrebt sein, diesen Funktionsausfall von Produkten zu vermeiden, was leider nicht immer gelingt. Die Konsequenzen eines Produktausfalls sind sicherlich abhängig von den Auswirkungen für den Kunden, aber es bleibt leider immer etwas beim Kunden hängen, dass die nächste Kaufentscheidung negativ beeinflussen kann.

Kunden, die auf diese Weise ihre erste Erfahrung mit dem Produkt machen, sind vermutlich schon als dauerhafter Kunde verloren, da die Möglichkeit einer Vertrauensbildung nicht mehr besteht.

Kunden, die bereits als dauerhafte, also auch loyale Kunden zu bezeichnen sind, können nachhaltig verärgert werden und springen schließlich doch ab. Diese Kunden sind im Allgemeinen dauerhaft verloren und lassen sich kaum zurückgewinnen. Diese Situation richtet ebenfalls nachhaltigen Schaden an der langfristigen Umsatzsituation an.

Dieser nachhaltige Schaden trifft zunächst immer den OEM, dessen Markenemblem auf dem Produkt zu sehen ist. Der Kunde registriert diese Marke und verbindet die erlebten schlechten Erfahrungen damit. Dies ist völlig unabhängig davon, ob die Ursache für den Produktausfall beim OEM oder bei einem Zulieferer entstanden ist. Der OEM steht immer in der ersten Reihe und nicht der Zulieferer, da er dem Kunden verständlicherweise nicht bekannt ist und es ihn richtigerweise auch nicht interessiert.

## 4.4.2  Zusammenarbeit zwischen OEM und Lieferant in Bezug auf die gemeinsame Lösung technischer Probleme

Aufgrund der oben beschriebenen Sachzusammenhänge eines Produktausfalls ist eine enge Zusammenarbeit zwischen dem OEM und seinen Zulieferern notwendig, um die aufgetretenen Probleme möglichst schnell und gemeinsam lösen zu können und das Bestmögliche für den Kunden zu erreichen.

In vielen Produktmärkten ist es möglich, die Ausfallraten der eigenen Produkte zu beobachten, um frühzeitig über auffällige Situationen informiert zu werden. Diese Marktbeobachtungen sollten gemeinsam von OEM und Zulieferer erfolgen. Es sollten hier sowohl die Häufigkeiten der Ausfälle und die Ersatzteilabrufe für Reparaturen als auch ggf. regionale Verhaltensunterschiede oder unterschiedliche Nutzungsbedingungen des Kunden in Bezug auf Früh- oder Langzeitausfälle ausgewertet werden. Auch der Lieferant sollte ein besonderes Interesse an den Ausfallraten seiner Bauteile haben und darum diese Daten entsprechend aus dem Markt abrufen.

Diese Aufgabe organisiert im Allgemeinen der OEM, solange er sich in einem Marktumfeld befindet, in dem eine Beobachtung der Produkte über dem Unternehmen bekannte Kunden möglich ist. Vorreiter ist die Automobilindustrie, die sowohl mit umfangreichen Kundenzufriedenheitsabfragen arbeitet, als auch über eine dichte Händlerorganisation verfügt, die den direkten Kontakt zum Kunden hat und notwendige Information abgreifen kann. Inzwischen findet man diese Marktgrundlagen aber auch in anderen Märkten.

Sollte es zu einem Produktausfall oder einer eingeschränkten Nutzung beim Kunden kommen, erfährt der OEM relativ schnell davon, insbesondere wenn sich der derselbe Ausfall häuft. Lässt sich die Funktionseinschränkung oder der Ausfall des Produktes einem Zukaufteil zuordnen, so ist die Unterstützung durch den Lieferanten notwendig. In diesem Falle erfolgt ein umfangreicher Informationsfluss zwischen dem OEM und dem Lieferanten, die nun gemeinsam die Aufgabe der Problemlösung meistern müssen.

Im Prinzip ist es irrelevant, nach welcher Vorgehensweise oder Methode die Abarbeitung des Kundenproblems erfolgt. Wichtig ist letztlich nur, dass das Problem des Kunden zu seiner vollen Zufriedenheit behoben wird, die volle Funktionalität des Produktes wiederhergestellt wird, mögliche weitere Ausfälle bei weiteren Kunden präventiv vermieden werden und sowohl der OEM als auch der Lieferant Maßnahmen zur Vermeidung für die Zukunft festlegt und nachhaltig umsetzt.

Das Risiko in der Nachhaltigkeit dieser Problembehebung liegt jedoch meistens in der Systematik der Abarbeitung. Es werden gerne, getrieben durch Zeitdruck, bei der Ermittlung der Ursache des Fehlers und bei dem Wirksamkeitsnachweis der Abstellmaßnahme unbestätigte Annahmen getroffen und daraufhin Entscheidungen umgesetzt. Die Folge ist häufig, dass das Problem kurzfristig behoben wird, aber bei anderen Kunden immer noch auftritt und sich schlimmstenfalls die Häufigkeit der Fehlermeldungen vergrößert. Ist das der Fall, so wurde nachlässig gearbeitet. Darum wird empfohlen, sich doch einer systematischen Methodik anzunehmen, um den Faden der Beweislast aller einzelnen Schritte in der Abarbeitung nicht zu verlieren.

### 4.4.3  Der 8D-Bericht

In der industriellen Praxis hat sich hier die Kommunikation im Beschwerdemanagement über die Qualitätslösungsmethode des „8D-Berichtes" eingebürgert und auch vielfach bewährt. Die 8D-Methode ist eine systematische Vorgehensweise für die Problemlösung von sporadischem Fehlverhalten an Produkten. Die 8D-Methode erzeugt einen sogenannten 8D-Bericht, der über den aktuellen Zustand des Problemlösungsfortschrittes informiert. Wenn die 8D-Methodik richtig und präzise und mit dem nötigen Sachverstand und der richtigen Konsequenz angewandt wird, ist sie eine erfolgreiche Methode, die schnell zum richtigen Ergebnis führt. Und genau dort liegt das Problem: Leider ist die Güte der Problemlösung nur so gut wie der Sachverstand und die Disziplin der Mitarbeiter, die die Problemlösung vorantreiben.

Im Allgemeinen wird der Zulieferer vom OEM beauftragt, einen solchen 8D-Bericht zu erzeugen und in regelmäßigen Abständen dem OEM vorzulegen. Leider kommt es hier immer wieder zu Konflikten zwischen dem OEM und dem Zulieferer, mit vielfältigen Ursachen. Diese Konflikte und Verständnisprobleme werden nachfolgend erläutert.

### 4.4.3.1 Allgemeine Vorgehensweise und Praxis in der Zusammenarbeit

Im Allgemeinen kommt in der Kommunikation zwischen OEM und Zulieferer der sogenannte 8D-Bericht ins Spiel. Der OEM verpflichtet den Zulieferer, das Problem umgehend zu lösen, und fordert als Dokumentation den 8D-Bericht an.

Dieser Bericht enthält auf einem Blatt zusammengestellt alle notwendigen Informationen, um den aktuellen Stand der Problemlösung zu erklären (vgl. Abb. 4.7). Die Vorlage unterteilt die Vorgehensweise in 8 Einzelschritte, um der Vorgehensweise eine logische Struktur in der Bearbeitung zur Verfügung zu stellen. Der wesentliche Vorteil dieser Struktur ist, dass man sich an der richtigen Stelle die richtigen Fragen stellt. Darüber hinaus geht es nicht nur darum, dieses Problem einmal zu lösen, sondern darum, es nachhaltig zu lösen und sein Wiederauftreten für alle Zukunft zu vermeiden.

Leider kommt es hier gerne zu Missverständnissen in der Verwendung des 8D-Berichtes:

Der Lieferant benutzt den Bericht eher, um zu demonstrieren, welche Aktionen er gestartet hat, seitdem das Problem bekannt geworden ist, jedoch ohne die strukturierte Logik der Vorlage anzuwenden.

Der OEM erwartet eine Abarbeitung der Vorlage in einem vorgegeben Zeitfenster, das oft nicht realistisch ist. Jedoch ist es durchaus möglich (und sollte auch so gefordert werden), dass ein 8D-Bericht bis einschließlich dem eingeführten Schritt D3 (ICA) innerhalb von 48 h vorzulegen ist.

### 4.4.3.2 Disziplinen

Die 8D-Methode ist an vielen Stellen in der Literatur ausführlich beschrieben, darum wird hier nur auf die wesentlichen Punkte eingegangen, auf die besonders zu achten ist, wie auch speziell auf die Problematiken zwischen OEM und Lieferant.

Die 8 einzelnen Schritte (Disziplinen) des nachfolgend dargestellten 8D-Berichtes (siehe Abb. 4.7) lauten im Detail:

| Beanstandung: | | Anfangsdatum: | Letzte Aktualisierung: |
|---|---|---|---|
| Produkt-/Prozessinformationen: | Unternehmen: | | |
| D0 Symptom(e): | | | |
| D0 Sofortmaßnahme(n): | | Wirksamkeit (%): | Einführungsdatum: |
| Nachweis der Wirksamkeit/der Wirkung: | | | |

| D1 Team (Name, Abt., Telefonnummer) Pate: Teamleiter: Teammitglieder: | D2 Problem Problemdefinition: Problembeschreibung: |
|---|---|

| D3 Temporäre Maßnahmen: Prüfung der Wirksamkeit/Kontrolle der Wirkung: | Wirksamkeit (%): | Einführungsdatum: |
|---|---|---|

| D4 Grundursache und Durchschlüpfpunkt: Nachweis: | Anteil am Problem (%) |
|---|---|

| D5 Gewählte Dauerabstellmaßnahmen: Prüfung der Wirksamkeit: | Wirksamkeit (%): |
|---|---|

| D6 Eingeführte Dauerabstellmaßnahmen: Kontrolle der Wirkung: | Einführungsdatum: |
|---|---|

| D7 Vorbeugemaßnahmen: | Einführungsdatum: |
|---|---|

| D7 Systembezogene Vorbeugeempfehlungen: | Verantwortlich: |
|---|---|

| D8 Würdigung des Teams und der einzelnen Mitglieder: | Abschlussdatum: | Erstellt von: |
|---|---|---|

**Abb. 4.7**   8D-Bericht – Vorlage. (Quelle: von Regius 2005)

**D0 Symptom**

Das Symptom beschreibt das Fehlverhalten des Produktes, beschrieben mit den Worten des Kunden. Hier ist besonders darauf zu achten, dass die Fehlerbeschreibung vom Kunden unverfälscht und ohne jegliche Interpretation wiedergegeben wird.

**D1**

In der Kategorie „Team" sind alle Mitarbeiter aufzuführen, die an der Lösung des Problems beteiligt sind. Das Team sollte idealerweise aus Vertretern der benötigten Fachabteilungen zusammengesetzt sein.

**D2**

Die Problembeschreibung fasst die Ergebnisse einer Untersuchung der fehlerhaften Teile zusammen. Das setzt voraus, dass die vom Kunden reklamierten Bauteile/Produkte wieder verfügbar sind und im Detail untersucht werden können. Hier ist es besonders wichtig, keine Annahmen einer möglichen Ursache zu beschreiben, sondern ausschließlich den erkennbaren Fehler an dem fehlerhaften Teil. Alle Auffälligkeiten, die nicht zeichnungskonform sind, sollen hier mit messbaren Attributen und Merkmalen beschrieben werden. Hierfür können ggf. auch externe Untersuchungen notwendig sein.

Bei diesem Schritt ist eine hohe Gründlichkeit nötig, weil er die Grundlage für alle Folgeschritte des 8D-Prozesses ist, insbesondere die Ursachensuche (D4). Die Beschreibung des Fehlerzustandes muss die Fehlerbeschreibung des Kunden erklären können und in einen eindeutigen Bezug zueinander setzen.

Eine mögliche Beschreibung könnte z. B. sein: „Riss diagonal linke Seite von 5mm."

**D3**

Die Sofortmaßnahme beinhaltet Aktionen, die eine weitere Auslieferung von möglicherweise fehlerhaften Produkten an Kunden verhindern. Diese möglichen Maßnahmen dienen ausschließlich der Schadensbegrenzung beim Kunden.

Hierbei ist insbesondere der Transitweg der Produkte betroffen, heißt: vom Eingangslager beim Kunden über den Transportweg bis zurück ins eigene Ausgangslager. Der gesamte Transitweg muss beim Stop der Auslieferung berücksichtigt werden, um alle im Lieferweg befindlichen Produkte zurückzuholen.

Alle eingeleiteten Sofortmaßnahmen sind zeitlich begrenzt und bleiben im Allgemeinen bis zur Einführung der permanenten Abstellmaßnahme (D6) aktiv.

Im nachfolgenden Eingabefeld werden die Maßnahmen eingetragen.

**D4**

Bei diesem Schritt wird die Fehlerursache für das Problem beschrieben, jedoch nur das Ergebnis aller Analysen, die dafür nötig waren, keine Annahmen oder Vermutungen. Es ist von elementarer Bedeutung, dass die theoretisch analysierten Ursachentheorien des Teams erst durch physikalische Tests und Versuche bestätigt werden müssen und das technische Problem (wie in D2 beschrieben) nachgestellt wird. Erst wenn das erfolgt ist, dürfen die Ursachen eingetragen werden. Ein Verweis auf die Dokumentationen dieser Versuchs- und Testergebnisse sollte hier mit aufgeführt werden.

Eine weitere notwendige Eingabe ist der sogenannte Durchschlüpfpunkt. Der Durchschlüpfpunkt beschreibt die Stelle im Prozess, bei der man den Fehler, den der Kunde reklamiert, auch hätte erkennen können, dies aber nicht geschafft hat. Die Frage, die hier beantwortet werden soll, ist: Wenn der Kunde es schafft, ohne jegliche Produkt- oder Prozesskenntnisse den Fehler zu finden, warum ist das nicht im eigenen Unternehmen geglückt? Die Stelle, an der der Fehler durchgeschlüpft ist, soll hier beschrieben werden. Dies kann zum Bespiel die Endprüfung vor dem Versand zum Kunden sein. Erst wenn der Durchschlüpfpunkt erkannt und eindeutig beschrieben ist, lässt er sich nachhaltig im Schritt D7 für die Zukunft beheben.

## D5

Dieser Schritt beschreibt die permanenten Abstellmaßnahmen. Das bedeutet, dass diese Maßnahmen von unbegrenzter Dauer sein sollen und damit die vorübergehenden Abstellmaßnahmen aus D3 nahtlos ersetzen. Voraussetzung für diesen Schritt ist allerdings die bestätigte Ursache aus D4. Nur wenn die Ursachen bekannt sind und bewiesen wurden, kann man dagegen mit Maßnahmen aktiv werden.

Das Team hat hier die Aufgabe, geeignete Maßnahmen gegen das Entstehen der Ursachen (D4) zu definieren und wiederum durch Versuche und Tests deren Wirksamkeit (in %) zu bestätigen. Erst wenn in nachgestellten Versuchen und Tests mehrfach(!) bewiesen worden ist, dass mit eingeschalteter Abstellmaßnahme das Problem (D2) behoben ist und ohne Abstellmaßnahme das Problem erzeugt wird, kann man von einer erfolgreichen Verifizierung sprechen. Wenn das Ausmaß des messbaren Problems von 100 % auf 0 % (eingeschaltete Abstellmaßnahme) und wieder von 0 % auf 100 % (ausgeschaltete Abstellmaßnahme) springt, ist die Abstellmaßnahme zu 100 % wirksam bestätigt.

Dieser Nachweis sollte sehr sorgfältig erfolgen, da sonst das Problem nicht vollständig behoben wird und der Kunde ggf. demselben Fehler wieder begegnet und erneut reklamiert, was absolut zu vermeiden ist.

Diese Verifikation findet ausschließlich im eigenen Hause statt, ohne Beteiligung des Kunden. Der Kunde kann ggf. über die permanente Abstellmaßnahme informiert und ihm die Dokumentation des Wirksamkeitsnachweises zur Zustimmung vorgelegt werden. Die durch diese Versuche erzeugten korrigierten Bauteile werden in der Regel nicht zum OEM zur Verarbeitung geschickt, maximal zur Begutachtung, und werden im Allgemeinen verschrottet.

## D6

Dieser Schritt baut wiederum auf dem Schritt D5 auf und beschreibt die Aktionen zur Einführung der geplanten und bestätigten Abstellmaßnahme aus D5. Hier geht es darum, die unter D5 bestätigte Abstellmaßnahme „scharf" zu schalten und in die Praxis umzusetzen. Das bedeutet, dass alle Unternehmensdokumente der Produktentwicklung (physikalische, chemische, dimensionale Spezifikationen, Zeichnungen, usw.) oder

der Fertigung bzw. Herstellung (Prozessanweisungen, Montageanweisungen, Maschinen- und Prozessparameter, usw.) formal permanent geändert werden müssen. Wenn das geschehen ist, muss das Produkt formal nach diesen neuen Anforderungen oder Anweisungen hergestellt werden. Erst nach diesem Zeitpunkt gibt es „geänderte" neue Produkte unter normalen Prozessbedingungen, die dann an den Kunden verschickt werden können. Der Kunde sollte bei der Einführung der permanenten Abstellmaßnahme durch seine Zustimmung involviert sein, damit er das geänderte Produkt schließlich akzeptiert.

Wird das geänderte Produkt nun zum Kunden verschickt und verursacht beim Kunden keine Probleme mehr, so spricht man von einer erfolgreichen Validierung. Diese Bestätigung durch den Kunden wird im Feld „Erfolgskontrolle" eingetragen.

Ist die permanente Abstellmaßnahme eingeführt, so kann die vorübergehende Abstellmaßnahme aus D3 abgeschaltet werden.

An dieser Stelle kann noch ein weiterer Hinweis gegeben werden: Es ist durchaus möglich, dass eine eingeführte vorübergehende Abstellmaßnahme sich als kostengünstig und wirksam erweist und daher auch als Dauerlösung fungieren kann. Das ergibt besonders dann Sinn, wenn der Aufwand einer permanenten Abstellmaßnahme nicht in einer gesunden Relation zum Schaden des Fehlers steht. Damit kann also die vorübergehende Maßnahme auch zu einer permanenten Maßnahme werden. Beispiel: permanente 100%-Kontrolle anstatt einer massiven Werkzeugänderung.

**D7**

Der vorletzte Schritt der Problemlösung ist die Vermeidung des Wiederauftretens des Fehlers. In diesem Schritt geht es um die Aktualisierung der Unternehmensdokumente, um sicherzustellen, dass alle notwendigen Dokumente (wie Arbeitsanweisungen, Prozessanweisungen, usw.) die neuen Vermeidungsmaßnahmen reflektieren, damit dieser Fehler sich in Zukunft nicht wiederholt.

Eines der wesentlichen Dokumente, die eine notwendig gewordene Konstruktionskorrektur reflektieren sollten, ist die Produkt-FMEA. Hier sollten sowohl die neu erkannten Konstruktionsfehler als auch die entsprechenden Abstell- und Entdeckungsmaßnahmen detailliert formuliert und ergänzt werden.

Die Prozess-FMEA wird mit den Ursachen und Abstellmaßnahmen der Produktionsfehler ergänzt.

Im Kontrollplan werden die geänderten Entdeckungsmaßnahmen im Fertigungsprozess eingetragen. Hier ist jedoch anzumerken, dass der Kontrollplan nur eine Entdeckung des Produktfehlers sicherstellen kann, jedoch nicht die Vermeidung der Ursache, die zum Produktfehler geführt hat. Damit verhindert eine Fehlerkontrolle nicht die Entstehung des Fehlers.

Die Arbeitsanweisungen für den Herstellprozess oder die Konstruktion gehören zu den wirksamsten Dokumenten in der Vermeidung von Produktfehlern. Diese Dokumente sollten bei jeder Korrekturmaßnahme aktualisiert werden.

Bei allen geänderten Dokumenten ist das Datum der Änderung wichtig, denn ab diesem Datum müssen alle Mitarbeiter der neuen Arbeitsanweisung folgen und der Fehler darf nicht mehr auftreten. Diese Terminangaben werden im rechten Teil des Dokuments angegeben.

Bei der Festlegung der Maßnahmen zur Fehlervermeidung muss hier wieder der sogenannte Durchschlüpfpunkt, wie bereits bei Schritt D4 beschrieben, berücksichtigt werden. Im Schritt D7 müssen Maßnahmen entwickelt und beschrieben werden, die diesen Durchschlüpfpunkt schließen. Das heißt, es muss die Lücke in der Fehlerentdeckung für die Zukunft nachhaltig geschlossen werden. Diese Maßnahme wird als Freitext im Beurteilungsfeld angegeben. Damit wird sichergestellt, dass der Fehler am Produkt erkannt wird, bevor er zum Kunden gelangt.

**D8**

Der Erfolg des Teams sollte nur bei einem nachhaltig abgestellten Fehler, der nachweislich nicht mehr auftritt, entsprechend durch den Qualitätsleiter honoriert werden.

Eine wichtige Aussage ist hier noch zu ergänzen: In der Zusammenarbeit zwischen OEM und Lieferanten geht es im Prinzip nicht darum, sich auf den 8D-Report zu konzentrieren, sondern um das Lösen des technischen Problems. Der 8D-Report dient lediglich zur Kommunikation und sollte bei Verhandlungen nicht ausschließlich im Mittelpunkt stehen.

Man darf hier eines nicht vergessen: dass der Lieferant durch die fehlerhaft gelieferten Teile bereits einen Glaubwürdigkeitsverlust erlitten hat. Jedoch hat der Lieferant jetzt die Möglichkeit, seinem Kunden gegenüber zu demonstrieren, wie professionell er das Problem lösen und kommunizieren kann. Natürlich kann seine Reaktion unter Umständen auch zum Gegenteil führen, was heißt: Der Lieferant verschlechtert die Situation noch durch eine unprofessionelle Handhabung der Problemlösung und einer Kommunikation basierend auf Halbwahrheiten und Annahmen.

### 4.4.4    Allgemeine Probleme in der Zusammenarbeit an der 8D-Methodik

Eine wesentliche Voraussetzung für eine erfolgreiche Lösung des technischen Problems ist, dass der OEM den Lieferanten ausreichend mit Marktinformationen über das ausgefallene Produkt versorgt. Dies sollten detaillierte Informationen über die Ausfall- oder Nutzungsbedingungen des Bauteils oder Produktes sein, bezogen auf die Region und Betriebseinsatzbedingungen zum Zeitpunkt des Ausfalls, sowie Nutzungsdauer, Nutzungszyklen, usw.

Darüber hinaus sollten ausgefallene Bauteile für technische Untersuchungen durch den Lieferanten zur Verfügung gestellt werden.

Diese Voraussetzungen werden oft nicht ausreichend beachtet, wodurch der Lieferant sich meistens schon in einer schlechten Ausgangsituation befindet.

Aber auch das Nutzen und Auswerten dieser Informationen wird wiederum von den Lieferanten oft nicht fundiert genug genutzt, um ein umfassendes Bild des Produktfehlers und der Bedingungen zu erhalten.

Auch ist der Lieferant gerne bemüht, dem OEM mit schnellen Ergebnissen zufrieden-zustellen, an der die Güte der Abarbeitung meistens schnell erkennbar leidet. Oft wird die Anwendung der Methode eher als lästig empfunden und die Systematik vernach-lässigt. Häufig wird der 8D-Bericht auch mit umfangreichen Informationen gefüllt, die aber oft nicht in einem kausalen technischen Zusammenhang stehen. Weniger, aber dafür richtig, ist hier mehr.

Änderungen, die der Lieferant umsetzt, werden gerne auf der Basis von Annahmen eingeführt und nicht nach dem Nachweis von technischen Zusammenhängen. Der Auf-wand für den Nachweis wird gerne vernachlässigt, um Kosten und Zeit zu sparen.

Auf der anderen Seite werden vom OEM häufig unrealistische zeitliche Anforderun-gen für die Abarbeitung der 8D gestellt, wie beispielsweise innerhalb von 48 h eine D6 („permanente Abstellmaßnahme") implementiert zu haben. Das ergibt in den meisten Fällen keinen Sinn, da die Analyse zur Ursachenfindung bereits eine geraume Zeit ver-anschlagt. Hier wird leider der Lieferant genötigt, die Systematik zu verletzten, um das Zeitfenster zu halten.

Wenn unbedingt eine Zeitangabe gemacht werden soll, dann ist für einen Rahmen von 48 h nur der Schritt D3 („vorübergehende Abstellmaßnahme") sinnvoll, um eine weitere Auslieferung von fehlerhaften Produkten zu verhindern, bis der Schritt D6 erfolgreich bestätigt worden ist. Solange die Kunden vor weiteren fehlerhaften Produkten geschützt sind, wird sich der Schaden nicht weiter vergrößern und man hat nun die nötige Zeit, sich der Ursachenfindung und der permanenten Abstellmaßnahme zu widmen.

## 4.5 Messgrößen

Ein zentraler Teil des Qualitätsmanagements ist die Messung der Qualität bzw. von Qua-litätsindikatoren. Um eine Verbesserung zu erreichen, ist generell in allen Bereichen eine Formalisierung notwendig. Dazu sind wichtige Regeln des Managements zu beachten:

Formalisierung $\Longrightarrow$ Verbesserung $\Longrightarrow$ Automatisierung

Erst durch die Formalisierung ist es möglich, Zusammenhänge festzustellen, durch welche Input- oder Prozessgrößen der Output beeinflusst wird. Dies führt zu der Erkenntnis, welche Größen die Fehler verursachen, und zeigt somit, welche Größen verbessert werden müssen. Wenn der Prozess formalisiert ist, kann er in der Regel auch automatisiert werden:

$$Y = f(X1, X2, X3, \dots Xn)$$

$$X1.1.$$

$$X1.1.1.$$

$$Y = Output$$

$$X1 = Einflussgröße 1$$

**Abb. 4.8**  Managementregeln. (Quelle: eigene Darstellung)

Der Output Y (Produkt) ist eine Funktion der Einflussgrößen X (Material, Form und Lage, Dimension, etc.).

Um festzustellen, ob der Output den Anforderungen der Kunden entspricht, sind Größen zu messen, die die Anforderungen des Kunden abdecken.

Nach der Messung der wichtigsten Größen des Outputs kann das Problem gelöst bzw. die Qualität verbessert werden (vgl. Abb. 4.8). Dazu ist die Kommunikation der Messgrößen an die Verantwortlichen im Einkauf der Lieferanten notwendig, wofür die Festlegung der

1. Messgrößen und
2. Berichterstattung.

erforderlich ist.

**Messgrößen der Kennzahlen zum Qualitätsmanagement**
Produkte, die den mit dem Kunden vereinbarten Anforderungen entsprechen, haben die erforderliche Qualität. Insofern steht die Messung der Kundenzufriedenheit an erster Stelle. Sie wird in der Regel von den meisten Unternehmen mit der Weiterempfehlungsrate gemessen.

Um die Kundenzufriedenheit zu erreichen, sind die Erfüllung der Anforderungen an das Produkt und die Lieferpünktlichkeit von Bedeutung (siehe auch Abb. 4.9). Ersteres wird gemessen in „Defekte pro Million" und „prozentkonformer" (nach Spezifikationen der Kunden oder Vorschriften) Erfüllung.

**Prozentsatz der anforderungskonformen Produkte**
Die Zufriedenheit der Kunden alleine stellt den Erfolg des Unternehmens nicht sicher. Wichtig ist, mit welchem Aufwand diese Qualität und Kundenzufriedenheit erreicht wird, wie viel Nacharbeit und Ausschuss für die Erfüllung der Qualitätsanforderungen notwendig ist. Dies wird vor allem mit zwei Messgrößen gemessen:

- First-Pass-Qualität und
- Ausschuss/Nacharbeit

Obwohl die Zunahme des Einsatzes dieser Maßnahmen positiv ist, haben viele Organisationen bislang noch keinen umfassenden Satz qualitätsorientierter Metriken implementiert.

| | Weniger €100 Mio. (N = 240) | €100 Mio. bis €500 Mio. (N = 620) | €500 Mio. bis € 1 Mrd. (N = 63) | € 1 Mrd. bis € 5 Mrd. (N = 127) | € 5 Mrd. oder mehr (N = 144) |
|---|---|---|---|---|---|
| Kundenzufriedenheit | 64.2% | 58.2% | 56.0% | 46.2% | 56.8% |
| Stakeholder Zufriedenheit (intern) | 56.7% | 56.9% | 45.7% | 64.7% | 58.1% |
| Prozent konform | 51.1% | 47.7% | 39.6% | 24.4% | 41.0% |
| First-Pass Yield | 37.1% | 32.7% | 21.1% | 26.5% | 29.0% |
| Interne Fehler (z.B. Nacharbeit) | 38.7% | 34.9% | 21.2% | 27.7% | 26.4% |
| Defekte pro Mio. | 37.7% | 42.7% | 31.3% | 27.9% | 32.2% |
| Prozentuale On-time Lieferung | 46.6% | 47.0% | 36.0% | 33.7% | 38.3% |
| Sicherheit | 48.5% | 58.9% | 56.9% | 60.0% | 63.6% |

**Abb. 4.9** Messgrößen nach Unternehmensgrößen. (Quelle: APQC 2016, S. 7)

Schließlich ist neben der Kundenzufriedenheit auch die Zufriedenheit der internen Stakeholder zu messen und sicherzustellen.

**Berichterstattung**

Wie bereits ausgeführt, ist eine Verbesserung nur möglich, wenn die Verantwortlichen die gemessenen Indikatoren kennen. Dazu ist ein Berichtswesen notwendig. Dabei stellt sich die Frage: Legt jede Abteilung selbst die Berichterstattung fest oder gibt es standardisierte, unternehmensweite Berichte über Qualitätsmaßnahmen innerhalb des gesamten Unternehmens? Für eine Standardisierung der Berichterstattung spricht, dass eine erhöhte Chance für echten Wissensaustausch über das gesamte Unternehmen möglich ist. Dies gilt auch für die Lieferanten. Für dieses Berichtswesen müssen folgende Größen festgelegt werden:

- Qualitätskennzahlen
- Berichtsempfänger
- Berichtshäufigkeit

Dies gilt natürlich auch für die Lieferanten.

Eine Untersuchung von APQC hat den Zusammenhang zwischen Berichtsfrequenz und finanziellem Nutzen des QM in Abhängigkeit von der Berichtsfrequenz nachgewiesen.

**Berichtshäufigkeit**

Um diese Idee weiter zu vertiefen und die „richtige" Frequenz der Berichterstattung zu bestimmen, haben wir die Zusammenhänge zwischen den Rollen der Organisation und den finanziellen Vorteilen ihrer Qualitätsbemühungen untersucht.

Der Nutzen der Berichtsfrequenz hängt stark vom Berichtsempfänger ab: Während
für die Frontline-Mitarbeiter ein sehr kurzer Berichtszyklus von einem Tag den höchsten
Nutzen bietet, zeigen die Berichte an das Top Management mit monatlicher Berichterstattung den höchsten finanziellen Nutzen. Frontline-Mitarbeiter müssen Verwerfungen
der Qualität sofort erkennen, um unmittelbar operative Gegenmaßnahmen einleiten
zu können. Sie müssen täglich sicherstellen, dass die Qualitätsstandards eingehalten
werden, damit bei Abweichung der Schaden begrenzt werden kann. Das Top Management ist mehr für taktische und strategische Maßnahmen notwendig, die mit entsprechenden Investitionen verbunden sind.

**Normung gemeinsamer Messgrößen**
Für die Schaffung von Transparenz ist die Frequenz der Berichterstattung genauso bedeut-
sam wie die Vereinheitlichung gemeinsamer Qualitätsmessgrößen im Unternehmen.
Gemeinsame Messgrößen erlauben:

1. eine Diskussion zwischen den Mitarbeitern (insbesondere mit dem Management),
   basierend auf einem gemeinsamen Leistungsvotum, sowie
2. einen verstärkten Austausch der Praktiken, die eine höhere Leistung erzielen. Die
   meisten Unternehmen haben unternehmensweite Standards für die Messgrößen der
   Kundenzufriedenheit, Sicherheit, pünktlichen Lieferungen und Mängeln.

Bei der Analyse des finanziellen Nutzens korreliert die Standardisierung auf einem
bestimmten Niveau (z. B. Geschäftseinheit, Produktlinie oder unternehmensweit) mit
erhöhten finanziellen Vorteilen, unabhängig von der Messgröße.
Die größtmögliche Auswirkung auf den finanziellen Nutzen hat die Standardisierung
auf Geschäfts- oder Funktionsebene, obwohl Maßnahmen wie die Verbesserung der
internen Kundenzufriedenheit und Sicherheitsmaßnahmen von der unternehmensweiten
Standardisierung profitieren.

# Zusammenfassung, Empfehlungen und Ausblick

**5**

## 5.1 Zusammenfassung

Durch die Verringerung der Wertschöpfungstiefe bei den OEMs spielt die Beschaffungsfunktion in den Unternehmen inzwischen eine zentrale Rolle. Der Gewinn und die Qualität der Produkte werden durch den Einkauf entscheidend beeinflusst.

Dies spiegeln das Ergebnis der ausgeführten Kapitel zum Thema Qualitätsmanagement im Einkauf und das große Interesse der Unternehmen an der Befragung wider.

Die Untersuchungen zeigen, dass überwiegend das Multiple Sourcing als Beschaffungsstrategie genutzt wird. Dabei zeigte sich im Vergleich zur Studie 2004, dass das Multiple Sourcing bei der Beschaffung leicht an Bedeutung zugenommen hat. Gerade bei Unternehmen mit einem zunehmenden Einkaufsvolumen wird überdurchschnittlich oft auf mehrere Lieferanten zurückgegriffen.

Man kann zwischen Entwicklungs- und Fertigungszusammenarbeit und der reinen Entwicklungspartnerschaft mit dem Lieferanten unterscheiden.

Die wichtigsten Kriterien für die Auswahl von Lieferanten sind Lieferzeit/Termintreue, der Preis und die Flexibilität/Lieferfähigkeit. Das CE-Zeichen ist das wichtigste Produktzertifikat bei der Auswahl von Lieferanten. Vor allem im Anlagen- und Maschinenbau spielt das CE-Zeichen eine sehr wichtige Rolle bei der Lieferantenauswahl. Besonders aber wird das Systemzertifikat nach der DIN EN ISO 90001:2008 von den Lieferanten verlangt. Hingegen sehen die Unternehmen die Umwelt-Systemzertifikate eher als zweitrangig an. Neben den Zertifikaten sind die beständige Qualität des Produktes, die Fehlervermeidung und die Vermeidung von Reklamationen wichtige Kriterien, die zur Auswahl von zertifizierten Lieferanten führen. Beim Vergleich mit der Studie 2004 gibt es nur geringe Veränderungen, lediglich das Systemzertifikat nach der DIN EN ISO 90001:2008 wird inzwischen häufiger von den Lieferanten verlangt.

Neben einer Zertifizierung ist vor allem der 8D-Report sehr wichtig für die Unternehmen, besonders bei den Automobilherstellern/Automobilzulieferern und im Bereich

Elektrotechnik/Feinmechanik. Zudem sehen die Automobilhersteller/Automobilzuliefe-
rer die Methoden FMEA, PPAP sowie APQP als sehr wichtig an.

Eine Zusammenarbeit bei der Qualitätsvorausplanung zwischen OEM und Lieferant wird von fast zwei Dritteln als wichtig bis sehr wichtig angesehen. Besonders in
der Automobilindustrie sowie bei Herstellern von Baugruppen und Einzelteileherstellern
spiegelt sich die Relevanz wider. Auch bei Unternehmen mit 500–999 Mitarbeitern liegt
der Wert deutlich über dem Durchschnitt. Jedoch wird der Lieferant von lediglich 37 %
der Unternehmen für eine Qualitätsvorausplanung verpflichtet.

Die Berücksichtigung von Qualitätsmanagement im Einkauf sehen knapp zwei Drittel der Unternehmen als gut bis sehr gut an. Bei gut zwei Dritteln der befragten Unternehmen ist Qualitätsmanagement im Einkauf, genauso wie im Rest des Unternehmens,
auch integriert. Jedoch sieht ein knappes Fünftel der Unternehmen großes Einsparpotenzial durch eine stärkere Integration von Qualitätsmanagement und Einkauf und knapp
die Hälfte sieht sogar ein mittleres Einsparpotenzial. In der Automobilindustrie erwarten knapp zwei Drittel ein mittleres Einsparpotenzial durch eine stärkere Integration von
Qualitätsmanagement und Einkauf.

Auch wenn das Qualitätsmanagement inzwischen fester Bestandteil zwischen Lieferant und OEM ist, entstehen hier immer noch ausreichend Reibungspunkte, sobald es
Kundenbeschwerden gibt.

Die Ursache liegt weniger darin, dass der Lieferant das Qualitätsmanagement und die
vereinbarten Anforderungen nicht ernst nimmt, sondern die Probleme entstehen besonders in der Güte und Genauigkeit der Umsetzung. Hier sind oft massive Abweichungen
und Varianzen erkennbar, die auf ein differentes Grundverständnis zurückzuführen sind.
Hier entstehen oft die größten Konflikte und Reibungspunkte.

Es wird oft ausgeblendet, dass die Produkte in ihrer Qualität eben genau diese Güte
einer guten bzw. schlechten Qualitätsvorausplanung reflektieren. Letztlich ist dann der
Kunde, der das Produkt nutzt, der Betroffene.

Hier liegt es aber in der Verantwortung des Einkaufs des OEMs, sowohl die Erwartungen an den Lieferanten aus der Qualitätsvorausplanung als auch die Güte der Umsetzung
zu definieren, damit es später nicht zu bösen Überraschungen kommt.

## 5.2    Empfehlungen an das Qualitätsmanagement

Wie bei anderen Support-Funktionen ist beim Qualitätsmanagement die Verfolgung der
finanziellen Auswirkungen des Qualitätsmanagements notwendig, um dessen Wert zu
veranschaulichen. In jeder Organisation konkurrieren die verschiedenen Funktionen um
die notwendigen finanziellen Mittel. Diese notwendige Unterstützung und die Ressourcen werden in der Regel nur zur Verfügung gestellt, wenn Klarheit über die finanziellen Auswirkungen besteht. Leider wissen oder messen nur weniger als die Hälfte der

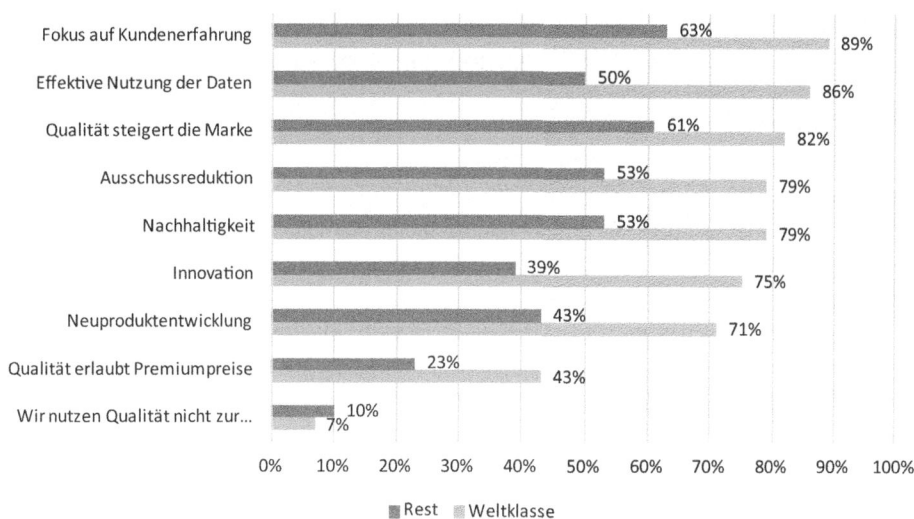

**Abb. 5.1** Vergleich mit Weltklassequalitätsunternehmen – Qualität als Treiber der Profitabilität. (Quelle: vgl. ASQ 2016, S. 14)

Unternehmen (40 %)[1] die finanziellen Auswirkungen der Qualitätsmanagement-Maßnahmen. Nur etwa 40 % der Unternehmen verknüpfen ihre Qualitätsbemühungen klar mit der Rentabilität.

Unternehmen, die eine verbesserte Qualität nicht speziell zur Rentabilitätsverbesserung nutzen, haben einen viel kleineren finanziellen Vorteil von den Qualitätsmaßnahmen. Jene Unternehmen, die Qualität als Wettbewerbsunterscheidungsmerkmal einsetzen, haben eine verbesserte Rentabilität, denn sie können die Qualität für Prisprämien nutzen.[2] Daneben können diese Unternehmen die Verbesserungen der Qualität für die Verringerung des Ausschusses einsetzen. Bereits mehr als ein Drittel der Unternehmen (36 %) betrachten Qualität als strategisches Instrument und Möglichkeit zur Wettbewerbsdifferenzierung. Ein Drittel der Organisationen setzt Qualität als Instrument für proaktive kontinuierliche Verbesserungsmaßnahmen oder für Compliance ein. Vor allem große, global diversifizierte Unternehmen entfernen sich von der Qualität, wenn sie lediglich die Compliance-Regeln überprüfen[3], um die Effektivität der täglichen Entscheidungen des Personals zu verbessern. Allerdings berichten Unternehmen, die Qualität als strategisches Asset nutzen, höhere Gewinne aus ihren Qualitätsprogrammen.

Die Weltklassequalitätsunternehmen[4] unterscheiden sich durch ihre Haltung zur Qualität (vgl. Abb. 5.1): Vier Fünftel dieser Unternehmen betrachten Qualität als Triebkraft

---

[1]Vgl. ASQ (2016, S. 9).
[2]Vgl. Lyke-Ho-Gland (2016, S. 4).
[3]Vgl. Lyke-Ho-Gland (2016, S. 3).
[4]Vgl. ASQ (2016, S. 9).

für Innovation und Profitabilität und nahezu alle sehen Qualität als strategisches Kapital und wettbewerbsrelevantes Unterscheidungsmerkmal. Knapp drei Viertel beziehen ihre Kunden in Qualitätsdiskussionen mit ein.

In der Untersuchung von ASQ wurden 1,6 % der Teilnehmer als Weltklassequalitätsunternehmen identifiziert. Dabei zeigen sie folgende Unterschiede zu den restlichen Unternehmen:[5]

Das Ergebnis zeigt, dass Weltklasseunternehmen das Qualitätsmanagement zur Verbesserung der Profitabilität nutzen und in vielen wichtigen Bereichen dadurch erhebliche Vorteile haben.

Von besonderer Bedeutung für die Kosten und die Qualität eines Produktes ist die Zusammenarbeit der Entwicklung mit dem Marketing, der Beschaffung, der Produktion, dem Qualitätsmanagement und wenn möglich mit den Kunden. In den frühen Phasen der Produktentwicklung werden die Kosten und die Qualität des Produktes festgelegt.

Dadurch können die ausgewählten Materialien oder Komponenten beeinflusst werden, also wie viel das Unternehmen für die Bestellung der Materialien ausgibt und welche Qualität das Material hat. Viele Unternehmen berücksichtigen dies bei der Steuerung der Kosten der Produkte und deren Komponenten, indem sie bereits während der Konstruktionsphase für ein neues Produkt die ausgewählten Materialien festlegen. Die Mehrheit setzt Teams während des Produktentwicklungsprozesses ein, die immer Experten aus verschiedenen Funktionen einbeziehen, um die beste Balance zwischen Kosten, Funktion und Qualität zu gewährleisten. Häufig tragen die Mitglieder aus der Beschaffung den meisten Input in diesen Teams bei. Die Einbeziehung der Mitglieder der Beschaffungsfunktion im Management von Produkt- und Komponentenkosten kann zu Änderungen im Produkt-Design führen, oder zur Verwendung von günstigerem Material oder solchem, das leicht von einem bestehenden Lieferanten bezogen werden kann. Es kann auch dazu führen, dass eine Gruppe für die Materialbeschaffung für ein Produkt besser vorbereitet ist. Frühe Aufmerksamkeit für Materialien oder Komponenten, welche die Identifikation von neuen Lieferanten erfordern, würde den Beschaffungsmitarbeitern mehr Zeit geben, um die Optionen zu prüfen und bessere Verträge mit Lieferanten abzuschließen – dies vereinfacht die Kaufbemühungen. Wichtig ist, dass der Lieferant zur Qualitätsvorausplanung verpflichtet wird. Dabei kommt u. a. eine Qualitätssicherungsvereinbarung oder die Vorgehensweise nach APQP infrage. In der Automobilindustrie ist die Qualitätsvorausplanung inzwischen Standard.

Zentral für die Qualität der Zukaufteile ist die sorgfältige Auswahl der Lieferanten. Sie bestimmt maßgeblich die Qualität der Lieferungen und die Zuverlässigkeit des Lieferanten. Ein Lieferantenwechsel in der laufenden Serie ist immer mit Risiken verbunden. Aus diesem Grund bauen über vier Fünftel der Unternehmen Beschaffungsalternativen auf. Lieferantenaudits und aktive Lieferantenentwicklungsprogramme haben das Potenzial, das Risiko zu reduzieren. Das Training der Lieferanten und Mitarbeiter stellt sicher,

---

[5]Vgl. ASQ (2016, S. 9).

dass alle wichtigen Parteien in der Wertschöpfungskette den Qualitätsstandard des Unternehmens und das, was sie mit ihren Produktangeboten erreichen möchte, verstehen. Dabei ist es wichtig, dass durch die Schulung die Definition des Kunden von „Qualität" Top-of-mind unter den Zulieferern und Mitarbeitern gehalten wird. Wenn die Zulieferer und Mitarbeiter verstehen, wie ihre Arbeit sich auf die Kundenerfahrung auswirkt, sind sie motivierter und leichter in der Lage, Qualitätsverbesserungen zu erzielen, die von den Kunden geschätzt werden.

Die Festlegung von hohen Qualitätsstandards für sich selbst und die Lieferanten ist die Voraussetzung für die gewünschte Qualität. Die eigenen Qualitätsstandards sollten über den internationalen Qualitätsstandards liegen. Dadurch können Rückschläge vermieden werden. Einfach ausgedrückt verstehen Weltklassequalitätsorganisationen, dass nur die Einhaltung der Industrie-Qualitätsstandards nicht annähernd genug ist, um für qualitätsbewusste Kunden konkurrenzfähig zu sein.

Ein ständiges Feedback in Form von KPIs zur Erfolgsmessung ist unerlässlich. Dabei dürfen im Einkauf nicht nur Kennzahlen zur Preisreduktion/Einsparung als Erfolgsmaßstab des Einkaufs gelten, wie bei 93 % der Unternehmen, oder die Höhe der Lagerbestände (74 %), gefolgt von Lieferantenanzahl (63 %) und Qualitätskosten (62 %). Auch Kundenzufriedenheit (30 %) sollte einen höheren Stellwert bekommen.[6]

Dabei spielt die Häufigkeit der Berichterstattung eine wichtige Rolle: Erstens haben – mit wenigen Ausnahmen – Unternehmen, die mit größerer Frequenz über Qualität berichten, weniger Qualitätsrückschläge. Durch eine häufigere Berichterstattung ist eine raschere Identifikation von Risiken und anschließenden Korrekturen möglich. Zweitens haben Unternehmen, die häufig auf der Front- oder operativen Ebene berichten, weniger Qualitätsrückschläge, denn die Frontline-Mitarbeiter im Qualitätsmanagement spielen eine wichtige Rolle. Deshalb ist es bedeutsam, sie für die Leistung zu sensibilisieren, damit sie ihre Maßnahmen entsprechend anpassen können.

Maßnahmen sind nur so nützlich, wie sie verstanden werden. Einer der größten Vorteile der Normung von Maßnahmen ist die universelle Akzeptanz einer singulären Definition für eine bestimmte Maßnahme. Unternehmen mit einem höheren Maß an Mess-Standardisierung haben weniger qualitätsbedingte Rückschläge. Standardisierungsmaßnahmen stellen sicher, dass jede Partei innerhalb der Organisation leicht verstehen und handeln kann, basierend auf den Messgrößen, die sie erhalten. Vor allem das gemeinsame Verständnis zwischen dem Unternehmen und seinen Lieferanten ist im Einkauf entscheidend.

Eine wichtige Komponente des Lieferantenmanagements im Hinblick auf die Qualität ist vor allem auch das Training der Lieferanten, um eine gemeinsame Grundlage und ein gemeinsames Qualitätsverständnis zu schaffen. Damit haben die Unternehmen die Möglichkeit, eine gemeinsame Sprache zu schaffen und die Erwartungen der Lieferanten an die Qualitätsanforderungen festzulegen. Dabei ist es nicht ausreichend, nur die

---

[6]Vgl. Schmieder (2014).

Tier-1-Lieferanten zu trainieren, auch die Tier-2- und Tier-3-Lieferanten sollten geschult werden.

Dabei ist es wichtig, dass die Unternehmen ihren Lieferanten zeigen, welche Auswirkungen Defekte oder andere Rückschläge, wie Verzögerungen, auf ihren Endkunden haben werden. Dies hilft den Unternehmen, Ausschuss zu reduzieren und letztlich die Effizienz und Qualität ihrer Produkte zu verbessern. Dies führt zu einer höheren Kundenzufriedenheit und potenziellen Premiumpreisen.

Besonders wichtig ist, dass die Mitarbeiter und Lieferanten Kundeneinblicke und -kenntnisse teilen. Dadurch können Angebotsdefizite verringert, sowie Produktdefekte und Serviceverzögerungen vermieden werden. Wie können Organisationen auf diese Erkenntnisse einwirken? Die gemeinsame Nutzung von Informationen durch ein Intranet-System hat eine ähnliche Wirkung wie gemeinsame Besprechungen. Organisationen, die ein Intranet-System verwenden, haben weniger Versorgungsengpässe und weniger Produktdefekte, da sie das Qualitätsverständnis des Kunden kennen. Unternehmen, die Informationen mit ihren Mitarbeitern und Lieferanten teilen, sind besser bei der Identifizierung und Lösung von Qualitätsschwachstellen, bevor sie zu Problemen werden.

Das Ergebnis zeigt, dass Weltklasseunternehmen das Qualitätsmanagement zur Verbesserung der Profitabilität nutzen und in vielen wichtigen Bereichen dadurch erhebliche Vorteile haben.

Viele Hersteller haben ein eigenes Qualitätsmanagement in ihren Unternehmen aufgebaut und in verschiedene Geschäftsbereiche integriert. Dies gilt auch für den Einkauf. Auch bei der Lieferantenauswahl ist das Qualitätsmanagement beim Zulieferer ein signifikantes Thema. Die meisten Lieferanten können hier umfangreiche Maßnahmen und Prozesse vorzeigen.

Leider ist jedoch die Güte der Umsetzung und Anwendung ein kritisches Thema. Da die Güte der Anwendung vom Einkauf meistens nicht definiert und somit auch nicht vorgeschrieben ist, kann sie auch nicht vom Lieferanten als Anforderung vertraglich eingefordert werden.

Zugegebenermaßen lässt sich die Güte auch schwer schriftlich definieren. Aber der Einkauf sollte sich die Qualitätsprozesse und deren Umsetzung beim Lieferanten zeigen lassen und Beispiele prüfen.

Auch wenn der Lieferant die geforderten Qualitätsprozesse und Methoden anwendet, heißt das noch lange nicht, dass es auch richtig gemacht wird. Die größten Differenzen findet man beispielsweise im Bereich der technischen Problemlösung mit dem 8D-Prozess. Der Lieferant füllt mit Leichtigkeit das 8D-Formular aus und schickt es dem Hersteller. Aber die technische Güte des Formulars wie auch der dahinter liegenden Maßnahmen zur Produktverbesserung entsprechen oft nicht der Wahrheit und der geforderten Wirksamkeit. Hier wird sich häufig hinter oberflächlich angewendeten Vorgehensweisen und Maßnahmen versteckt.

Dieses Dilemma lässt sich oft nur durch intensives Training und Bewusstmachung lösen, sodass sowohl der Lieferant als auch der Hersteller am Ende ein gleiches Anwendungsverständnis haben.

## 5.3    Ausblick und Entwicklung

Wie bereits in der vergangenen Dekade ist auch zukünftig ein weiterer Rückgang der Wertschöpfungstiefe der Unternehmen zu erwarten. Dem Einkauf kommt im Unternehmen, im Hinblick auf die Qualität der Produkte und Dienstleistungen, eine immer höhere Bedeutung zu. Wenn mehr als drei Viertel des Endproduktes von Zulieferern beigetragen werden, hängt dessen Qualität entscheidend von der Qualität der Zukaufteile oder Dienstleistungen ab. Die Entwicklungs-, Produktions-, Logistik- und Serviceprozesse müssen immer enger aufeinander abgestimmt werden.

Die Beschaffung sollte nicht erst nach der Festlegung der zu beschaffenden Materialien einbezogen werden, sondern bereits frühzeitig bei der Auswahl der Materialien und Komponenten für die Produkte.

Dieses Gesamtbild-Denken spiegelt die Verschiebung wider, die die Beschaffungsfunktion im Laufe der Jahre zu einer strategischeren Funktion gemacht hat, die nicht nur durch ihre Beschaffungsbemühungen und die Beziehungen, die sie mit den Lieferanten unterhält, sondern auch durch die von ihr angenommenen Praktiken, einen größeren Wert bietet. Wir empfehlen Unternehmen die gesamte Spanne der Beschaffungsprozesse zu betrachten, um zu sehen, wie Verbesserungen in einem Bereich zu Verbesserungen in anderen Aspekten des Beschaffungswesens und des Einkaufs führen können. Durch die ganzheitliche Betrachtung kann die Unternehmensgruppe versteckte Chancen identifizieren, die Beschaffungskosten zu senken. Das Unternehmen kann dann durch die Effizienzanstrengungen Ressourcen für wertschöpfendere Tätigkeiten freisetzen, wie die Entwicklung von Beschaffungsstrategien oder die Schaffung und Erhaltung der reiferen Beziehungen zu Lieferanten, die zu Innovation und Nutzen für alle Parteien führen können.

Ein weiterer Vorteil der engeren Integration der Lieferanten in die Wertschöpfungsprozesse vom Hersteller könnte sein, dass die jeweiligen Fachabteilungen der betroffenen Wertschöpfungskette miteinander arbeiten. Das heißt, die Produktentwicklung des Herstellers arbeitet mit der Produktentwicklung des Lieferanten zusammen, usw. Das ist heute im Allgemeinen schon der Fall, aber in Bezug auf die umgesetzte Güte der Anwendung der Qualitätsmethoden und Prozesse wird das eher weniger umgesetzt. Diese Verantwortung wird wiederum eher beim Einkauf gesehen, der dies sicherzustellen hat. Hier ist sicher noch Abstimmungsbedarf in der organisierten Zusammenarbeit zwischen dem Hersteller und seinen Lieferanten nötig.

Die größte Verbesserung ist, wie dargestellt, in der Güte der Anwendung der Qualitätsmethoden zu sehen, da es hier immer wieder zu großen Verständnisproblemen und unterschiedlich verstandenen Erwartungshaltungen kommt.

Das Qualitätsmanagement ist bereits eine Selbstverständlichkeit zwischen den betroffenen Parteien, aber das abgestimmte Niveau der Güte der Anwendung und Umsetzung noch lange nicht. Hier verbirgt sich noch umfangreiches Entwicklungspotenzial.

# Literatur

ADAC: ADAC Rückruf-Jahresbericht 2016. www.adac.de/infotestrat/reparatur-pflege-und-wartung/rueckrufe/rueckruf_jahresbericht.aspx?ComponentId=290986&SourcePageId=181789 (2016). Zugegriffen: 17. Jan. 2018

Appelfeller, W., Buchholz, W.: Supplier Relationship Management. Strategie, Organisation und IT des modernen Beschaffungsmanagements. Gabler, Wiesbaden (2011)

APQC: Structures for functional disciplines: centralization vs. decentralization vs. hybridization. https://www.apqc.org/knowledge-base/documents/structures-functional-disciplines-centralization-vs-decentralization-vs-hyb (2013). Zugegriffen: 29. Okt. 2017

APQC: ASQ global state of quality 2016: quality by revenue band. https://www.apqc.org/knowledge-base/documents/asq-global-state-quality-2016-quality-revenue-band (2016). Zugegriffen: 29. Okt. 2017

APQC: OSB Standardbenchmarking von APQC. www.apqc.org/benchmarking-portal (2017a). Zugegriffen: 29. Okt. 2017

APQC: Process classification framework. https://www.apqc.org/search/apachesolr_search?filters=tid:8031 (2017b). Zugegriffen: 29. Okt. 2017

Arnold, U., Eßig, M.: Souring-Konzepte als Grundelement der Beschaffungsstrategie. Wirtschaftswiss. Studium **29**(3), 122–128 (2000)

Arnold, D., Isermann, H., Kuhn, A., Tempelmeier, H., Furmans, K.: Handbuch Logistik, 3. Aufl. Springer, Berlin (2008)

ASQ: The Global state of quality 2 research: discoveries 2016. https://asq.org/quality-resources/research/global-state-of-quality/reports#reports (2016). Zugegriffen: 28. Dez. 2016

Back, S., Weigel, H.: Design for Six Sigma: – Kompaktes Wissen – Konkrete Umsetzung – Praktische Arbeitshilfen. Hanser, München (2014)

Backhaus, K.: Industriegütermarketing, 6. Aufl. Vahlen, München (1999)

Berger, C.F.: FDA-Bericht: fast 100-prozentiger Anstieg bei Rückrufaktionen von Medizinprodukten seit 2003. www.emergogroup.com/de/blog/2014/03/fda-bericht-fast-100-prozentiger-anstieg-bei-rueckrufaktionen-von-medizinprodukten-seit (2014). Zugegriffen: 17. Jan. 2018

Bohnstedt, J.: Vertragsrecht im Einkauf – Ein Leitfaden für die Praxis. Gabler, Wiesbaden (2012)

Brückner, C.: Qualitätsmanagement für die Automobilindustrie – Grundlagen, Normen, Methoden. Symposion, Düsseldorf (2009)

Brückner, C.: Qualitätsmanagement – Das Praxishandbuch für Automobilindustrie. Hanser, München (2011)

Brüggemann, H., Bremer, P.: Grundlagen Qualitätsmanagement – Von den Werkzeugen über Methoden zum TQM, 2., überarbeitete und erweiterte Aufl. Springer Vieweg, Wiesbaden (2015)

© Springer Fachmedien Wiesbaden GmbH, ein Teil von Springer Nature 2018
M. Schmieder et al., *Qualitätsmanagement im Einkauf,*
https://doi.org/10.1007/978-3-658-04755-9

Bundesbank: Tabellen – Unternehmensabschlüsse. https://www.bundesbank.de/Navigation/DE/
Statistiken/Unternehmen_und_private_Haushalte/Unternehmensabschluesse/Tabellen/tabellen.
html. Zugegriffen: 14. Nov. 2017

Chase: Eisbergeffekt von Fehlerkosten. Qual. Mag.**1999**(8) (1999)

Desatnik, R.: Long live the king. Qual. Prog. **22**(4), 24–26 (1989)

Diez, W.: Automobilmarketing, 6., aktualisierte und erweiterte Aufl. Moderne Industrie, Landsberg
am Lech (2006)

DIN 55350-11:2008: Begriffe zum Qualitätsmanagement – Teil 11: Ergänzung zu DIN EN ISO
9000:2005. Beuth. https://www.beuth.de/de/norm/din-55350-11/106337492 (2008). Zugegriffen: 29. Okt. 2017

DIN EN ISO 9000:2015-11: Qualitätsmanagementsysteme – Grundlagen und Begriffe (ISO
9000:2015); Deutsche und Englische Fassung EN ISO 9000:2015. Beuth. https://www.beuth.
de/de/norm/din-en-iso-9000-2015/235671064 (2015). Zugegriffen: 29. Okt. 2017

DIN EN ISO 9001:2015: Qualitätsmanagementsysteme – Anforderungen (ISO 9001:2015); Deutsche
und Englische Fassung. Beuth. https://www.beuth.de/de/norm/din-en-iso-9001-2015-11/235671251
(2015). Zugegriffen: 29. Okt. 2017

DIN ISO 22514-2:2015-06: Statistische Verfahren im Prozessmanagement – Fähigkeit und Leistung – Teil 2: Prozessleistungs- und Prozessfähigkeitskenngrößen von zeitabhängigen Prozess-
modellen (ISO 22514-2:2013); Text Deutsch und Englisch. Beuth. https://www.beuth.de/de/
norm/din-iso-22514-2/233327466 (2015). Zugegriffen: 29. Okt. 2017

Feldhusen, J., Grote, K.H.: Effektive Organisationsformen. In: Feldhusen, J., Grote, K.H. (Hrsg.)
Pahl/Beitz Konstruktionslehre, Methoden und Anwendung erfolgreicher Produktentwicklung,
8., vollständig überarbeitete Aufl. Springer Vieweg, Wiesbaden (2013)

Gabath, C.: Risiko und Krisenmanagement im Einkauf. Gabler, Wiesbaden (2010)

Glas, A.: Public performance-based contracting, dissertation. In: Eßig, M., Stölzle, W. (Hrsg.) Supply
Chain Management. Springer, Berlin (2012)

Graf, G.: Nutzenorientierte Qualitätskostenrechnung – Ansätze zur Erfassung und marktorientier-
ten Schätzung von Qualitätskosten auf Basis der Prozesskostenrechnung, Dissertation. Europäi-
scher Verlag der Wissenschaften, Frankfurt a. M. (1998)

Heß, G.: Supply-Strategien in Einkauf und Beschaffung. Gabler, Wiesbaden (2008)

ISO 13053-1:2011-0: Quantitative methods in process improvement – Six Sigma – Part 1: DMAIC
methodology. Beuth. https://www.beuth.de/de/norm/iso-13053-1/145377045 (2011). Zugegriffen:
29. Okt. 2017

ISO 13053-2:2011-09: Quantitative methods in process improvement – Six Sigma – Part 2: Tools
and techniques. Beuth. https://www.beuth.de/de/norm/iso-13053-2/145377067 (2011). Zugegriffen: 29. Okt. 2017

ISO 18404:2015-12: Quantitative methods in process improvement – Six Sigma – Competencies
for key personnel and their organisations in relation to six sigma and lean implementation.
Beuth. https://www.beuth.de/de/norm/iso-18404/246631090 (2015). Zugegriffen: 29. Okt. 2017

Janker, C.: Multivariate Lieferantenbewertung: Empirisch gestützte Konzeption eines anforderungsgerechten Bewertungssystems, 2. Aufl. Gabler, Wiesbaden (2008)

Kamiske, G.F., Brauer, J.-P.: Qualitätsmanagement von A bis Z, Erläuterung moderner Begriffe
des Qualitätsmanagements, 7. Aufl. Hanser, München (2011)

Kraftfahrt-Bundesamt: Mehr Produktsicherheitsuntersuchungen für Sicherheit auf den Straßen –
Zahl der Rückrufe 2015 insgesamt gestiegen. Pressemitteilung. https://www.kba.de/SharedDocs/
Pressemitteilungen/DE/2016/pm_12_16_rueckrufe_bis2015_pdf.html (2016). Zugegriffen: 25.
Okt. 2017

Krampf, P.: Strategisches Prozessmanagement: Instrumente und Philosophien für mehr Effizienz,
Qualität und Kundenzufriedenheit. Vahlen, München (2016)

Krause, D.R., Ellram, L.: Success factors in supplier development. Int. J. Phys. Distrib. Logistics Manag. **27**(1), 39–52 (1997)

Large, R.: Strategisches Beschaffungsmanagement, 4. Aufl. Gabler, Wiesbaden (2009)

Lyke-Ho-Gland, H.: Quantifying the Financial Benefits of Quality. Industry Week, 22.11.2016

Melzer-Ridinger, R.: Materialwirtschaft und Einkauf, Bd. 2: Qualitätsmanagement. Oldenbourg, München (1995)

Mindach, U.: Qualitätsmanagement im Einkauf. Deutscher Betriebswirte, Gernsbach (1997)

Partida, B.: A holistic view of procurement leads to efficiency. Making changes to other procurement processes can lead to fewer resources and cost allocated to tactical activities. http://www.scmr.com/view/a_holistic_view_of_procurement_leads_to_efficiency/procurement (2016). Zugegriffen: 9. Febr. 2018

Porter, M.E.: Competitive Strategy: Techniques for Analyzing Industries and Competitors. Free Press, New York (1980)

Rančak, D.: Qualitätsprüfung von Garantie- und Kulanzprozessen in der Automobilindustrie – Auditansatz zur Beherrschung der Komplexität von Serviceprozessen im After Sales. Dissertation. Karlsruhe (2013)

Regius, B. von: Qualität in der Produktentwicklung: Vom Kundenwunsch bis zum fehlerfreien Produkt. Hanser, München (2005)

Riffner, B., Weidelich, R.: Professionelles Lieferantenmanagement: So arbeiten Kunden und Lieferanten erfolgreich zusammen. Fachverlag Deutscher Wirtschaftsdienst, Köln (2001)

Sasse, A.: Ganzheitliches Qualitätskostenmanagement. Ein Konzept zur wirtschaftlichen Planung, Steuerung und Umsetzung. Gabler, Wiesbaden (2002)

Schmieder, M.: Einkaufsleiterstudie 2014 (unveröffentlichte Studie) (2014)

Schmitt, R., Pfeifer, T.: Qualitätsmanagement: Strategien – Methoden – Techniken, 4. Aufl. Hanser, München (2010)

Schuh, G., Hoppe, M., Schubert, J., Mangoldt, J. von: Lieferantenauswahl. In: Schuh, G. (Hrsg.) Einkaufsmanagement, 2. Aufl, S. 183–255. Springer Vieweg, Wiesbaden (2014)

Sims, M.: what drives quality setbacks? https://www.apqc.org/knowledge-base/documents/what-drives-quality-setbacks (2016). Zugegriffen: 20. Okt. 2017

Stamatis, D.H.: Advanced Quality Planning – A Commonsense Guide to AQP and APQP. Quality Resources, New York (Produkt-Qualitätsvorausplanung (APQP) und Control Plan, Deutsche Ausgabe, Juli 1994) (1998)

Stollenwerk, A.: Wertschöpfungsmanagement im Einkauf. Analysen – Strategien – Methoden – Kennzahlen. Gabler, Wiesbaden (2012)

Thisse, L.C: Advanced quality planning: a guide for any organization. Qual. Prog. **1998**(February) (1998)

VDA: Qualitätsmanagement in der Automobilindustrie, Teil 2: Zuverlässigkeitssicherung bei Automobilherstellern und Lieferanten, 3. Aufl. VDA, Frankfurt a. M. (2004)

Wannenwetsch, H. (Hrsg.): Erfolgreiche Verhandlungsführung in Einkauf und Logistik. Springer (2004)

Wannenwetsch, H.: Integrierte Materialwirtschaft und Logistik: Beschaffung, Logistik, Materialwirtschaft und Logistik, 5. Aufl. Springer, Berlin (2014)

Werner, H.: Supply Chain Management: Grundlagen, Strategien, Instrumente und Controlling. Gabler, Wiesbaden (2002)

Wildemann, H.: Einkaufspotentialanalyse – Programme zur partnerschaftlichen Erschließung von Rationalisierungspotentialen. TCW, München (2000)

The manufacturer's authorised representative in the EU is Springer
Nature Customer Service Centre GmbH, Europaplatz 3, 69115 Heidelberg,
Germany. If you have any concerns regarding our products, please
contact ProductSafety@springernature.com

Printed and bound by CPI Group (UK) Ltd, Croydon, CR0 4YY

23/04/2026

02095636-0012